日本比較法研究所・韓国法務部との交流30周年記念シンポジウム

# 日韓の刑事司法上の重要課題

椎橋 隆幸 編著

日本比較法研究所
研究叢書
100

中央大学出版部

装幀　道吉　剛

# は し が き

　１．2014 年 9 月 25 日から同月 28 日にかけて中央大学日本比較法研究所と韓国法務部との交流 30 周年行事のため訪韓した．訪韓団は研究所員，嘱託研究員併せて総勢 13 名．行事の中心は 26 日開催の「韓国と日本における近時の刑事司法上の重要課題」をテーマとする記念講演とシンポジウムであった．

　記念講演の題名は「新時代の刑事司法の在り方について」であり，また，シンポジウムは 3 セッションに分かれ，第 1 セッションは，「取調べの規律―取調べの録音・録画制度を中心に―」，第 2 セッションは「裁判員制度と国民参与裁判制度の状況と今後の課題」そして第 3 セッションは「検察の在り方について―将来の展望―」をめぐって報告と質疑がなされた．これらのテーマは，現在，日韓両国が共通して直面しているトピックである．かつて日本の刑事法は韓国の刑事法に対して強い影響力を持っていたし，制度の根幹の部分では今でも影響力が残っている部分も少なくない．同時に，近年は，韓国刑事法の展開には目覚しいものがあり，分野によっては日本より先に法改正や判例により新たな制度を創設したり，法規範を確立させたりする傾向が強くなっている．例えば，韓国において，捜査過程における映像録画制度は 2003 年の法改正により導入された．日本においては，2014 年 9 月に取調べの録音・録画制度の導入が法制審議会で答申され，2015 年の通常国会において法制化が実現する可能性が高くなっている．また，国民が刑事裁判に参加する制度として，日本では 2004 年 5 月に「裁判員の参加する刑事裁判に関する法律（裁判員法）」が制定され，2009 年 5 月に施行された．一方，韓国では，2007 年 6 月に「国民の刑事裁判参与に関する法律（国民参与裁判法）」が制定され，2008 年 1 月に施行されている．

　今回のシンポジウムのテーマに限らず，日本と韓国において，相前後して共通・類似する刑事司法の分野における法制度が創設されたり，法改正が行われた例は枚挙に遑がない．例えば，10 年前の交流 20 周年記念シンポジウムで議

論されたテーマは,「身柄拘束の諸問題」「組織犯罪対策」「ハイテク犯罪対策」であり,その後も,司法協力者の訴追免除・刑罰減免制度,被害者参加制度,少し範囲を広げれば法科大学院制度等々日本と韓国の制度は共通する領域でありながら内容は相当に異なっている部分が多く存在する制度を持っている.だからこそ,両国の研究者・実務家が同じ土俵に上って真摯に議論する必要があり,議論の結果,多くのことが得られる可能性も高いのである.最近でも,日本に設置された「検察の在り方会議」および「新時代の刑事司法の在り方の法制審議会特別部会」の委員は韓国の実情調査のため韓国を訪問している.私も個人的に日本が直面している諸問題につき韓国の同種制度につき,中央大学で研究生活をした検察官達に率直に質問し,信頼関係を背景に貴重な教示を受けることを続けてきた.李廷洙,朴榮琯,魏在民,盧明善各氏をはじめとする歴代の 30 名の検事各氏からリアルタイムに教えて貰ったことは数多く,感謝の念を禁じ得ない.

　今回のシンポジウムでも多くの参加者を得て熱心な議論がされた.内容・構成につき欲張りすぎたせいか質疑時間がやや足りなかった感があったのは少し残念であった.

　2．中央大学日本比較法研究所が韓国からの派遣検事の受け入れを決定し実現したのは故渥美東洋先生のご尽力の賜である.受け入れの経緯については,渥美東洋編著『日韓比較刑事法シンポジウム』に渥美先生ご自身が詳しく書かれているので参照されたい.渥美東洋先生は 30 周年記念行事に参加するのを楽しみにしておられた.しかし,2014 年 1 月 30 日,虚血性心疾患のため急逝された.同年 4 月 6 日に営まれた「渥美先生を偲ぶ会」には李廷洙弁護士,安英姫(アン・ヨンヒ)令夫人,朴榮琯弁護士,魏在民弁護士,盧明善成均館大学教授が参列して下さり,李廷洙弁護士が心のこもった追悼の辞を述べて下さった.渥美先生は天国で弟子達が来てくれたことを喜んでおられたに違いない.また,私達は 9 月 20 日に菩提寺に墓参し,今回のシンポジウムの成功を誓ってきた.韓国の検事の受入れを通じて日韓の刑事法の交流に尽力されてきた渥美先生の遺志を今回のシンポジウムによって一部でも実現できたとすれば

私達の目的は達成されたと思う.

3. 渥美先生が『日韓刑事法シンポジウム』の「はしがき」で書かれていたように,中央大学は,特に戦前,朝鮮半島出身の法律学を学ぶ大学生を日本で最も多く受け入れた大学であった.その頃の卒業生の一人で韓国の国会の議長になられた李載瀅（イ・ジェヒョン）氏が,中央大学韓国同窓会員 67 名を代表して,中央大学 100 周年（1985 年）の際に,磁器 2 点,屏風そして東洋画を寄贈された.それぞれが由緒ある芸術品の中,本稿では磁器 2 点の中,「天目大壺」を紹介したい.李載瀅氏は友人であり名陶芸家との誉れが高い青坡窯の李殷九（イ・ウング）氏に創作を依頼して中央大学に寄贈された「天目大壺」は現在も中央大学総長室に展示されており,要人の来客の目を楽しませている.「天目大壺」は重厚かつ均衡のとれた形と上品な色合い等で見る人を感動させる立派な大作で,壺の口の下に波形の彫紋が施されている.その意味は,壺の口が太陽で,中央大学を意味している.中央大学を中心に中央大学の影響が波のように世界の隅々にまで広がっていくようにとの願いが込められている.これは,青坡窯のある利川で作者の李殷九氏にお目にかかったときに李氏から直接伺ったことである.この貴重な機会は李廷洙弁護士の好意で,シンポジウムの翌日に小旅行として韓国の陶器の故郷である利川の青坡窯に案内していただいた時のことである.渥美先生が陶器を好まれていたことを配慮されて計画したことであった.渥美先生がおられれば陶器の話で大いに盛り上がったであろうと推察される.利川では青坡窯で李殷九氏とその息子さんから直接に陶器作りの話を伺ったり,趙炳敦（チョ・ビョンドン）利川市長も含めて盛大な昼食を共にして楽しい時を過ごしたことであった.

4. 韓国法務部と日本比較法研究所の交流 30 周年記念行事は成功裡に終了した.この行事に係わった方々に心より感謝申し上げたい.主催者代表の李廷洙弁護士をはじめとする中央大学 OB・OG の元検事（弁護士）と現役の検事（行事には弁護士・検事合わせて 17 名の方が参加して下さった）.また,韓国法務部の金周賢検察局長,シンポジウムの開催を快諾され祝辞を賜った成均館大学法学専門大学院長朴光玫教授,シンポジウムの司会をして下さった丁雄奭

（チョン・ウンソク）西京大学教授，祝辞を賜った沈羲基韓国刑事訴訟法学会長，そして，全ての企画・運営を取り仕切ってくれた盧明善教授・弁護士と成均館大学の関係者の皆様，多忙の中シンポジウムに参加し有益な発言をして下さったソウル大学の申東雲（シン・ドンウン）教授，さらに，本シンポジウムの開催に協力を惜しまなかった日本法務省刑事局の上富敏伸審議官，中村功一企画官，在韓国大使館の小林隼人一等書記官にも多大のお世話をいただいた．最後に，日本の最高裁判所判事（元名古屋高検検事長）小貫芳信氏には，当初シンポジウムに参加する予定であったところ，裁判期日が入ったため参加が叶わず，しかし，心のこもったメッセージを寄せてくれたことに感謝申し上げたい．

　なお，本企画は日本比較法研究所の支援者の援助で成り立っている「誌友制度」の助成を受けている．誌友の方々に感謝申し上げたい．

　また，日本比較法研究所の只木誠所長，加藤裕子事務長の下，職員の方々に多大の助力を受けたことに御礼申し上げたい．

　また，本書中の韓国側参加者の挨拶・祝辞・論文の翻訳は全て氏家仁埼玉工業大学非常勤講師によるものである．


　2014 年 11 月 2 日

中央大学法科大学院教授

椎　橋　隆　幸

# 日韓の刑事司法上の重要課題

## 目　　次

はしがき……………………………………椎 橋 隆 幸

開 会 の 辞……………………………………李 廷 洙… *1*

挨　　　拶……………………………………小 貫 芳 信… *3*

歓 迎 の 辞……………………………………金 周 賢… *5*

祝　　　辞……………………………………朴 光 玟… *7*

祝　　　辞……………………………………沈 義 基… *9*


# 記 念 講 演

## 新時代の刑事司法の在り方について
　　——法制審議会特別部会の答申案を中心として——……椎 橋 隆 幸… *13*

Ⅰ　法務大臣諮問 92 号と諮問に至る経緯　　*13*

Ⅱ　特別部会の構成・検討項目・検討経緯　　*14*

Ⅲ　特別部会の最終的取りまとめ（「答申」）の内容　　*17*

　　1．取調べの録音・録画制度　　*17*

　　2．捜査・公判協力型協議・合意制度
　　　　及び刑事免責制度の導入　　*22*

　　3．通信傍受の合理化・効率化　　*25*

　　4．弁護人による援助の充実化　　*28*

　　5．証拠開示の拡充　　*28*

Ⅳ　答申は諮問 92 号をどの程度実現できたか　　*30*

　　1．適正手続の徹底化と当事者主義の一層の充実化　　*30*

2．録音・録画制度導入の意義　*31*

3．防御権の充実化　*32*

4．協議・合意制度，刑事免責，通信傍受　*33*

V　おわりに　*34*


# 第1セッション
## 取調べの規律
### ——取調べの録音・録画制度を中心に——

捜査過程における映像録画制度に関して………金　甫　炫… *37*

I　序　　論　*37*

Ⅱ　映像録画制度の導入の背景　*37*

Ⅲ　映像録画制度の経過　*38*

Ⅳ　捜査手続における映像録画関連の現行規定　*38*

1．刑事訴訟法　*38*

2．性暴力犯罪の処罰等に関する特例法　*40*

3．軍事法院法　*41*

V　映像録画取調べの方式及び実態　*42*

1．映像録画取調べの方式（調書を作成するかどうか）　*42*

2．映像録画制度に対する検事らの反応　*42*

3．映像録画制度に対する取調べを受ける者らの反応　*43*

Ⅵ　映像録画関連の判例の態度　*43*

1．映像録画物を独立した証拠として
使用することができるかどうか　*43*

*viii*

  2．性暴力犯罪の処罰等に関する特例法によって
    証拠能力が認められる対象　*50*

  3．性暴力犯罪の処罰等に関する特例法の
    条項の違憲性　*52*

Ⅶ　映像録画制度の改善方向　*54*

  1．映像録画物を独立した証拠として
    認めるべきかどうか　*54*

  2．映像録画物を弾劾証拠として
    使用することができるか　*55*

Ⅷ　結　　　論　*57*


日本における取調べの録音・録画制度導入を
巡る議論について………………………………柳 川 重 規…　*59*

Ⅰ　は じ め に　*59*

Ⅱ　取調べの録音・録画制度導入の是非についての
　　従前の議論状況　*60*

  1．賛　成　論　*60*

  2．反　対　論　*61*

  3．検察と警察における録音・録画の取組み　*63*

Ⅲ　法制審議会特別部会による答申案の概要　*63*

Ⅳ　今後の課題　*69*

  1．弁護権（接見交通権）保障強化の必要　*69*

  2．自白法則，違法収集証拠排除原則に関して
    判例理論を明確化する必要　*72*

  3．犯行の背景事情解明のための制度及び犯罪者に
    早期に罪を自覚させる制度を開発する必要　*75*

取調べに対する規律
　　——映像録画を中心として——……………………………魏　在　民… *79*
　　Ⅰ　映像録画物の証拠能力　*79*
　　Ⅱ　改正法以降の判例の態度と見解　*79*
　　Ⅲ　告訴事件と映像録画　*80*


取調べの録音・録画制度の導入に際して
　　検討すべき課題………………………………………田中優企… *83*
　　Ⅰ　取調べの録音・録画の対象事件の範囲　*83*
　　Ⅱ　公判（証拠調べ手続）における録音・
　　　　録画記録の証拠調べ　*89*
　　Ⅲ　取調べ技術の体系化　*94*
　　Ⅳ　お わ り に　*96*


# 第2セッション
# 裁判員制度と国民参与裁判制度の状況と今後の課題

国民参与裁判制度の施行状況と今後の課題………李　正　培… *101*
　　Ⅰ　序　　　論　*101*
　　　1．国民参与裁判制度の導入経緯　*101*
　　　2．研究の目的　*102*
　　Ⅱ　国民参与裁判制度の概観　*103*
　　　1．国民参与裁判制度の特徴　*103*
　　　2．国民参与裁判の準備手続　*103*

3．陪審員選定手続　*106*

4．公　判　手　続　*109*

5．陪審員の評議・評決・量刑討議の手続　*110*

6．陪審員等に対する保護措置　*111*

7．控　訴　手　続　*112*

Ⅲ　国民参与裁判の施行状況の分析　*112*

1．国民参与裁判の申請・処理の現況　*112*

2．陪審員選定手続の現況　*113*

3．公判手続関連の現況　*114*

4．陪審員の評議・評決の現況　*115*

5．控訴の現況　*117*

6．陪審員のアンケート結果　*119*

Ⅳ　国民参与裁判制度の改正案　*122*

1．国民参与裁判制度の最終形態の決定過程　*122*

2．国民司法参与委員会最終形態の主要内容　*122*

3．法務部改正案の主要内容　*125*

Ⅴ　国民参与裁判制度の問題点と今後の課題　*127*

1．対　象　事　件　*127*

2．申　請　主　義　*129*

3．法院の排除決定　*131*

4．陪審員の選定　*132*

5．いわゆる「即日裁判」の問題　*134*

6．検事の再意見陳述の機会　*135*

7．法官の陪審員の評議の関与　*136*

8．陪審員の評決方式　*137*

9．陪審員の評決の効力　*139*

　　　10．量刑討議　*141*

　　　11．控　訴　審　*142*

　　　12．法廷構造　*144*

　Ⅵ　結　　　　論　*144*


韓日の刑事裁判への国民参加制度の状況と

　　今後の課題……………………………………………小木曽　綾…*149*

　Ⅰ　は じ め に　*149*

　Ⅱ　制度の概要比較　*149*

　　　1．日本の裁判員制度　*149*

　　　2．韓国の国民参与制度との比較　*152*

　Ⅲ　裁判員制度施行後 5 年の実績　*152*

　Ⅳ　刑事裁判への国民参加の意義と課題　*154*

　　　1．陪審員・裁判員の判断の効力，その判断の尊重と
　　　　裁判所の役割　*154*

　　　2．国民の刑事裁判参加の意義　*157*


国民参与裁判の今後の課題……………………………梁　炳　鍾…*175*


裁判員裁判の実施状況と今後の課題について……檀 上 弘 文…*179*

　Ⅰ　は じ め に　*179*

　Ⅱ　公判準備の在り方　*180*

　　　1．審理期間と準備期間の長期化　*180*

　　　2．長期化の原因とその対応策　*181*

Ⅲ　審理内容等の分かりやすさ
　　──「見て聞いて分かる審理」を目指して──　*183*

　　1．分かりやすい立証方法を目指した検察官の工夫　*184*

　　2．弁護技術向上に向けての課題　*185*

　　3．裁判所からみた課題　*185*

　　4．小　　　括　*186*

Ⅳ　裁判員の負担等　*188*

　　1．守　秘　義　務　*188*

　　2．心理的負担　*189*

Ⅴ　お　わ　り　に　*191*


# 第 3 セッション
## 検察の在り方について
### ──将来の展望──


検事の客観義務と検察改革の望ましい方向 ……… 盧　明　善 … *195*

Ⅰ　序　　　論　*195*

　　1．検事の二重的地位と役割　*195*

　　2．検事の客観義務は認められるか？　*196*

Ⅱ　制度的保障に関する個別的検討　*199*

　　1．検事の独占的令状申請権の規定の意味　*199*

　　2．検察，警察の機能的役割の配分と
　　　　検事の捜査指揮権　*201*

　　3．検事の訴追機能統制と証拠開示の拡大　*205*

Ⅲ　検察改革の望ましい方向　*209*

Ⅳ　結　　論　*212*


検察の役割と望ましい姿‥‥‥‥‥‥‥‥‥‥‥‥中野目善則‥*217*

Ⅰ　正義の実現と基本権の保障と検察　*217*

1．取調べにおける可視性の確保　*217*

2．証 拠 開 示　*219*

Ⅱ　検察と裁量　*219*

Ⅲ　法人の刑事責任と検察　*221*

Ⅳ　検察と市民　*223*

1．検 察 審 会　*223*

2．検察と被害者　*225*

Ⅴ　コミュニティと検察　*226*

Ⅵ　犯罪の予防と検察と多機関連携　*227*


検察の望ましい姿

　　──将来の展望──‥‥‥‥‥‥‥‥‥‥‥‥‥‥朴　榮　珉‥*231*


司法制度改革と検察官

　　──法の支配の観点から──‥‥‥‥‥‥‥‥‥‥堤　和　通‥*243*

Ⅰ　刑罰制度の機能と検察官　*243*

Ⅱ　起訴前の手続での検察官　*247*

Ⅲ　公判における検察官　*248*

# 開 会 の 辞

キム＆チャン法律事務所弁護士・元韓国大検察庁次長検事

李 廷 洙

　ご多忙の中にもかかわらず，韓国法務部と中央大学日本比較法研究所との交流30周年を記念する韓・日比較刑事法シンポジウムにご臨席下さった椎橋隆幸先生をはじめとする日本からお越しの諸先生方，来賓の皆様，そして中央大学に派遣された検事，弁護士，教授の皆様に感謝の言葉を申し上げます．

　2004年8月1日，中央大学駿河台記念館において交流20周年記念シンポジウムが開催されて，早くも10年の歳月が流れました．

　そして，1984年4月に私が第1期客員研究員として中央大学に留学した時から，いつの間にか30年が経ちました．

　韓国の検事が中央大学に派遣されることになった歴史的背景に関して，暫し考えてみることも，意義深いことと思います．

　1980年代はじめ，日本比較法研究所長でいらっしゃった故渥美東洋先生におかれては，慶應義塾大学の故宮澤浩一先生と，韓国検事の派遣に関して相当な共感がなされたものと伺っております．

　しかし，韓・日間にはいくつかの歴史的，政治的な障害があるため，大学内においても異論がありましたが，渥美先生と日本比較法研究所が中心となって，その志を貫徹させたことによって，交流の扉を開くことができました．

　渥美先生の先見の明により，韓国の検事30余名が幅広い勉学を通して研究成果を得た後に帰国し，一人一人が自身の役割と職責を果たしております．

　その後，交流が拡大しつつ，韓国の判事，検事が，東京大学，一橋大学等，多くの有数大学に派遣され，両国の刑事司法の交流と法律文化の発展に大きく寄与しうる成果を収めています．

　その間指導して下さった故渥美先生，椎橋先生，きめ細かい部分まで不便が

2

ないようにご助力賜った諸先生方，そして中央大学法学部と日本比較法研究所の多くの方々に，感謝の言葉を申し上げます．

10年前，交流20周年の行事の際，多くの方々が参加され，盛況のうちにシンポジウムが進行され，とくに両国の法曹界において大きな関心を抱いていたトピックである「身柄拘束」，「組織犯罪対策」，「ハイテク犯罪対策」に関して，真摯な議論がなされました．

そして，シンポジウムが終った後には，ロースクール制度の進むべき方向に関する深い討議とともに，胸がいっぱいになるような親交の席が設けられました．

10年の歳月が流れた現在，韓国と日本の法曹界と学界において関心が高まっているトピックである「映像録画制度」，「裁判員制度と国民参与裁判制度」，そして「検察の望ましい姿」に関して議論されることは，極めて時宜適切な試みであると考えます．

このシンポジウムにおいて素晴しい方向提示がなされ，両国の刑事司法の発展に大きな助力となることを期待します．

最後に，本日，この場所に渥美東洋先生をお迎えして行事を進行することができれば，それより意義深いことはどこにあるでしょうか？

私は，さる4月6日，数人の後輩とともに，先生の偲ぶ会に参列して，悲しみと追悼の意をお伝えしてきました．この席にいらっしゃる全ての方とともに，先生のご冥福を衷心よりお祈り申し上げます．

私どもは，この行事のために，真心をこめて準備いたしましたが，いろいろな面で足りない点が多いことと存じます．寛大なお気持ちでご容赦下さり，韓国にいらっしゃる間，よい思い出を多く作っていただけることを祈っております．

このたびの韓・日比較刑事法シンポジウムを通して，韓国の法務部と中央大学との交流がより一層発展することを祈願いたします．

ありがとうございます．

# 挨　　拶

最高裁判所判事・元名古屋高検検事長

小　貫　芳　信

　日韓比較刑事法30周年シンポジウムを開催された全ての関係者の皆さんに心から敬意を表します．この時期の開催は殊に意義深いものです．

　私は，今回こそ参加して，韓国の法務部と検察の皆さんとお会いできることを楽しみにしておりましたが，仕事の都合で希望がかなわず残念です．

　今回のシンポジウムのテーマは，いずれも将来の刑事司法にとって重要なもので，しかも韓国も日本もそれに取組み始めたところであり，私にとっては，韓国の実務家の皆さんから体験的実情をお伺いし，また，日本の実情をお知らせしたいと思っておりました．それらができないことを残念に思います．

　そこで，以下では，シンポジウムのテーマに沿って，現状についての私の感想を記しておくこととします．

　①　大阪での検察不祥事に端を発した日本の検察の改革は，取調べを中心とした捜査に重点を置くものですが，やや遅きに失した感じがし，本来ならば，司法制度改革のときに手を打っておくべきことでした．反省点は，検察の捜査に対する信頼が揺らぐことはないだろうとの考えが組織内部にあったこと，検事の取調べ能力の低下に危機感が薄かったこと，取調べ対象者を含めた捜査環境の変化に対しやや感度が鈍かったことなどにあるように思われます．

　②　しかし，捜査における取調べの必要性は，時代が変わっても，しばらくの間は変わるところはないと思います．おそらく，これからは客観的証拠によって裏付けることのできる供述を獲得するスキルアップがより強く求められるように思われます．

　③　日本の裁判員裁判は，概観するところ，一応順調に進んできたと評価してよいと思います．今後は，おそらくは国民の関心が希薄になっていくこと

4

（残念ながら現実のものとなろう）に対する対応がもっとも大きな課題になっていくでしょう．実務的には，公判中心主義が当事者の共通認識になっていくかどうか，評議における事実認定，量刑について，裁判官，特に裁判長の役割の在り方と力量アップの研究が喫緊の問題になると思われます．

④　さらに，刑事裁判においては，弁護人の実力向上が不可欠ですし，弁護人と依頼者との関係が難しい問題として浮上してきているように思われます．裁判への国民参加がすすめば，一層，弁護人の活動が国民の目に晒されることになりますので，この問題はクローズアップされることでしょう．これは，単に弁護士会の問題にとどまらず，大学，法曹全体で考えていくべきものと思います．

最後に，シンポジウムの成功を祈っています．

そして，私は，しばらく韓国を訪問していませんので，できるだけ早い機会に訪問できる日がくることを望んでいます．

# 歓 迎 の 辞

韓国法務部検察局長
金　周　賢
<small>キム　ジュ　ヒョン</small>

　尊敬する椎橋隆幸教授と中央大学日本比較法研究所代表団の皆様の韓国訪問を心より歓迎いたします.

　そして，尊敬する李廷洙元大検察庁次長検事をはじめとする前・現職検事にこの場においてお目にかかることができ，非常にうれしく思います.

　1984 年，韓国検事の中央大学日本比較法研究所への派遣が開始されて以来，韓国の法務・検察と中央大学の交流の歴史もいつの間にか 30 年が経ちました.

　法務部検察局長として，私が管掌している「検事国外訓練プログラム」は，検事が派遣国の司法制度と文物を学んだ後に帰り，法務・検察の発展に寄与することを目的に導入された制度です.

　その間，1,400 名以上の検事が全世界 20 余の国家に派遣され，多くの研究成果を収めており，これは法務・検察の制度改善と実務の発展の土台となっています.

　しかし，中央大学のように，特定の大学が検事をはじめとする実務家と持続的に縁を結んで，交流の幅と深さを重ね，実務と学問をつないで，多くの成果を収めている事例はみつけるのが困難です.

　日本の中央大学には，これまでの 30 年間，計 29 名の韓国検事が派遣されましたが，これは日本国内の単一の学校としては最大規模です.

　李廷洙元大検察庁次長検事をはじめとする中央大学において留学した韓国検事の貴重な研究成果は，われわれ法務・検察の発展に多くの助力となってきてます.

　このように長い間，厚く友情を深めつつ，すばらしい伝統を引き継いでこられた皆様の努力と真心に心から敬意を表するところです.

*6*

このたびのシンポジウムは，その間の研究成果を振り返り，韓・日刑事司法分野が進むべき指向点を模索する討論と交流の場です．

なにとぞ，このたびの行事が両国の法務・検察が進むべき方向を真摯に模索し，両国の友誼もより強固なものになる大切な契機となればと存じます．

改めて日本中央大学代表団の皆様の訪韓を歓迎し，韓国において美しく，大切な思い出を，多く作られることを願ってます．

ありがとうございます．

# 祝　　辞

成均館大学校法学専門大学院長

朴　光　玟
<small>パク　グァン　ミン</small>

　皆様にお目にかかれて，うれしく思います．

　まず，韓国法務部と中央大学日本比較法研究所との交流30周年を記念する韓・日比較刑事法シンポジウムが，伝統と先端を調和した，ここ成均館大学校ロースクールにおいて開催されることを心からお祝い申し上げます．

　あわせて，ご臨席賜るために遠く日本からお越しになった尊敬する椎橋隆幸先生，中野目善則先生をはじめとする日本の中央大学の先生方，そして開会の辞をして下さったキム＆チャンの李廷洙弁護士，金周賢検察局長，沈羲基韓国刑事訴訟法学会長をはじめとする来賓の皆様，心から歓迎いたします．

　わが国と日本の刑事法学者の交流は，半世紀をはるかに超える非常に長い歴史をもっておりますが，その中でも刑法理論と実務との交流を通じて両国の刑事法学の水準を一段階引き上げたのは，李廷洙弁護士をはじめとする韓国法務部の派遣検事と中央大学の刑事法教授との交流であったと言うことができます．これは，交流30周年を記念するこの行事が如実に証明しており，雄弁に物語っております．

　そして，その中でも，既に逝去された故宮澤浩一先生と故渥美東洋先生は，私の先生である金鍾源先生と閔建植弁護士との厚い親交を土台として，ここ成均館大学をはじめ全国の大学においてご講演をして下さっただけでなく，1992年のわが国の被害者学会の創立に決定的な役割を果たされたなど，わが国の刑事法の発展にこの上もない影響力を及ぼされました．この席を借りて，尊敬するお二人の教授に対し，韓国刑事法学者を代表して，感謝を申し上げ，お二人の先生のご冥福をお祈り申し上げます．

　あわせて，本日ご出席下さった椎橋隆幸先生も，私が韓国被害者学会会長と

*8*

韓国刑事法学会会長を務めていたとき，日本被害者学会理事長として韓日共同学会を開催されるなど，韓日刑事法の交流に大きな役割を果たされただけでなく，いつも温和な微笑みで，私に多くの学問的示唆を下さいました．この席を借りて，感謝を申し上げ，先生のご健勝をお祈り申し上げます．

なにとぞ，本日のシンポジウムが成功裡に開催され，韓日間の刑事法を通した学問的交流と人間的なつながりが永遠に持続することができることを，私共一同祈念申し上げ，日本からお越しになった先生方が，韓国に滞在される間，安らかで，お楽しみになられることを祈念いたします．そして，この行事の準備のために労苦を惜しまれなかった本学の盧明善教授をはじめとする関係者の皆様に感謝を申し上げ，参加して下さった全ての皆様の健康と幸運を祈ります．ありがとうございます．

# 祝　　辞

韓国刑事訴訟法学会長（延世大法学専門大学院教授）
沈　義　基

　本日のシンポジウムのテーマは，「映像録画制度」，「裁判員制度と国民参与裁判制度」，そして「検察の望ましい姿」です．このテーマは，刑事実体法のテーマというよりは，刑事訴訟法のテーマでありますので，韓国刑事訴訟法学会長を務めている私に祝辞の要請が来たものと思われます．日本国とは異なり韓国においては，刑事法学会とは別に，刑事訴訟法学会が創立され，活発な活動をしております．社団法人韓国刑事訴訟法学会は，2008 年末に創立され，2009 年 1 月から正式に月例発表会を開催してきており，月例発表会は 2013 年 12 月現在，35 回に上ります．学会誌「刑事訴訟の理論と実務」は年 2 回発行されており，2013 年 12 月現在，第 5 巻第 2 号が発刊されました．このようなときに，韓日間の共同シンポジウムの祝辞をすることになり，個人的に光栄であり，韓国刑事訴訟法学会の次元においても，祝うべきことと考えます．

　中央大学法学部と日本比較法研究所，そして故渥美東洋教授と故宮澤浩一教授には，韓国の刑事法学発展に寄与され，法曹実務家らに多くの助力を与えて下さったことについてはよく存じ上げており，いまも非常に感謝しております．このような意義深い機会に一つだけ希望を申し上げたいと思います．

　2013 年から韓国刑事訴訟法学会と中国刑事訴訟法研究会が MOU を締結し，毎年相互訪問しつつ，両国の刑事訴訟法の共通関心事について議論し，相互理解を拡げていっております．韓国刑事訴訟法学会と中国刑事訴訟法研究会はアカデミックな議論もしていますが，非常に実務的な議論も深く行っております．2 回にわたる共同研究において私は，このフォーラムに日本国の研究者と実務家も共に東北アジア三カ国の懸案問題について討論し，問題を解決するための悩みを吐露することができれば，はるかに有益な場となると確信いたしま

10

した．日本と中国の刑事訴訟法の専門家も相互訪問を通して，多くの議論と交流をしているものと存じております．しかし，東北アジアの中心国家である3カ国の研究者と実務家が1カ所に集まって討論をする場については，あまり見かけないような気がします．

　本日のこの席においては，韓国と日本の2カ国の学者と実務家だけが集まりましたが，なにとぞ次は，中国と台湾の学者と実務家までもが一カ所に集まって，顔を合わせて，東北アジアの共通問題の解決について議論する機会が設けられることを望みつつ，祝辞に代えたいと存じます．

# 記 念 講 演

# 新時代の刑事司法の在り方について
——法制審議会特別部会の答申案を中心として——

椎 橋 隆 幸

## I　法務大臣諮問 92 号と諮問に至る経緯

　厚生労働省元局長無罪事件（村木事件）における同事件の主任検事による証拠隠滅事件を含む大阪地検特捜部の一連の不祥事は，国民の検察に対する信用を著しく低下させた．2010 年 10 月，柳田法務大臣（当時）は，法務大臣の私的諮問会議として「検察の在り方検討会議」を設置し，同会議は 5 カ月の審議後，「検察の再生に向けて—検察の在り方検討会議提言」を取りまとめた（2011年 3 月 31 日　同会議は 2010 年 11 月から 2011 年 3 月まで 15 回の会議を開催したが，第 5 回会議からは江田法務大臣が着任している）．同会議は提言の重要な内容として新たな刑事司法制度の構築に向けた検討を開始する必要性を提言している．すなわち，「取調べ及び供述調書に過度に依存した捜査・公判の在り方を抜本的に見直し，制度として取調べの可視化を含む新たな刑事司法制度の構築をするため，直ちに，国民の声と関係機関を含む専門家の知見とを反映しつつ十分な検討を行う場を設け，検討を開始するべきである．」（提言 28頁）[1]．この提言の後，江田法務大臣（当時）は，2011 年 5 月 18 日，法制審議会に対して諮問 92 号を行った．諮問 92 号の内容は次のとおりである．「近年の刑事手続をめぐる諸事情に鑑み，時代に即した新たな刑事司法制度を構築するため，取調べ及び供述調書に過度に依存した捜査・公判の在り方の見直しや，被疑者の取調べ状況を録音・録画の方法により記録する制度の導入など，

---

1)　「検察の再生に向けて」28 頁．http://www.moj.go.jp/content/000072511.pd5

*14 記念講演*

刑事の実体法及び手続法の整備の在り方について，ご意見を承りたい」．諮問の目的は，時代に即した新たな刑事司法制度の構築であり，その目的を実現するための具体的な検討項目として，取調べ及び供述調書に過度に依存した捜査・公判の在り方の見直しと被疑者の取調べ状況の録音・録画制度の導入などが柱となる対象とされていると解することができよう．この諮問を受けた法制審議会は，新時代の刑事司法特別部会（以下，特別部会という）を設置して，審議を付託した．

## II　特別部会の構成・検討項目・検討経緯

特別部会はその設置の経緯からも分かるように，「国民の生活にも影響する刑事司法全体の在り方に及ぶものである」ため（第1回会議における江田法務大臣の挨拶），委員も刑事司法の専門家だけでなく，一般の有識者が6名加わっており，この中の本田勝彦氏（日本たばこ産業株式会社顧問）が部会長に選出されている[2]（特別部会は委員26名，幹事14名の構成であった）．

特別部会は，諮問の経緯および趣旨説明（第1回），今後の調査・検討事項および部会の進め方について（第2回），法務省および警察の可視化に向けての取組状況についての説明と質疑応答（第3回），警察庁および東京地方検察庁の視察（第4回），被害者遺族，警察官，弁護士および検察官等のヒアリング（第5回），また，第6回会議からは論点整理に向けての議論を行い，第8回では論点整理がなされ，第8回会議から第12回会議にかけて，整理された論点につき一巡の議論が活発に交わされた．議論の性格は自由な議論・質疑応答であった．ちなみに，第8回会議で整理された大きな項目を挙げると以下のとおりである．1．時代に即した新たな刑事司法制度の在り方（総論），2．供述証拠の収集の在り方，3．客観的証拠の収集の在り方，4．公判段階の手続きの在り方，5．捜査・公判段階を通じての手続の在り方，6．刑事実体法の在り方，7．その他であった〔資料26〕．

---

2)　特別部会の議事録については http://www.moj.go.jp/shingi1/shingi03500012.html にて参照されたい．

さらに，特別部会は第13回会議から第17回会議にかけて，より重点的に議論すべきと考えられた論点を整理して，焦点を絞った議論を行った．そして，この間に，諸外国（イタリア共和国，フランス共和国，アメリカ合衆国ワシントンDC，大韓民国）における刑事司法制度の実情視察をはさんで，第17回会議と第18回会議において，新たな刑事司法制度を構築するに当たっての検討指針やそのための具体的方策の在り方について一定の方向性を得るに至った段階で，今後の具体的な制度設計の指針とするために，新たな刑事司法制度の基本構想（以下，基本構想という）が提案・審議され，了承された．併せて，基本構想に沿った具体的な方策の検討は，極めて多岐に亘るものであるため，できる限り早期かつ円滑に成案が得られるようにするために，特別部会の下に二つの作業分科会（作業グループ）を設け[3]，各作業分科会で分担するそれぞれの検討事項について特別部会での議論に資する各制度のたたき台等の資料を策定した上で，それに基づいて特別部会の議論を行うとの手順で議論・検討を進めることが了承された．

　因みに，基本構想で議論されるべき論点は以下の9項目である．取調べへの過度の依存を改め，証拠収集手続を適正化・多様化するための方策としては，(1) 取調べの録音・録画制度，(2) 刑の減免制度，協議・合意制度及び刑事免責制度，(3) 通信・会話傍受等，(4) 被疑者・被告人の身柄拘束の在り方，(5) 弁護人による援助の充実化，が挙げられ，また，供述調書への過度の依存を改め，より充実した公判審理を実現するための方策としては，(6) 証拠開示制度，(7) 犯罪被害者等及び証人を支援・保護するための方策の拡充，(8) 公判廷に顕出される証拠が真正なものであることを担保すための方策等（司法の機能を妨害する行為への対処），(9) 自白事件を簡易迅速に処理するための手続の在り方，が挙げられた．

　以後，二つの作業分科会は各々10回の会議で，分担された論点について専門家の視点から詰めた議論を重ねて，各会議が終ると直ちに特別部会（員）に

---

　3)　第1分科会会長は井上正仁委員，第2作業分科会会長は川端博委員が選出された．

その議論の過程が伝えられ，特別部会員との情報の共有が図られた．特別部会
も併行して第20回会議から第22回会議が開催され，特別部会と二つの作業部
会とがキャッチボールをするような形で議論を深めた．そして，第23回会議
（2014年2月14日）において，「作業分科会における検討結果（制度設計に関
するたたき台）が提案され（資料64），第25回までの3回にわたり最終的な
取りまとめを見据えた議論が行われた．そして，第26回会議において最終的
な取りまとめに向けた一つの案として「事務当局試案」が示され（資料65），
第28回会議においては，「事務当局案」の「改訂版」が配布され（資料66），
議論がされた．さらに，第28回会議において，法制審議会の総会による「答
申」の案となることを念頭に置いて作成した「取りまとめ案」（資料69）が提
出・審議され，第30回会議において，資料69を改訂した「新たな刑事司法制
度の構築についての調査審議の結果〔案〕，〔改訂版〕（資料70）が審議され，
部会全会一致で承認された．その結果，諮問92号に対しては，資料70をもっ
て特別部会の意見として2014年秋に予定されている法制審議会総会に報告す
ることが部会長に一任された．

　その後，2014年9月18日，法制審議会の総会で本田部会長から提出された
答申案が総会において正式決定され，総会後，伊藤真法制審議会会長から松島
みどり法務大臣に改革案の要綱が答申された．

　特別部会は，委員の数が多く，各委員の見解も様々であったので，当初はど
うなるかと懸念された．議論は活発で，「基本構想」，「たたき台」，「事務当局
試案」，「取りまとめ案」等の審議の重要な節目においては，毎回のように重
要な修正がなされている．しかし，特別部会設置から3年余をかけて，国内外
の関係機関への実情視察，関係者へのヒアリング，30回の特別部会会議，二
つの作業分科会の各10回（計20回）の会議等を通じて，特別部会委員が共有
できる範囲で日本の刑事司法を前進させていこう，との真摯な姿勢で粘り強く
審議に臨んだことが，最終的に全会一致で取りまとめができた理由であると思
われる．

## III　特別部会の最終的取りまとめ（「答申」）の内容

諮問 92 号に対する最終的取りまとめ（特別部会の答申案は総会においてその内容がそのまま承認されたので，以下では「答申案」としなければ不正確になる場合を除いて答申という）の特色は，通常は，単に法整備を行うべきとした制度を「要綱（骨子）」として示すだけであるところ，答申案は，これに加えて，新たな刑事司法制度のあるべき姿や検討指針となる理念，また法整備を行うべきとした制度についての重要な考え方や確認的な事柄，そして今後の課題として位置づけられる事項等についても併せて明記したことである（第 29 回会議議事録 2 頁）．これは，諮問 92 号の内容が国民の生活にも影響する刑事司法全体の在り方に及ぶものであったため，答申の内容について，法律の専門家だけでなく，国民に理解し易い説明書のようなものが必要と考えられたものと推測される．

さて，以下に答申の内容の中，諮問 92 号の趣旨との関係で特に重要と思われる 4 項目について簡単に紹介したい．答申案では 9 項目が検討の対象であったが，IIで紹介した(4)については具体的な提案をするに至らなかった．

### 1．取調べの録音・録画制度

取調べの録音・録画制度の導入は 9 項目中でも最も大きな柱であった．以下に，この項目の内容を示す．

(1)　録音・録画した記録媒体の証拠調請求義務，録音・録画義務
　　イ　検察官は，録音・録画制度の対象事件の公判において，取調べ等の際に作成された被疑者の供述調書等の任意性が争われた場合に，当該調書等が作成された取調べ等の全過程の録音・録画記録の証拠調べを請求しなければならない（要綱（骨子）一 1）．
　　ロ　検察官が録音・録画記録の証拠調請求義務を果たさなかった場合，裁判所は，検察官の証拠調請求を却下しなければならない（要綱（骨子）

*18 記念講演*

一2）

(2)　録音・録画制度の対象事件・範囲

　録音・録画が義務づけられる対象事件は裁判員制度対象事件と検察官独自捜
査事件であり，捜査機関はこれらの対象事件で身柄を拘束された被疑者を取り
調べる場合には，原則として取調べの全過程の録音・録画をしなければならな
い（要綱（骨子）一1）．

(3)　録音・録画の対象事件の例外

　録音・録画義務の例外があり，それらは以下のとおりである（要綱（骨子）
一5）

　　　イ　機器の故障その他のやむを得ない事情により，記録することが困難な
　　　　　場合
　　　ロ　被疑者が記録を拒んだことその他の被疑者の言動により，記録をした
　　　　　ならば被疑者が十分な供述をすることができない場合
　　　ハ　ロのほか，犯罪の性質，関係者の言動，被疑者がその構成員である団
　　　　　体の性格その他の事情に照らし，被疑者の供述及びその状況が明らかに
　　　　　された場合には被疑者若しくはその親族の身体若しくは財産に害を加え
　　　　　またはこれらの者を畏怖させ若しくは困惑させる行為がなされるおそれ
　　　　　があることにより，記録したならば被疑者が十分な供述をすることがで
　　　　　きない場合
　　　ニ　当該事件が指定暴力団の構成員に係わるものである場合

(4)　実施状況の検討義務（見直し条項）

　施行後一定期間経過後に，録音・録画の実施状況について検討を加え，必要
があると認めるときは，その結果に基づいて所要の措置を講ずる旨の見直し規
定を設けることとされた（要綱（骨子）二）．

⑸　若干の検討

　録音・録画制度の基本的な枠組みについては当初から委員の間で大きく見解が分かれていたが，基本構想において，「録音・録画の有用性を活かす観点からは，政策的に，できる限り広い範囲で録音・録画が実施されるものとする」とともに，「他方で，録音・録画の実施によって取調べや捜査等に大きな支障が生じることのないような制度設計を行う必要がある」とされていた．この二つの要請を同時に満たすために考え得る案として，二つの案を軸に議論がなされてきた．第1案は，一定の例外事由を定めつつ，原則として，被疑者取調べの全過程について録音・録画を義務づける案で，第2案は，被疑者取調べの一定の場面について録音・録画を義務づける案であった．第2案については，録音・録画をするか否かにつき捜査機関の裁量が認められ，裁量の行使に恣意が入ると可視化の趣旨が実現されないとの強い批判があった．答申は第1案をベースにしている．

　次に，答申は原則として対象事件については全過程の録音・録画を義務づけるが，対象事件が裁判員制度対象事件と検察独自捜査事件とに限定され，両事件の数は全事件の2～3％と少な過ぎ，全事件は無理としても，検察官が取調べをする事件については録音・録画の対象にすべきとの批判があった．答申の考え方としては，取調べの録音・録画を義務づける法制化は初めてのことであり，慎重にすべきであり，取調べの適正化が疑われたり，自白の任意性が争われる可能性の高い事件について録音・録画の義務化を実現すべきであるとするものである．対象事件が限定されているとはいえ，全過程の録音・録画は比較法的にみても画期的であり，取調べの適正化と自白の任意性の争いの解消に大きな役割を果すものと考えられる．対象事件以外の事件の取調べに対する波及的効果も小さくないと思われる．また，裁判員制度対象事件については，すでに試行により円滑な実施が見込めるとの判断もあったといわれる．現実には，自白の任意性が争われる事件は多い訳ではなく[4]，全事件で実施する場合の捜

---

　4)　法務省の「取調べに関する国内調査結果報告書」によれば，平成22年6月から平成23年5月までの1年間に第1審判決があった全ての身柄事件のうち，公判で

20 記念講演

査官の負担，機器の購入や実施場所の設置，捜査官の増員の必要などを考えると費用対効果の観点からも全事件での録音・録画の義務化は現実的ではなかろう．

　検察官独自捜査事件を対象とした理由を付言すると，検察官独自捜査事件では，被疑者の取調べを専ら検察官が行い，他の捜査機関による取調べを受ける機会がないという，つまり，別の捜査機関のチェックを受けないという性質を持っているからである．他方，検察官の取調べは全て録音・録画の対象にすべきとの案は，被疑者の取調べについて検察官と司法警察職員とで権限の面でも証拠能力の面でも同じ取扱いをしている刑訴法の基本的構造と正面から矛盾するという問題があるのに対して，検察官独自捜査事件であれば，事件の罪名や法定刑の軽重を問わず全ての犯罪が録音・録画の対象となるのである．

　他方で，捜査実務は，録音・録画の対象を運用上相当に拡大する方針を決定している．すなわち，最高検は，従来，録音・録画の試行の対象としてきた裁判員制度対象事件など四つの類型の事件について，「試行」を終了して，本格実施に移行することにしたという．また，従来は試行の対象としていなかった事件についても，被疑者に関して，公判請求が見込まれる身柄事件であって，被疑者の供述が立証上重要であるもの，被疑者の取調べ状況をめぐって争いが生じる可能性があるなど必要と考えられる事件の取調べを録音・録画の試行対象事件とする．さらには，被害者・参考人についても，公判請求が見込まれる事件であって，被害者・参考人の供述が立証の中核となることが見込まれるなどの場合は録音・録画の試行対象にするとのことである[5]．近時の実務におい

---

　　自白の任意性が争いになった事件は 190 件であるという．また，自白の任意性が争われる率が比較的高いといわれる裁判員制度対象事件の平成 24 年度試行対象の身柄事件数 4,051 件中，公判で自白の任意性が争われたのは 58 件で，1.4％である．また，検察官独自捜査事件の身柄事件数 136 件で任意性が争われた事件は 4 件（2.9％）である．上記 2 類型の事件以外の事件での任意性が争われる割合ははるかに小さいといわれる．

5)　最高検は，従来，裁判員裁判対象事件，検察独自捜査事件等 4 類型の事件につき取調べの録音・録画の試行を行ってきたが，供述の任意性・信用性の判断に資するなど適正な裁判を実現する上でおおむね相応の成果を上げていることを踏まえて，

ては，取調べ状況の立証のために最も適した証拠（ベスト・エビデンス）は取調べを録音・録画した記録媒体であると認識されているため，必要な録音・録画を行わない場合は，ベスト・エビデンスが公判廷に顕出できなくなり，供述の任意性・信用性に争いが生じた場合に的確な立証ができないリスクを負うことになるため，検察としては録音・録画の試行対象事件は相当多くなると推測される[6]．新しい制度を導入するに当たって，対立する利益が拮抗している場

---

2014年10月から録音・録画の範囲を拡大等する方針を決定し，実施を始めたという．新たな取組みの1点目は，4類型の事件の取調べの録音・録画の試行を終了し，本格実施へ移行することである．2点目は，試行対象事件の拡大であり，①被疑者については，公判請求が見込まれる身柄事件であって，事案の内容や証拠関係等に照らし被疑者の供述が立証上重要であるもの，証拠関係や供述状況をめぐって争いが生じる可能性があるものなど取調べの録音・録画が必要と考えられる事件及び②被害者・参考人については，公判請求が見込まれる事件であって，被害者・参考人の供述が立証の中核となることが見込まれるなどの事情から，それらの録音・録画が必要と考えられる事件である．

2点目の新たな試行は，取調べ状況の立証のために最良の証拠は取調べを録音・録画した記録媒体であるとの近時の実務の共通認識を踏まえて，事案に応じて，取調べの全過程の録音・録画を含め，様々な録音・録画を試みるものであるという．具体的には，被疑者が当初否認している場合，後に公判で争いが生じる可能性がある場合なども試行の対象となると考えられるため，試行対象該当事件は相当数あると推測されている（上野委員発言，第28回議事録3-4頁，また，資料68の別添1，2参照）．

6) 今崎幸彦委員によれば，現在，裁判員裁判における供述の任意性立証には，原則として取調べの録音・録画媒体が用いられていること，また，任意性立証のために最も適した証拠が取調べの録音・録画媒体であることについてはおおむね共通認識が得られているといわれる．そして，証拠構造上，被疑者の供述が鍵となるような事件において任意性が争われた場合は，最良証拠である録音・録画媒体を中心とした証拠調べが行われていくと推測される．その結果，録音・録画媒体がない場合には，その取調べで得られた供述の証拠能力に関し，証拠調べを請求する検察側に現在より重い立証上の責任が負わされる運用になっていくだろうとも予測される．このことは，録音・録画義務が課されない事件についても，検察側は立証上大きなリスクを負うことになるだろうといわれるのである（第25回会議における発言，第25回議事録33頁）．傾聴に値する発言である．そして，検察庁もこの点につきほぼ共通の認識を持ち，立証上のリスクと記録媒体作成の必要性・有用性を真摯に受

22 記念講演

合は，対立する利益をバランスよく実現し，確実な法運用が見込める制度を創
設し，その後，制度の運用を検証して，必要があると認められたときにその必
要に見合った改正をしていくのが着実な行き方であり，答申にある見直し規定
もそのために置かれたものであろう．

### 2．捜査・公判協力型協議・合意制度及び刑事免責制度の導入

取調べおよび供述調書への過度の依存を改めて証拠収集手段を多様化する制
度として，特別部会は，刑の減免制度，捜査・公判協力型協議・合意制度（以
下，協議合意制度ともいう），そして刑事免責制度を議論してきた．この中，
刑の減免制度は，自己又は他人の犯罪事実を明らかにするための重要な協力を
した場合に刑が減免され得る旨の実体法上の規定を設けることにより，被疑者
に自発的な供述の動機付けを与える制度であるが，「要綱（骨子）」の段階で，
この項目は除外された．また，協議・合意制度は，検察官が弁護人との間で，
被疑者において他人の犯罪事実を明らかにするための協力をすることと引換え
に，検察官の裁量の範囲内で，処分又は量刑上の明確な恩典を付与することに
合意する制度である（基本構想 11 頁）．協議・合意制度には，自己負罪型と捜
査公判協力型とがあり，当初は両者につき議論がなされてきたが，基本構想か
らは他人の犯罪事実を明らにする捜査公判協力型が議論の対象とされた．以下
では，答申の内容とされた捜査公判協力型協議・合意制度と刑事免責制度につ
いて述べる．協議・合意制度と刑事免責制度は欧米の司法取引制度を導入した
ともいわれるが，両者は共通する面もあるが相違点も大きい．

(1) 協議・合意制度

　イ　協議・合意の手続

検察官は，被疑者・被告人が第三者の犯罪事実を明らかにするため事実の供
述その他の行為をする場合には，その見返りとして，被疑（告）事件つき，不

---

け止めていると思われる（上野友慈委員の発言，第 6 回会議議事録 31 頁）．

起訴処分，特定の求刑などをする旨の合意をすることができる（要綱（骨子）一1）．合意のための協議は，原則として，検察官と被疑者・被告人及び弁護人の同意がなければならない（要綱（骨子）一5，一1）．協議・合意の対象犯罪は，特定犯罪（一定の財政経済関係犯罪及び薬物銃器犯罪）である（要綱（骨子）一2）．また，送致事件等の被疑者との協議をする場合，検察官は，事前に司法警察員と協議しなければならず，また，協議における必要な行為を司法警察官にさせることができる（要綱（骨子）一7・8）．

まず，合意の前提となる被疑者・被告人の供述は「真実の供述」でなければならない．第三者の犯罪事実を明らかにするため「真実の供述その他の行為」をする見返りに寛大な処分が約束されるのである．そもそも，協議に応ずるか否かは被疑者・被告人の自由な意思決定に委ねられているから，捜査機関の意向に沿うような供述をするよう強制されるものではないし，他方で，捜査機関に対し虚偽の供述をしたり，偽造・変造の証拠を提出したときには5年以下の懲役に処せられる（要綱（骨子）五）．

なお，対象犯罪を特定犯罪に限定したのは，企業犯罪や経済犯罪等組織的犯罪等については協議・合意制度が有効な捜査手法になり得る一方，生命・身体犯については，真実に見合う処罰を求める被害者の感情を配慮して除外されている．

　　ロ　合意に係わる公判手続の特則

被告事件についての合意があるとき又は合意に基づいて得られた証拠が他人の刑事事件の証拠となるときは，検察官は，合意に関する書面の取調べを請求しなければならない．その後，当事者が合意から離脱したときの離脱書面も同様とされる（要綱（骨子）二）．

　　ハ　合意違反の場合の取扱い

合意の当事者は，相手方当事者が合意に違反したときその他一定の場合には，合意から離脱することができる．（要綱（骨子）三1）．また，検察官が合意に違反して公訴権を行使したときは，裁判所は，判決で当該公訴を棄却しなければならない．さらに，検察官が合意に違反したときは，協議で得た被疑者・被告人の供述及び合意で得られた証拠は，原則として証拠能力が認められ

ない（要綱（骨子）三2・3）．

　　ニ　合意が成立しなかった場合の証拠の制限

　合意が不成立の場合，被疑者・被告人が協議においてした第三者の犯罪事実を明らかにするための供述は原則として，証拠とすることができない（要綱（骨子）四）．

　ロ，ハ，ニはあまり特別部会でも異論がなかった．ニについては，自由な協議の場を保障することが必要であるが，そのためには，合意が成立しなかった場合に，被疑者・被告人が協議の際に第三者の犯罪事実を明らかにしたとしてもその供述を証拠とすることを認めたのでは安心して協議をすることはできなくなるからである．

　(2)　刑事免責制度

　刑事免責とは，共犯などの一部の者について刑事責任を問わないこととし（免責の付与），自己負罪拒否特権を失わせて供述を強制し，その供述を他の者の有罪立証の証拠にしようとする制度である．答申によれば，検察官は，証人の自己負罪供述と派生証拠を原則として証人に不利益な証拠とすることができないこと，その場合，証人は自己負罪供述を拒むことはできないことを条件に証人尋問を請求し，これに対して，裁判官は，自己負罪供述が含まれないと明らかに認められる場合を除いて，免責決定をする（要綱（骨子）一1・2）．また，証人尋問開始後にも同様の条件の下で免責決定が可能である（要綱（骨子）二）．

　刑事免責制度の提案の趣旨は，充実した公判審理を実現可能とするために有効な制度と考えられることと，供述証拠の収集方法を多様化・適正化するとの観点から，第1回公判期日前の証人尋問においても刑事免責制度が有効に活用できるように現行法の証人尋問請求（刑訴法226条）の要件の拡充を求めるものである．

　証人・参考人の供述が得られ難くなっていると言われる近年，真相解明が困難な共犯事件において，役割の小さい（訴追価値も低い）共犯者に刑事免責を付与して供述を強制して，その供述を役割の大きな共犯者の証拠にすることは

一つの合理的な制度といえよう．そもそも，自己負罪拒否特権は，負罪を受けるおそれのある者に義務づけて得た供述を供述者の不利益な証拠として用いることを禁止する法理であるから，ある者に証言を義務づけて，それを他の者の有罪立証に用いる場合には自己負罪拒否特権違反の問題は起こらないのである[7]．また，刑事免責の範囲を使用免責（当該供述とそれに由来する証拠の利用禁止）としていることも妥当である．刑事免責は自己負罪拒否特権の保護の範囲と同じ範囲で与えられることが必要なので，使用免責は自己負罪拒否特権法理の当然の帰結であるからである[8]（供述者に関係する事件全体の刑事免責を認めることは広きに失する）．

　ところで，刑事免責についても，これが第三者の引込みの危険があるとの批判があった．しかし，刑事免責を付与された場合，証人は真実を述べればその供述が自己に不利益な証拠として使われないのに対し，嘘を述べれば偽証罪に問われるのであるから，証人が検察官と取引をして，あえて虚偽の供述をして第三者を引込むという事態は制度上は考え難いのである[9]．

### 3．通信傍受の合理化・効率化

　通信傍受の合理化・効率化は，「取調べ及び供述調書への過度の依存を改めて多様な証拠収集手段を確立する」一環として位置づけられている．答申の主な内容は，(1)　対象犯罪の拡大と新たに追加された対象犯罪の通信傍受の要件を厳格化したこと（（要綱（骨子）一1・2），(2)　特定装置を用いる傍受の導入（要綱（骨子）二1-4）そして，(3)　通信事業者の施設における通信内容の一時記録を伴う傍受の導入（要綱（骨子）三1，3）の3点である．この中，(1)，(2)点を論じる．

---

7)　渥美東洋「いわゆる外国での嘱託尋問調書に関する法律問題」研修 468 号 7 頁，三井誠ほか編『刑事手続（上)』250 頁，椎橋隆幸『刑事訴訟法の理論的展開』162-163 頁を参照．

8)　渥美・同前 9-10 頁，椎橋・同前 171 頁以下参照．

9)　宇川春彦「供述証拠の収集を容易にするための手段」法律時報 86 巻 10 号 28 頁参照．

26 記念講演

(1) 対象犯罪の拡大と要件の厳格化

イ 対象犯罪の拡大

現行法の通信傍受の対象犯罪は，通信傍受という捜査方法によらなければ事案の解明が著しく困難な組織犯罪に限定することを明確にする意味で，①薬物関連犯罪，②銃器関連犯罪，③集団密航に関する罪，そして④組織的な殺人の4類型に限定した（通信傍受法3条1項，別表（答申が法制化されると別表第1となる））．また，対象犯罪が狭く限定されているだけでなく，通信傍受を実施する要件が極めて厳格であること，さらには，運用上，傍受の実施場所が限られていることもあって，通信傍受を効率化・合理化すべきとの要望は強くなってきていた．通信傍受の実施件数も少なく，2013年度において日本では64件実施されたが，ほぼ同時期の他国の実施件数（英・米 約3,400件（日本の50倍，以下同じ），伊 約127,000件（約2,000倍），独 約24,000件（375倍），豪 約4,200件（66倍））に比べると圧倒的に少ない[10]．他方で，通信傍受が違法に行われたと問題にされた事例は報告されていない．このような事情が通信傍受を合理化・効率化する立法事実として説得的に主張されたのである．

答申では，対象犯罪は，①人命に関わる重大な犯罪である，現住建造物放火，殺人，傷害・傷害致死，爆発物使用が，また，②人命に関わる重大な犯罪である上，組織的に行われる，逮捕・監禁，略取・誘拐が，さらに，③外国人グループ等による組織窃盗の事案が後を絶たないため，窃盗，強盗・強盗致死が挙げられ，また，④被害児童に重大な影響を及ぼす，不特定多数の者に対する児童ポルノの提供等が対象犯罪として追加された（要綱（骨子）一1，別表第2）．

ロ 要件の厳格化

他方，新たに追加された対象犯罪については，いわゆる「組織性」の要件が付加された．すなわち，①新たな対象犯罪については，「人の結合体」により行われたものであること，②その「人の結合体」が「役割の分担によって行動

---

10) 平成26年度警察白書36-37頁等を参照.

する」人によって構成されるものであること，③その役割が「あらかじめ定められた」ものであることにつき，④それぞれ「疑うに足りる状況がある」ことが要件とされた（要綱（骨子）一2・3）.

(2) 特定装置を用いる傍受の導入

　現行法上，通信傍受は通信事業者の施設において，通信事業者の立会の下，リアルタイムで行われる．通信事業者は傍受のために機器の接続その他の必要な協力が求められる．捜査機関は傍受できる限られた施設へ出向く負担，通信事業者は立会い等傍受に伴う様々な協力の負担が共に重いと言われてきた．答申は，特定装置を用いることで，立会い（通信傍受法12条）・記録媒体の封印（同法20条）・記録媒体の裁判官への提出（同法21条）を不要とし，かつ，通信内容の聴取等をリアルタイムで行う方法と事後的に行う方法による傍受を可能にした（要綱（骨子）二1）．特定装置とは傍受した通信や傍受の経過を自動的に記録し，これを即時に暗号化する機能を有する装置である．この特定装置を用いる傍受は，現行法が立会いや封印等を求めた根拠の基をなくすものであり，また，この装置の使用により捜査機関と通信事業者の負担は軽減されることになる.

　通信傍受の対象犯罪の拡大により，例えば高齢者が被害者になることが多く，被害件数や額も増加している振り込め詐欺の事案解明において，従来の捜査手続では出し子，受け子しか検挙できなかったが，今後は組織内のより上位の犯罪者へと突き上げ捜査ができる可能性が高くなった．また，誘拐・人身売買，児童ポルノ等の提供・製造等に対する通信傍受により，子供，女性を保護する可能性が高まるし，また，国際的要請に応えることにも通じる．通信傍受により事案の解明のための重要な証拠を収集・保全することができれば，全体として，取調べに過度に依存する度合は低下していくものと推測される[11].

---

11) 笹倉宏紀「通信・会話傍受」法律時報86巻10号29頁以下，また，通信傍受全般について，井上正仁『捜査手段としての通信・会話の傍受』および『強制捜査と任意捜査新版』第3章を参照.

28 記念講演

なお，会話の傍受は答申には盛り込まれなかった．今後の課題である．

## 4．弁護人による援助の充実化

捜査段階における弁護人による援助が重要であることについては特別部会でも異論はなかった．被疑者に資力がないため捜査段階で弁護人の助力が得られないことは不合理である．答申は，現在は必要的弁護事件で勾留された被疑者に保障されている被疑者国選弁護の対象を全ての勾留事件に拡大することとした．すなわち，「死刑又は無期若しくは長期3年を超える懲役若しくは禁錮に当たる事件について被疑者に勾留状が発せられている場合」（刑訴法37条2第1項）から「被疑者に対して勾留状が発せられている場合」に拡大された（要綱（骨子）(1)）．被疑者国選弁護の全勾留事件への拡充は理論的な面での異論はなかったが，公費負担の合理性については意見が分かれた．つまり，被疑者国選弁護事件数が横ばいの状況であるにもかかわらず，公費負担の額が年々増加していることなどの諸事情を踏まえると，制度の採否に当たっては，被疑者国選弁護報酬基準の見直しや固定給である常勤弁護士の積極的活用といった公費負担の総額を抑制する方策の検討状況をも考慮すべきであるとの意見も有力に示されていた（特別部会24回議事録13頁参照）．そこで，答申は，附帯事項として，法整備に当たっては，「併せて，被疑者国選弁護制度における公費支出の合理性・適正性をより担保するための措置が講じられることが必要である．」旨が盛り込まれた．

なお，答申は弁護人の選任に係わる事項の教示の拡充も盛り込んでいる（要綱（骨子）(2)）．

## 5．証拠開示の拡充

2004年の刑事訴訟法の一部改正により，公判前整理手続が創設された．公判前整理手続の目的は，事件の争点と証拠を整理して，充実した審理を継続的，計画的かつ迅速に行うことである（318条の2）．そして，充実した迅速な公判審理の前提となる公判前整理手続における争点・証拠の整理と明確な審

理計画の策定のためには，当事者による証拠開示が必須の要素となる．改正刑訴法による証拠開示は大幅に拡充されたが，それは争点・証拠の整理のためであると同時に被告人の防御の準備のためでもある．両者の機能・範囲は完全に重なるものではないが，相当部分において共通している．刑訴法による証拠開示の在り方は以下のとおりである．①検察官請求証拠の開示（316条の14），②一定の類型証拠の開示（316条の15），そして③争点関連証拠の開示（316条の20）である．これらの証拠開示の在り方によって証拠開示の範囲は大幅に拡充されて，概ね好意的に受け止められた．

今回の答申は，基本的には，この流れの延長線上において，さらに開示の範囲を拡充したものといえよう．

イ　証拠の一覧表の交付制度の導入

検察官は，検察官請求証拠の開示をした後，被告人又は弁護人から請求があったときは，速やかに，検察官が保管する証拠の一覧表を交付しなければならない（要綱（骨子）一）．また，証拠の一覧表の記載事項は，証拠物については品名・数量，供述録取書については標目・作成年月日・供述者の氏名，それ以外の証拠書類については標目・作成年月日・作成者の氏名である（要綱（骨子）二１）．

一覧表の交付は，現行の類型証拠・主張関連証拠の開示請求の「手がかり」を与え，その開示請求を円滑化・迅速化するためであるので，検察官請求証拠の開示後という早い時期に行うのがその趣旨に適うものであり，また，検察官の裁量や評価が入らず，選別作業の負担が過重にならないために，一覧表の記載内容は答申のようなシンプルなものとなった．さらに，開示に伴う弊害とのバランスの上で開示するとのスキームの延長線上で一覧表の交付も考えられているので，①人の身体・財産に対する加害行為または畏怖・困惑行為がなされるおそれ，②人の名誉又は社会生活の平穏が著しく害されるおそれ，③犯罪の証明又は犯罪の捜査に支障が生じるおそれ，がある場合には，一覧表にそれらのおそれを生じさせる事項を記載しないことができる（要綱（骨子）二２）．

ロ　公判前整理手続の請求権の付与

30 記念講演

答申は，両当事者に公判前（期日間）整理手続の請求権を認めた．しかし，この請求が認められるか否かで手続の遅延が生じることは望ましくないので，不服申立は認められない（要綱（骨子）1-3）．

　ハ　類型証拠開示の対象の拡大

　類型証拠開示の対象が拡大された．それらは，①共犯者の身柄拘束中の取調べについての取調べ状況報告書，②検察官が証拠調請求をした証拠物に係わる差押調書・領置調書，③検察官が類型証拠として開示すべき証拠物に係わる差押調書・領置調書である（要綱（骨子）一－三）．①は，共犯者の取調べ状況は，検察官請求の共犯者の供述録取書等の信用性を吟味するために類型的に重要であると考えられたため，また，②は，差押調書等は，証拠物と事件との関連性を示す客観的かつ基本的な資料であり，証拠物の証明力を判断する上で類型的な重要性が存すると言えるからであり，さらに③は，類型証拠として開示される証拠物によって特定の検察官証拠の証明力を判断するに当たって，差押調書が併せて開示された方が，証拠物による証明力判断に資することがあるため，一定の要件（開示の必要性の程度，開示によって生じうる弊害の内容・程度を考慮して相当と認めるとき）の下に認めるとしたものである（保坂幹事発言，第 26 回議事録 9 頁参照）．

## Ⅳ　答申は諮問 92 号をどの程度実現できたか

### 1．適正手続の徹底化と当事者主義の一層の充実化

　答申は，諮問 92 号の目的である，時代に即した新たな刑事司法制度の構築のために，取調べ及び供述調書に過度に依存した捜査・公判の在り方の見直しの案として十分な内容になっているであろうか．また，見直し策の柱である被疑者の取調べ状況の録音・録画制度の導入等はその効果を十分に発揮できる内容となっているであろうか．

　取調べ及び供述調書に過度に依存した捜査・公判の在り方とは，従来の日本の刑事司法の特徴を表現したものであろう．「精密司法」とか「調書裁判」と呼ばれた日本の刑事司法の特徴は，捜査機関の徹底した捜査，起訴・不起訴に

関する十分な絞り込み，事件の細部まで真相解明に努める慎重な公判審理，上訴審に耐え得る周到な判決書，証拠調べを広範に認める控訴審等を内容とする．「精密司法」の功罪については様々な評価があり慎重な検討を要するが，現行の刑事司法に制度疲労が生じていたことは確かであろう．そこで，「精密司法」から「核心司法」への変革を図るべきとの有力な見解が主張され（平野博士ジュリスト 1148 号 2 頁以下），1999 年以降の刑事司法制度改革の流れのなかでも「精密司法」からの脱却が主張され，2009 年に施行された裁判員裁判制度の創設はその重要な成果であった．裁判員裁判は，国民が裁判体の構成員になっている関係から，目で見て，耳で聴いて分かる裁判，つまり，直接主義・口頭主義による迅速かつ充実した審理を行うという公判中心主義を内容とする当事者主義の刑事裁判を実現したのである．公判での迅速かつ充実した裁判を行うためには，事前に争点と証拠が整理され，証拠開示により防御の準備をしておくことが不可欠で，そのための方策が公判前整理手続とそこでの証拠開示の拡充という形で手当がされた．

　大胆に言えば，今回の答申は「精密司法」「調書裁判」からの脱却に向けて今まで実現されてきた制度以外の（残りの）部分を本来の当事者主義の実現に向けて制度化しようとの試みともいえよう．言葉を換えれば，捜査過程の適正手続化の徹底と当事者主義公判のより一層の充実化ともいえよう．

## 2．録音・録画制度導入の意義

　被疑者の取調べ状況の録音・録画制度の導入は録音・録画していること自体が取調べの適正化を担保する機能を果たすものであるし，また，事後に自白の任意性に争いがあった場合に取調べの違法・不当を客観的に判断することができ，自白の任意性の判断についての「水掛け論」を解消することができる画期的な改革である．録音・録画の対象事件については取調べの全過程が録音・録画される．録音・録画の対象事件は裁判員裁判対象事件と検察独自捜査事件に限定され，これらは刑事事件総数の 2 ～ 3 ％と少ないとの批判があるが，初めて導入する制度であるため，制度の趣旨に照らして適切に機能するか否かを確

かめつつ，見直す機会をもうけるというステップ・バイ・ステップ方式は慎重で手堅いものと評価することができるであろう．見直し条項も録音・録画の拡大の可能性を示唆している．一方で，裁判員裁判事件と検察独自捜査事件は相対的に任意性が争われる比率も高いし，他方，多くの事件では自白の任意性が争われない．任意性が争われない事件にまで録音・録画を義務づけることは適切とは思われない．仮に全事件を録音・録画すべきとなるとその作業に要する機器，設備，人員の予算等を大幅に増額・増員しなければならず現実的とは言えない．また，法務・検察と警察庁はそれぞれ録音・録画の試行の範囲の拡大を進めている．試行を経てその結果に基づいてさらなる法制化を図るというのは制度の創設・運用を確実にしていくための不可欠なプロセスである．

　他方で，取調べ自体が否定されたわけではない．適正な手続に基づく取調べは事案の真相の解明（刑訴法1条）のため必要である．違法な取調べ，思い込みに支配された取調べが誤判に至ることはあった．しかし，適正な取調べができないと適切な刑事裁判の実現は覚束ない．当事者主義の公判では，裁判官は検察官の主張が証拠によって合理的な疑いを超えるまで証明されているかを判断する役割を担っている．その前提として捜査機関は適正な手続により事件の真相を解明して，検察官は一方の当事者として主張と証拠を裁判所に提出しなければならない責務を持っている．捜査・公判において，取調と供述証拠は事案解明のためになお重要な役割を担っている．取調べと供述調書への過度な依存が見直されなければならないのであり，適正な取調べはなお必要である．録音・録画義務の例外とされている事項は適正な取調べができるための場合を「過不足なく」規定されていることが必要である．「過不足ない」例外規定となっているかの実証は今後の運用にかかっている部分も少なくない．

## 3．防御権の充実化

　弁護人による援助の充実化策として，被疑者国選弁護の対象を全ての勾留事件に拡大したことも捜査手続の適性化の徹底に資するものである．捜査の早い段階から弁護人の助力は必要であるし，資力の有無で弁護人の援助に差がでる

のは合理的でもないし公正ともいえない．特に，身体拘束されている被疑者の弁護は必要かつ重要であるから答申は妥当であったといえよう．もっとも，逮捕の段階での弁護人の援助の必要性は一般論としては肯定できるが，国選弁護の枠組みの中では，資力要件の審査が逮捕の時点では困難ではないかという課題があり，見送られた．また，弁護人の選任が円滑に進むように弁護人選任に係わる事項の教示を拡大したことも適正手続化の徹底，被疑者の防御権の保障という観点から評価される．

　証拠の一覧表の交付は，類型証拠開示の対象の拡大など証拠開示のさらなる拡充が公判への準備活動を円滑に行うことを可能にするもので，迅速かつ充実した公判の実現という当事者主義の理念をより実質化するものとして評価できる．

### 4．協議・合意制度，刑事免責，通信傍受

　これらの制度は捜査機関に新たな武器を与えるものともいわれる．しかし，日本ではこの種の捜査手法が従来あまりにも認められてこなかった．そのことが取調べ等に過度に依存した捜査・公判の在り方につながったともいえよう．協議・合意制度は，被疑者・被告人に，第三者には不利益であるが「真実の供述」をして貰い，第三者の捜査公判に協力した見返りに寛大な処分等を約束するものである．被疑者・被告人の自由な意思から協力して貰うのであり，追及的な取調べによるものではない．嘘の供述証拠等を提出すれば処罰されるため，誤判に至る可能性は理論上は考え難い．何よりも，協議・合意の過程では弁護人がついている．また，合意書面は証拠開示される．さらに第三者は被疑者の供述について公判の法廷で反対尋問によって争うことができる[12]．

　通信傍受につては，現行の通信傍受の対象犯罪に加えて振り込め詐欺などの，他の捜査方法においては解明が困難な事案が相当多数存在すること，他方で，この十数年の通信傍受の実績をみると，傍受が違法に行われたと争われ，

---

12)　宇川・前掲注9）23-27頁参照．

34 記念講演

認定された事案は存在しない．このことから通信傍受の対象犯罪を拡大する立法事実は存在するといってよいであろう．答申にある特定装置を用いる傍受は作為が介入する余地が現行の方法によるよりも少ないといえる．

## V おわりに

全体としてみると，答申は一方で，違法な取調べを監視・抑制する録音・録画制度の導入，被疑者の防御権を伸長する被疑者国選弁護の全ての勾留事件への拡大と弁護人選任に係わる事項の教示の拡充，公判活動の充実化を促進する証拠開示の拡充，他方で，証拠収集活動を多様化する協議・合意制度の導入，免責制度及び通信傍受の対象の拡大等の内容を持ち，両者は方向性が違うようにもみえるが，取調べ及び供述調書に過度に依存した捜査・公判の在り方を変革するという意味では一貫した流れの中にあり，また，その変革の度合も相当に大きいものといえるため，時代に即した新たな刑事司法制度の構築に向けて確かな前進をしたと評価できるのではあるまいか．

本稿は講演を基にしたものであるため，注は最小限に止めたことをお断りしておきたい．
なお，本稿に関係するまとまった参考文献を以下に若干示しておく．刑事法ジャーナル 29 号，37 号，40 号，法律時報 86 巻 10 号，犯罪と刑罰 23 号，小坂井久・取調べ可視化論の展開，川崎・三島編・刑事司法改革とは何か等．校正の段階で刑事法ジャーナル 42 号，自由と正義 65 巻 11 号に接した．

# 第1セッション
## 取調べの規律
### ——取調べの録音・録画制度を中心に——

# 捜査過程における映像録画制度に関して

<ruby>金<rt>キム</rt></ruby> <ruby>甫<rt>ボ</rt></ruby> <ruby>炫<rt>ヒョン</rt></ruby>

## I 序 論

捜査過程における映像録画制度は，捜査過程において発生しうる被疑者の人権侵害を防止し，捜査過程を透明化させて強圧捜査の論難を防止することによって，捜査機関に対する国民の信頼の確保に一定部分，寄与してきたと考える．

以下では，捜査過程における映像録画制度の導入の背景，経過，現行規定，映像録画取調べの方式及び実態，映像録画物に関連する判例の態度，映像録画制度の改善方向について議論しようと思う．

## II 映像録画制度の導入の背景

捜査過程における映像録画制度は，2003 年 12 月 11 日に改正された性暴力犯罪の処罰及び被害者保護等に関する法律（2004 年 3 月 12 日施行）によって，性暴力被害者に対する捜査及び裁判過程において，これらの者の人権が侵害されることがないようにするために，捜査機関が性暴力被害者の陳述を聴取する場合に陳述過程を映像物によって録画することにするなど，現行制度の運用の上で現れてきた一部の不備を改善，補完する目的で導入された[1]．

そこで検察は，2004 年から，21 世紀の情報化，科学化時代に沿った新たな捜査パラダイムを構築し，そして捜査過程における透明性の確保を通した国民

---

1) 国家法令情報ホームページ（http://www.law.go.kr）に掲載された性暴力犯罪の処罰及び被害者保護等に関する法律の改正理由．

38 第1セッション　取調べの規律

の信頼確保を目的とする取調べ過程の映像録画制を導入し，各検察庁に持続的
に多数の映像録画室を設置し，また各検察庁別に映像録画取調べの実績を公示
し，映像録画の優秀事例について褒賞を与えるなど，映像録画取調べの活性化
のために積極的に努めてきている．

## Ⅲ　映像録画制度の経過

・2003 年 12 月 11 日，性暴力犯罪の処罰及び被害者保護等に関する法律 21 条
　の 2 において，「13 歳未満または心神耗弱の被害者の陳述内容及び取調べ過
　程に対する映像録画規定」を新設
・2006 年 6 月 20 日，大検察庁「映像録画業務処理指針」[2)]を新設
・2007 年 6 月 1 日，刑事訴訟法改正により関連規定を新設（2008 年 1 月 1 日
　施行）

## Ⅳ　捜査手続における映像録画関連の現行規定

### 1．刑事訴訟法

第 244 条の 2 【被疑者陳述の映像録画】

　①　被疑者の陳述は，映像録画することができる．この場合，あらかじめ映
像録画の事実を知らせなければならず，取調べの開始から終了までの全過程及
び客観的情況を映像録画しなければならない．

---

2)　映像録画業務処理指針は，映像録画の対象事件，手続，映像録画物の生成及び管
　理等を規定している大検察庁例規であり，2006 年 6 月 20 日に新設された以降，4
　回改正されたところ，現行の映像録画業務処理指針は，第 1 条（目的），第 2 条
　（検事の責務），第 3 条（映像録画の対象事件），第 4 条（映像録画の装備），第 5 条
　（映像録画の準備），第 6 条（被疑者に対する映像録画），第 7 条（参考人に対する
　映像録画），第 8 条（捜査報告書の作成），第 9 条（映像録画物の生成等），第 10 条
　（映像録画時の留意事項），第 11 条（映像録画物の管理等），第 12 条（映像録画ファ
　イルの保存），第 12 条の 2（映像録画室及び装備の管理），第 13 条（映像録画物
　の証拠提出），第 14 条（映像録画物の閲覧等），第 15 条（映像録画物の原本の開
　封），第 16 条（司法警察官の映像録画に対する捜査指揮），第 17 条（指導点検），
　第 18 条（再検討期限）で構成されている．

② 第1項による映像録画が完了したときは，被疑者又は弁護人の面前において，遅滞なく，その原本を封印し，被疑者をして記名捺印又は署名させなければならない．

③ 第2項の場合に被疑者または弁護人の要求があるときは，映像録画物を再生して視聴させなければならない．この場合，その内容に対して異議を陳述するときは，その趣旨を記載した書面を添付しなければならない．


第312条【検事又は司法警察官の調書等】

① 検事が被告人となった被疑者の陳述を記載した調書は，適法な手続と方式に従って作成されたものであって，被告人が陳述した内容と同一に記載されていることが，公判準備又は公判期日における被告人の陳述によって認められ，その調書に記載された陳述が特に信憑することができる状態下において行われたことが証明されたときに限り，証拠とすることができる．

② 第1項に拘わらず，被告人がその調書の成立の真正を否認する場合には，その調書に記載された陳述が被告人が陳述した内容と同一に記載されていることが，映像録画物又はその他の客観的な方法によって証明され，その調書に記載された陳述が特に信憑することができる状態下において行われたことが証明されたときに限り，証拠とすることができる．

③ 検事以外の捜査機関が作成した被疑者訊問調書は，適法な手続と方式に従って作成されたものであって，公判準備又は公判期日において，その被疑者であった被告人又は弁護人がその内容を認めるときに限り，証拠とすることができる．

④ 検事又は司法警察官が被告人でない者の陳述を記載した調書は，適法な手続と方式に従って作成されたものであって，その調書が検事又は司法警察官の面前で陳述した内容と同一に記載されていることが，原陳述者の公判準備又は公判期日における陳述若しくは映像録画物又はその他の客観的な方法によって証明され，被告人又は弁護人が公判準備又は公判期日において，その記載内容に関して原陳述者を訊問することができたときは，証拠とすることができ

40 第1セッション 取調べの規律

る．但し，その調書に記載された陳述が特に信憑することができる状態下において行われたことが証明されたときに限る．

⑤ 第1項乃至第4項の規定は，被告人又は被告人でない者が捜査過程において作成した陳述書に関して準用する．

⑥ 検事又は司法警察官が検証の結果を記載した調書は，適法な手続と方式に従って作成されたものであって，公判準備又は公判期日における作成者の陳述によって，その成立の真正さが証明されたときは，証拠とすることができる．


第318条の2 【証明力を争うための証拠】

① 第312条乃至第316条の規定によって証拠とすることができない書類又は陳述であっても，公判準備又は公判期日における被告人又は被告人でない者（公訴提起前に被告人を被疑者として取り調べ，又はその取調べに参与した者を含む．以下，本条において同じ）の陳述の証明力を争うために証拠とすることができる．

② 第1項に拘わらず，被告人又は被告人でない者の陳述を内容とする映像録画物は，公判準備又は公判期日において，被告人又は被告人でない者が陳述するに当たって記憶が明白でない事項に関して，記憶を喚起させる必要があるものと認められるときに限り，被告人又は被告人でない者に再生して視聴させることができる．


## 2．性暴力犯罪の処罰等に関する特例法[3]

第30条 【映像物の撮影・保存等】

---

3) 性暴力犯罪の処罰等に関する特例法は，性暴力犯罪の処罰及びその手続に関する特例を規定する法律であって，刑法に比べて，性暴力犯罪を具体的に細分し，法定刑を引き上げて規定しており，公訴時効の特例，被害者保護措置，捜査及び裁判手続の特例等も置いているところ，性暴力犯罪の被害者保護等に関する法律が，2010年4月15日，性暴力犯罪の処罰等に関する特例法に変更された．

① 性暴力犯罪の被害者が19歳未満であり，又は身体的若しくは精神的な障害によって事物を弁別し，又は意思を決定する能力が微弱な場合には，被害者の陳述内容と取調べ過程をビデオ録画機等，映像物録画装置によって，撮影・保存しなければならない．

② 第1項による映像物の録画は，被害者又は法定代理人がこれを望まない意思を表示した場合には，撮影してはならない．但し，加害者が親権者のうちの一方である場合は，その限りでない．

③ 第1項による映像物の録画は，取調べの開始から終了までの全過程及び客観的情況を録画しなければならず，録画が完了したときは，遅滞なく，その原本を被害者又は弁護士の面前において封印し，被害者をして記名捺印又は署名させなければならない．

④ 検事又は司法警察官は，被害者が第1項の映像場所に到着した時刻，録画を始め，終えた時刻，その他に録画過程の進行経過を確認するために必要な事項を調書又は別途の書面に記録した後，捜査記録に編綴しなければならない．

⑤ 検事又は司法警察官は，被害者又は法定代理人が申請する場合には，映像物撮影過程において作成した調書の写しを申請人に発給し，又は映像物を再生して視聴させなければならない．

⑥ 第1項によって撮影した映像物に収録された被害者の陳述は，公判準備期日又は公判期日に被害者又は取調べ過程に同席した信頼関係にある者若しくは陳述助力人の陳述によって，その成立の真正さが認められた場合に，証拠とすることができる．

⑦ 何人も，第1項によって撮影した映像物を捜査及び裁判の用途の外に，異なる目的で使用してはならない．


## 3．軍事法院法

軍事法院法は，263条の2【被疑者陳述の映像録画】において，刑事訴訟法244条の2と同じ規定を置いている．

*42* 第1セッション　取調べの規律

## V　映像録画取調べの方式及び実態

### 1．映像録画取調べの方式（調書を作成するかどうか）

　大検察庁の映像録画業務処理指針は，映像録画取調べの活性化のために，調書を作成せずに映像録画取調べをすることができると規定している．

　同指針3条【映像録画対象事件】1項は，「検事は，被疑者又は参考人（以下，「被疑者等」とする）を取り調べるに当たって，被疑者等の陳述が公訴事実の立証に必ず必要であり，事案の重大性，罪質等を考慮してみるとき，陳述を翻す可能性があり，又は調書の真正成立，陳述の任意性，特信状態等を争うものと予想されれば，調書作成と併行して，映像録画を実施する」と規定している反面，2項は，「検事は，被疑者等を取り調べるに当たって，他の証拠によって公訴事実の立証が可能な場合，又は不起訴とする事件の場合には，事件の特性，取調べの効率性等を考慮して，調書を作成せずに，被疑者等の取調べ過程を映像録画することができる」と規定している．

　一方で，同指針8条は，「検事は，調書作成と映像録画を併行するに当たって，調書に記載しない内容のうち必要な事項がある場合，又は調書を作成せずに映像録画のみを実施した場合，捜査官をして被疑者等の陳述の要旨を記載した別紙書式の捜査報告書（映像録画の陳述の要約）を作成させる」と規定している．

　実際に，検事に配点される事件自体が少なくなく，配点を受けた事件のうち告訴事件の比重も多いほうであるが，特に告訴事件の場合，不起訴率が高いのが実情であるため，映像録画取調べと調書の作成を併行する方式に劣らず，捜査報告書を作成する方式による映像録画取調べも多く活用されている．

### 2．映像録画制度に対する検事らの反応

　映像録画取調べに対して検事らは，1）一般の取調べをする場合に比べて，DVD録画等に時間が費やされ，2）否認事件の場合，映像録画取調べの必要性や効用性が極めて少ないものと判断され，または3）検事及び捜査官の捜査の

様子や捜査の過程が生々しく録画されることに対する反感と，映像録画取調べのプログラムの使用等に対する拒否感等を理由に，映像録画取調べに対して消極的な態度を見せる場合がある．

これに反して，重要事件，被疑者や参考人が陳述を覆すおそれがあったり，または参考人の陳述が極めて重要となる賄賂等の金品授受の事件においては，映像録画制度が相当に有用であると考えており，実際にも多く活用されている．

### 3．映像録画制度に対する取調べを受ける者らの反応

映像録画取調べに対して取調べを受ける者らの同意が必須であるかについては，大検察庁映像録画業務処理指針では，被疑者と参考人の場合で異に規定している．

すなわち，同指針7条【参考人に対する映像録画】1項は，「検事又は捜査官は，参考人の同意を得て，その取調べ過程を映像録画することができる．このとき，検察事件事務規則に規定する映像録画同意書を作成して，参考人から記名捺印又は署名を受けなければならない」と規定している反面，同指針6条【被疑者に対する映像録画】には，上記のような規定を置いていない．したがって，被疑者については，同意するかどうかを問わず，映像録画取調べをすることができるが，参考人に対しては，同意がある場合に限り，映像録画取調べをすることができる．

実務上，被疑者はもちろん，参考人も，大部分，映像録画取調べに対して，特に異議や反感を提起することなく，素直に応じているのが実情である．

## VI　映像録画関連の判例の態度

### 1．映像録画物を独立した証拠として使用することができるかどうか

映像録画物を独立した証拠として使用することができるかについては，2007年6月1日の刑事訴訟法改正前に発生した事件と改正後に発生した事件について，いずれも判例が存在するが，判例は，刑事訴訟法改正の前後を問わず，映像録画物を独立した証拠として使用することができないとする立場を堅持して

*44* 第1セッション　取調べの規律

いる．以下では，それぞれの判例を紹介することとする．

・ソウル南部地方法院 2007 年 6 月 20 日宣告，2006 コ単 3255 判決[4]

「1．本件公訴事実の要旨

　　被告人は平澤市梧城面において「公訴外 1 株式会社」を運営していた者
であるところ，当時，負債が 2 億ウォン相当に及び，会社運営資金が完全
に枯渇し，約束手形によって物品代金を掛買いで決済している状態である
うえ，収益が発生せずに，従業員 20 人余りに対する給与を 2 カ月ないし
3 カ月間，支給することができなかったため，約束手形を交換して使用し
ても，支払期日に自身が発行した約束手形を決済する意思や能力が無いの
にもかかわらず，妻公訴外 2 と共謀して，

　　2004 年 1 月ころ，仁川市南洞区古棧洞所在の被害者公訴外 3 が運営す
る「公訴外 4 株式会社」事務室において，被告人は，上記公訴外 2 に対
し，会社資金調達に関する一切の権限を委任して，被害者との約束手形交
換を指示し，上記公訴外 2 は，被害者に「会社資金が必要であるので，約
束手形を発行して，私の会社の手形と交換してくれれば，支払期日までに
支払う」と嘘をつき，これにだまされた被害者から，直ちに，その場で，
公訴外 4 株式会社が発行した額面金 24,200,000 ウォンの約束手形 1 枚，額
面金 19,000,000 ウォンの約束手形 1 枚の交付を受け，サラ金業者に割り引
きし，支払期日に被害者が決済したのに，被告人が被害者に発行した

---

4)　本件は，2007 年 6 月 1 日の刑事訴訟法改正以前に起訴された事件であり，捜査
検事は，被疑者または参考人を取り調べるに当たって調書を作成せずに，捜査報告
書を作成した後に，その捜査報告書と映像録画物（DVD）を法院に提出したが，
第一審法院は，上記捜査報告書と映像録画物（DVD）について証拠能力がないと
判示しつつ，証人らの陳述のみでは公訴事実を認定するには足りないと判断し，被
告人に無罪を言い渡した．本判決に対しては検事が控訴したところ，控訴審判決は
第一審判決とは異なり，証人らの陳述に照らして，被告人に騙取の嫌疑が認められ
るとし，有罪を宣告し，これに対して被告人が上告しなかったため，有罪判決が確
定した．

43,200,000 ウォン相当の公訴外1株式会社の約束手形は，支払期日に決済せず，同額相当の財産上の利得を取得したものである．

2．被告人の主張

　被告人は，これに対して，警察から本法廷にいたるまで，一貫して上記公訴事実中，約束手形の交付を受けた当時，被告人が支払期日に上記手形金を決済する意思や能力があったため，上記のように上記金額相当を騙取する故意はなかったと主張する．

3．判　　　断

　ア．考察するに，上記公訴事実のように被告人が騙取の犯意があったとする点に符合する証拠のうち，検事作成の各映像録画物は，被告人と公訴外2，5が本件と関連して検事から取調べを受ける過程を録画した映像を収めたものであり，検事が作成した被告人に対する被疑者訊問調書や上記の陳述者に対する陳述調書を提出せずに，公訴事実についての証拠として提出した．

　⑴　まず，上記各映像録画物のうち，被告人に対する映像録画部分は，このように検事作成の被告人に対する被疑者訊問調書を提出せずに有罪の証拠として提出されたのであれば，これは刑事訴訟法244条の規定のように，被疑者の陳述は必ず調書に記載するようにし，誤記があるかどうかを確認したのち，被疑者をしてその調書に契印をさせ，署名または記名捺印させるようにして，被告人となった被疑者に対する捜査手続を厳格に規制し，このような手続を経て作成された証拠だけが，有罪の証拠として法廷に提出されるようにしている刑事訴訟法の趣旨を潜脱する不適法な証拠であって，証拠能力はないというべきである（改正刑事訴訟法も244条1項において，被疑者の陳述を必ず調書に記載するようにする現行の規定をそのまま維持するが，そのうえでその作成方法がより具体的なものに改正されたことを勘案すれば，244条の2においてその作成手続と方法が新設された被疑者の陳述に対する映像録画物は，312条2項において規定するとおり，被告人が公判期日において，検事作成の被疑者訊問調書の成立の真

*46* 第1セッション　取調べの規律

正を否認する場合に，その調書に記載した陳述が被告人が陳述した内容と同一に記載されていることを証明するための証拠としてのみ用いることができるだけで，被疑者訊問調書に代わる独自的な有罪の証拠として用いることができない点を明文化したように思われる．）．

　　(2)　つぎに，第三者である公訴外2，5に対する映像録画部分は，被告人がこれを証拠として使用するのに同意しないため，上記陳述者らは全て本法廷に証人として出席し，各々証言までしたのに，上記映像録画物を証拠として採用した後，再び法廷においてこれに対する検証を実施して録取録に準ずる詳細な検証調書を作成することは，手続の重複に当たるのみならず，検事の面前において被告人と対質訊問の形式でなされた上記の者らの陳述録画映像部分のみを前述したように証拠能力のない被告人の陳述録画映像部分と分離して検証することも，事実上難しいといわなければならないので，これを上記公訴事実の証拠として採用しない．

　　イ．そのうえ，検事作成の捜査報告（捜査記録1巻104頁）の記載は，検察主事が捜査記録106頁の上記映像録画物の内容をそのまま録取し記載したものに過ぎないものであって，これを刑事訴訟法313条1項の「被告人又は被告人でない者が作成した陳述書若しくはその陳述を記載した書類」ということができず，同法311条，315条，316条の適用対象とならないことは明らかであるので，被告人がこれを証拠として使用するのに同意しない本件においては，証拠として用いることができない．」

・ソウル高等法院2008年7月11日宣告，2008ノ606判決[5]
　「ア．検事の事実誤認の主張に対する判断

--------

　5)　本件被告人は，性暴力犯罪の処罰及び被害者保護等に関する法律違反（特殊強姦），監禁，麻薬類管理に関する法律違反（向精神薬）によって起訴されたが，第一審係属中に被告人は被害者と和解したところ，第一審法院は，性暴力犯罪の処罰及び被害者保護等に関する法律違反（特殊強姦）と監禁に対しては無罪，麻薬類管理に関する法律違反（向精神薬）に対しては有罪判決を宣告したため，検事が控訴し，控訴審において，本件判決が宣告された．本件判決に対しては，検事が上告し

(1)　監禁罪の部分

(ア)　公訴事実の要旨

　被告人は，2007 年 10 月 4 日 3 時 30 分ころから，同月 5 日 5 時ころまでの間，ソウル市麻浦区合井洞（詳細な住所は省略）において被害者である公訴外 1 に対して，ヒロポンを投薬し，抗拒不能の状態に陥った被害者を数回強姦しつつ，約 25 時間，被害者を監禁した．

(イ)　被告人の主張

　被告人は，約 20 年前に被害者と交際して別れたことがあり，2007 年 8 月ころ，再び会うようになって数回に亘って被害者と性関係を持ったことはあるが，本件の発生日当時も，被害者の同意の下に，被害者を自身の住居地に連れて行き，麻薬を投薬しつつ，互いに性関係を持った事実があるだけであって，上記公訴事実記載のように被害者を監禁したのではない．

(ウ)　判　　　断

①　まず，公訴外 1 に対する各検察及び警察陳述調書の証拠能力に関して検討する．検事または司法警察官が被告人でない者の陳述を記載した調書は，適法な手続と方式に従って作成されたものであって，その調書が検事または司法警察官の面前において陳述した内容と同一に記載されていることが原陳述者の公判準備または公判期日における陳述もしくは映像録画物またはその他の客観的な方法によって証明され，被告人または弁護人が公判準備または公判期日において，その記載内容に関して原陳述者を訊問することができたときに証拠とすることができる（刑事訴訟法 312 条 4 項本文）．ところで，公訴外 1 に対する各検察及び警察陳述調書は，公訴外 1 が原審法廷において成立の真正を否認する趣旨の陳述（公訴外 1 の原審法廷における陳述の中には，上記各調書の実質的真正成立を認めるような趣旨の陳述が一部みられるが（公判記録 85 頁），上記公訴外 1 の陳述の全体的な趣旨は，警察及び検察でどのように陳述したか全く覚えていないと

たが，2008 年 9 月 25 日，大法院において，同じ趣旨により，上告棄却判決が宣告された（大法院 2008 年 9 月 25 日宣告，2008 ド 6985 判決）．

いう趣旨にみえるので，上記陳述のみによって，上記各調書の実質的真正
成立が原陳述者の公判期日における陳述によって証明されたものとみるの
は難しい）をしており，ほかに上記各調書の真正成立を認めるなんらの資
料がないので（原審証人公訴外2の法廷陳述は，捜査機関において公訴外
1を取り調べて上記警察陳述調書を作成した司法警察官の陳述に過ぎず，
これを刑事訴訟法312条4項本文に定めた映像録画物またはその他の客観
的な方法に該当する資料とみることはできない），上記各調書は，それぞ
れ証拠能力がない．

　②　証人公訴外1の法廷陳述は，当時の状況について，大部分覚えてい
ないとしたり，むしろ被告人が自身を監禁した事実がないという陳述であ
るので，上記公訴事実を認定するのに足りない．

　③　証人公訴外2の陳述は，大部分，捜査機関においてなされた公訴外
1の陳述をその内容とするものであり，公訴外1が原審法廷において陳述
した以上，その証拠能力がなく，その余の陳述部分もまた，上記公訴事実
を認定するのに足りない．

　④　つぎに，検事が当審において提出した公訴外1に対する検事作成の
映像録画物は，上記公訴外1が原審法廷において陳述した以降に，検事が
公訴外1を被内査者という身分で取り調べた過程を録画したものであっ
て，刑事訴訟法は，捜査機関が撮影した映像録画物を被疑者訊問調書や参
考人陳述調書に代替する証拠方法として使用することを許容していないの
で，このような映像録画物は，犯罪事実を認定するに当たって厳格な証明
の資料として用いることができない．すなわち，刑事訴訟法は，国民参与
裁判の実施を契機として，公判中心主義の理念を強化しているところ，公
判中心主義とは，直接審理主義と口頭弁論主義を内容とする公判手続の基
本原則であって，このような公判中心主義の理念に照らしてみるとき，明
文の許容根拠がない限り，口頭でない映像録画物の形態の証拠は，犯罪事
実を証明するに当たって，証拠能力を持つことができず，刑事訴訟法が伝
聞法則の例外と関連して，書面形態の各種調書については証拠能力を認め

捜査過程における映像録画制度に関して　*49*

るための根拠規定が置かれているが，調書に代替する映像録画物については，明文の許容根拠がない点に照らしても，そうである．したがって，上記公訴外1に対する検事作成の映像録画物は，被告人がこれを証拠として使用することに同意しない以上，証拠として用いることができない．

　⑤　当審において提出した検察事務補作成の捜査報告書は，検察事務補が上記公訴外1に対する映像録画物の内容をそのまま録取したものを要約したものに過ぎないものであり，これは刑事訴訟法313条1項の「被告人又は被告人でない者が作成した陳述書若しくはその陳述を記載した書類」ということができず，刑事訴訟法311条，312条，315条，316条の適用対象とならないことは明らかであるので，被告人がこれを証拠として使用するのに同意しない以上，本件において証拠として用いることができない．

　そのうえ，公判期日において既に証言を終えた証人を検事が呼び出した後，被告人にとって有利となるその証人の証言内容について追及して，これを一方的に覆させようとする方式で取り調べ，これを映像に録画した後，検察事務補がその内容をそのまま録取したものを要約した捜査報告書を有罪の証拠とすることは，当事者主義・公判中心主義・直接主義を指向する現行刑事訴訟法の訴訟構造に反するだけでなく，憲法27条が保障する基本権，すなわち法官の面前において全ての証拠資料が取り調べられまたは陳述され，これに対して被告人が攻撃・防御をすることができる機会が実質的に付与される裁判を受ける権利を侵害するものであるので，この点からも，上記捜査報告書は，被告人が証拠とするのに同意しない限り，その証拠能力はない．

　⑥　そのほかに，検事が提出したその余の証拠もまた，上記公訴事実を認定するのに足りず，ほかにこれを認定するなんらの証拠がない．

　㈔　小　　　括

　したがって，本件公訴事実中，監禁の点は，犯罪の証明がない場合に該当するので，刑事訴訟法325条後段によって無罪を言い渡すべきところ，同旨の原判決は正当であり，そこになんらの事実誤認，法理誤解の違法がない．」

50　第1セッション　取調べの規律

**2．性暴力犯罪の処罰等に関する特例法によって証拠能力が認められる対象**

　性暴力犯罪の処罰等に関する特例法30条1項は，一定の被害者に対して被害者の陳述内容と取調べ過程を映像物録画装置によって，撮影・保存しなければならないと規定しており，同条6項は，同条1項によって撮影した映像物に収録した被害者の陳述は，被害者や同席した信頼関係者または陳述助力人の陳述によって，その成立の真正さが認められた場合，証拠とすることができると規定しているところ，大法院2009ド12048判決は，性暴力犯罪の処罰等に関する特例法によって証拠能力が認められる対象は，「映像物に収録された被害者の陳述」それ自体に限られると判示している．

・大法院2010年1月28日宣告，2009ド12048判決

　「1．本件公訴事実の要旨

　　上告理由について判断する．

　　被告人でない者の公判準備または公判期日における陳述が，被告人でない他人の陳述をその内容とするものであるときは，原陳述者が死亡，疾病，外国居住，所在不明，その他これに準ずる事由によって陳述することができず，その陳述が特に信憑することができる状態下において行われたことが証明されたときに限って，これを証拠とすることができる（刑事訴訟法316条2項）．そして，検事または司法警察官が被告人でない者の陳述を記載した調書は，適法な手続と方式によって作成されたものであって，その調書が検事または司法警察官の面前で陳述した内容と同一に記載されていることが原陳述者の公判準備または公判期日における陳述または映像録画物もしくはその他の客観的方法によって証明され，被告人または弁護人が公判準備または公判期日において，その記載内容に関して原陳述者を訊問することができたときには，証拠とすることができる．ただし，その調書に記載された陳述が特に信憑することができる状態下において行われたことが証明されたときに限る（刑事訴訟法312条4項）．

　　一方，性暴力犯罪の処罰及び被害者保護等に関する法律（以下，「性暴

力犯罪処罰法」という）21条の3第3項によって撮影された映像物に収録された被害者の陳述は，同条4項によって公判準備または公判期日において被害者または取調べ過程に同席した信頼関係にある者の陳述によってその成立の真正さが認められたときは，証拠とすることができる[6]．

　本件公訴事実の要旨は，被告人がいとこである被害者（女，7歳）を2009年4月11日に強姦し（以下，「本件第1犯罪事実」という），同年4月22日に強姦して傷害を負わせたこと（以下，「本件第2犯罪事実」という）であり，被告人は，第1審から本件第2犯罪事実について自白し，本件第1犯罪事実を否認した．

　ところで，第1審は，性暴力犯罪処罰法21条の3第4項によって，同条3項の規定によって撮影された映像物に収録された被害者の陳述が被害者に対する警察陳述調書の内容と一致することを取調べ過程に同席した被害者の母の陳述を通して確認しつつも，その被害者の陳述を証拠として用いないまま，被告人の一部の法廷陳述，被害者の母の公判期日における陳述，被害者に対する警察陳述調書等のみによって，上記各犯罪事実に対する証明が充分であるとみて，これを全部有罪であると判断し，原審は，上記のとおりの第1審の判断をそのまま維持して被告人の控訴を棄却したことがわかる．

　しかし，記録によれば，本件第1犯罪事実に対する直接的な証拠は被害者の警察における陳述が唯一のものであり，被害者の母の公判期日における陳述は，被害者の陳述をその内容とする伝聞陳述に過ぎず，ほかに本件第1犯罪事実を認定するのに充分な証拠はないところ，前述した法理に照らしてみれば，被害者に対する警察の陳述調書は，刑事訴訟法312条4項の要件を満たさず証拠とすることはできず，被害者の母の公判期日における陳述も刑事訴訟法316条2項の要件を満たさず，これも証拠とすること

---

6)　この法律の規定は，2010年4月15日，性暴力犯罪の被害者保護等に関する法律が性暴力犯罪の処罰等に関する特例法に変更され，現在は，性暴力犯罪の処罰等に関する特例法30条に規定されている．

52　第1セッション　取調べの規律

ができないものである．そして，性暴力犯罪処罰法12条の3第4項の規
定によって証拠能力が認められるものは，「同条3項によって撮影された
映像物に収録された被害者の陳述」それ自体に限られ，上記性暴力犯罪処
罰法の条項によって被害者に対する警察の陳述調書や取調べの過程に同席
した信頼関係にある者の公判期日における陳述は，その対象とはならない
というべきである．とすれば，原審は，証拠能力のない証拠によって，本
件第1犯罪事実を認定した結果となるのである．これを指摘する上告理由
の主張は正当である．」[7]

## 3．性暴力犯罪の処罰等に関する特例法の条項の違憲性

　性暴力犯罪の処罰等に関する特例法によって映像物録画装置により撮影した
映像物に収録した被害者の陳述を一定の場合，証拠とすることができる規定の
違憲性が裁判上問題となったが，これに対して大法院は，映像録画をした被害
者を証人として召喚して証人訊問をすることができ，この場合，被告人と弁護
人の証人訊問への参与権，訊問権等が保障されうるので，憲法に違反しないと
判示した．

・大法院2012年6月14日宣告，2012ド3893，2012監ド14，2012前ド83判
　決
　「上告理由について判断する．
　　1．性暴力犯罪の処罰等に関する特例法26条[8]の違憲関連の上告理由に
　　　関して
　　　性暴力犯罪の処罰等に関する特例法26条3項は，性暴力犯罪を受けた
　　「被害者が16歳未満であり，又は身体的若しくは精神的な障害によって事
　　物を弁別し，又は意思を決定する能力が微弱な場合には，被害者の陳述内

---

　7)　本件大法院判決後，破棄差戻審において，被害者の陳述を証拠として採用し，被
　　　告人に有罪判決が宣告された．
　8)　この法律の条項は，その後改正され，現在は同法30条に規定されている．

容と取調べ過程をビデオ録画機等，映像物録画装置によって，撮影・保存しなければならない.」と規定し，同条4項は，「第3項によって撮影した映像物に収録された被害者の陳述は，公判準備期日又は公判期日に被害者又は取調べ過程に同席した信頼関係にある者の陳述によって，その成立の真正さが認められた場合に，証拠とすることができる.」と規定している.

上記各規定は，性暴力犯罪の被害者に対する捜査と裁判過程において被害者の人権が侵害されることがないようにするために設けられたものであり，立法の必要性と正当性が認められ，上記各規定によって映像物に収録された被害者の陳述の証拠能力が認められるためには，少なくとも，取調べ過程に同席した者が公判準備期日または公判期日において，その真正成立を認める陳述をしなければならないが，被告人はその者を相手に，映像物に収録された被害者の陳述が被害者が実際に陳述した内容と一致するかどうか，映像録画当時の被害者の態度，陳述の経緯と内容等，被害者の陳述の証拠能力及び証明力判断に必要な諸事情を訊問することによって，被害者の陳述を弾劾することができ，このような手続を経て被害者の陳述の証拠能力が認められたとしても，法官は，上記のような諸事情を含めて論理と経験の法則に従って，被害者の陳述の証明力を判断しなければならず，この場合にも，犯罪事実を合理的な疑いがない程度に証明しなければならない責任は，依然として検事にある. そして，法院は，上記各規定にかかわらず，必要であると認める場合には，刑事訴訟法294条，295条によって，検事，被告人等の当事者の申請によって，または職権により映像録画をした被害者を証人として召喚して，証人訊問をすることができ，この場合には，刑事訴訟法161条の2，163条によって，被告人と弁護人の証人訊問への参与権，訊問権等が保障されうる. これに照らしてみれば，上記各規定が被告人の反対訊問権等，刑事手続上の権利を剥奪し，または被告人を差別待遇することによって人間としての尊厳と価値と国家の基本権保障の義務を規定した憲法10条及び平等権を規定した憲法11条1項に違反するものとみることはできない.

*54* 第1セッション　取調べの規律

　したがって，性暴力犯罪の処罰等に関する特例法26条4項によって，映像録画物に収録された公訴外1，公訴外2の各陳述の証拠能力を認め，これを有罪の証拠として採用した原審の判断に，上告理由の主張のような上記法律条項の違憲性や公訴事実の証明責任に関する法理を誤解するなどの違法はない.」

## Ⅶ　映像録画制度の改善方向

### 1．映像録画物を独立した証拠として認めるべきかどうか

　映像録画物を独立した証拠として認めるべきかどうかに関しては，否定説と肯定説が対立している.

　否定説は，1) 被疑者の陳述は調書に記載しなければならないとする刑事訴訟法244条1項[9]の規定は強行規定であり，2) 独立した証拠能力を認めるときには，捜査手続がビデオ撮影手続となり，公判手続はビデオ上映場に変質する危険があるのみならず，3) 捜査段階において撮影した映像録画物の上映によって，法官の心証が左右され，公判中心主義が無意味になるおそれがあり，4) 映像録画物に対する証拠調べは，公判手続を過度に遅延させるという点を理由として，映像録画物の独立した証拠能力を否定している.

　これに反して肯定説は，1) 当事者の証拠提出行為であるところの検事の被疑者訊問の結果を調書に記載することは強制される理由がないので，刑事訴訟法244条1項は任意規定にすぎないといわなければならず，2) 検事が，被告人となった被疑者の陳述を記載した調書と検事以外の捜査機関が作成した調書は，その形式如何を問わず，刑事訴訟法312条によって証拠能力を認めなければならず，3) 被疑者の陳述を録画し撮影した映像録画物は，実質的に被疑者訊問調書と異なるところがないものといわなければならないのみならず，4) 映像録画を写真と録音とに分離するときには，それぞれ現場写真または陳述録音として証拠能力を認めなければならないのに，映像録画物の証拠能力を認め

---

9)　刑事訴訟法第244条【被疑者訊問調書の作成】1項は，「被疑者の陳述は，調書に記載しなければならない」と規定している.

ないことは不当であり，5）映像録画物に対する証拠調べは，被告人が捜査手続において自白し，公判廷において否認する場合にのみ必要であるため，公判手続を遅延させるものではないという点から，映像録画物も312条の要件を充足するときには証拠能力を認めなければならないとする理由により，映像録画物の独立した証拠能力を肯定している[10]．

　考えるに，映像録画物は，被疑者の陳述をそのまま収めたものであって，客観的，科学的な証拠方法であるので，これを独立した証拠として認めないことは基本的に妥当ではないといえる．ただし，現在は，映像録画手続については法律で規定しておらず，大検察庁の指針で規定しているところ，映像録画手続を法律で規定し，その手続に沿って生成された映像録画物は独立した証拠として認める方向で，刑事訴訟法の改正がなされる必要がある．被告人または参考人が公判過程において映像録画取調べ時の陳述と異なる陳述をする場合には，他の証拠と事件当時の情況のみならず，被告人または参考人の映像録画取調べ時の陳述がなされた経緯，上記陳述と前後の陳述との比較等を通して，映像録画取調べ時の陳述と公判廷における陳述のうちどちらの陳述により信憑性があるか，すなわち信憑性の観点から判断すれば足りるのである．そのうえ否認事件の場合，映像録画物に対する証拠調べもまた，映像録画物についての内容を全部視聴する方法でなく，検事と弁護人が立証のために必要な部分を指定して視聴する方式で進行すればよいのであり，大きく公判手続を遅延させるものではないものと考えられ，したがって，公判手続きがビデオ上映場に転落してしまう可能性も希薄であるところ，科学技術の発展にあわせて，映像録画物を独立した証拠として認めるかどうかに関して，より前向きな態度をとる必要があるものと考えられる．

## 2．映像録画物を弾劾証拠として使用することができるか

　映像録画物を弾劾証拠として使用することができるようにするかに関して

---

10）　イ・ジェサン『新刑事訴訟法第2版』（博英社，2008年）569頁．

*56*　第1セッション　取調べの規律

も，否定説と肯定説が対立している．

　否定説は，1）改正刑事訴訟法318条の2第2項において，「第1項[11]に拘わらず，被告人又は被告人でない者の陳述を内容とする映像録画物は，公判準備又は公判期日において，被告人又は被告人でない者が陳述するに当たって記憶が明白でない事項に関して，記憶を喚起させる必要があるものと認められるときに限り，被告人又は被告人でない者に再生して視聴させることができる．」との規定を新設したので，映像録画物は弾劾証拠としても使用することができないようにし，単に被告人または被告人でない者の記憶喚起のために使用することができるようにしたものであり，2）弾劾証拠は，証拠の証明力を弾劾する証拠ではあるが，実際の裁判においては法官の心証形成に大きな影響を与えうるし，特に映像録画物を弾劾証拠として提出する場合にはその危険がより大きくなり，3）記憶喚起のために映像録画物を提出する場合に，法官が視聴するのではなく，被告人または被告人でない者に視聴させることも，法官が証拠能力のない映像録画物によって心証形成に影響を受けることを防止するためのものであるとして，映像録画物を弾劾証拠として使用してはならないとする立場をとっている．

　これに反して肯定説は，1）そもそも弾劾証拠は，証拠能力のない伝聞証拠であっても，証人を弾劾するために使用することができるようにしたものであって，映像録画物は真実発見の助けとなる科学的な証拠方法であり，2）公判中心主義は，真実発見のための原則であって，真実の証拠を許容しないといった，法院の真実発見義務を超越する原則ではなく，3）法官の心証形成への影響を憂慮して，信ずるに値する証拠を弾劾証拠としても使用することができなくしたことは正しいということができないといった理由で，映像録画物を弾劾

---

11）　刑事訴訟法318条の2【証明力を争うための証拠】1項は，「第312条乃至第316条の規定によって証拠とすることができない書類又は陳述であっても，公判準備又は公判期日における被告人又は被告人でない者（公訴提起前に被告人を被疑者として取り調べ，又はその取調べに参与した者を含む．以下，本条において同じ）の陳述の証明力を争うために証拠とすることができる．」と規定している．

証拠として使用することができるようにしなければならないとする立場をとっている[12].

　考えるに，否定説の根拠である，弾劾証拠は，証拠の証明力を弾劾する証拠ではあるが，実際の裁判において法官の心証形成に大きな影響を与えうるし，特に映像録画物を弾劾証拠として提出する場合には，その危険がより大きくなるため，弾劾証拠として使用することができないとする点には個人的に同意することは難しい．「疑わしきときは，被告人の利益に（in dubio pro reo）」の原則によって，犯罪の成立と刑罰権の発生に影響を及ぼす全ての事実に対する立証責任は検事にあるため，被告人が自身の主張が真実であるかどうかを立証しなければならないとか，被告人の陳述が一部翻されたからといってそれが有罪・無罪の宣告に直接的な影響を及ぼすものとみるのは困難である．したがって，被告人または参考人の映像録画取調べ時の陳述がなされた経緯，上記陳述と前後の陳述との比較等を通して，映像録画物の弾劾証拠としての価値を判断すれば充分であるので，映像録画物も弾劾証拠として使用することができるように刑事訴訟法が改正される必要がある．

## Ⅷ　結　　論

　以上において，現行映像録画制度と関連規定，判例の態度，映像録画制度の改善の方向等について簡単に考察してきた．捜査過程における映像録画制度は，基本的に捜査過程において発生しうる被疑者の人権侵害の防止等に寄与することができる制度であるとの認識の下に，関連規定を整備し，映像録画制度を発展させる必要がある．

　このような観点から見るとき，現行刑事訴訟法の態度は，極めて消極的であり，特に映像録画物を単純に捜査機関，特に検事作成の調書の証拠能力を確保するための補助的な証拠として規定したことは，再検討する必要があると考える．

　現行刑事訴訟法は，映像録画を捜査機関が全面的に決定することができるよ

────────────

12)　イ・ジェサン・前掲注10) 623頁.

うにし，映像録画物を検事作成の調書の証拠能力を確保するための補助的な証拠としてのみ規定しているため，あたかも映像録画制度を被疑者のための制度ではなく，捜査機関のための制度として規定しているような態度を採っているようにもみえてくる．しかし，捜査対象となった被疑者が今後の捜査過程において受けるかもしれない人権侵害等に備えるために，または自身の陳述の一貫性を証明するために映像録画制度を活用することができるようにもしなければならない．したがって，映像録画取調べの利点について国民にも充分に広報するようにし，取調べを受ける者らの映像録画申請権も法律で規定する必要があり，映像録画物も捜査機関のみならず被疑者のためにも，独立した証拠として認め，弾劾証拠として使用することができるよう，前向きな態度をとる必要がある．

### 参 考 文 献

イ・ジェサン『新刑事訴訟法』（博英社，2008 年）

イム・ドンギュ『刑事訴訟法』（法文社，2011 年）

キム・ジェファン『刑事訴訟法』（法文社，2013 年）

イ・ワンギュ『刑事訴訟法研究』（タムグ社，2008 年）

（翻訳：氏家　仁）

# 日本における取調べの録音・録画制度導入を巡る議論について

柳　川　重　規

## I　は　じ　め　に

　日本においては，取調べ，とりわけ身柄拘束下での被疑者取調べの問題は，これまで刑事司法制度上の重要テーマの一つとされてきた．中でも近年は，取調べの録音・録画制度の導入の是非が極めて重要な検討課題となっている．

　2009 年，大阪地方検察庁特別捜査部が，障害者団体向け郵便料金割引制度の不正利用があったとして，障害者団体・厚生労働省・広告会社等の関係者を逮捕・起訴した事件において，証拠物件であるフロッピーディスクの改ざん，取調べ担当検察官による取調べメモの破棄，威迫的な取調べなど，検察が違法・不当な捜査を行っていたことが，後の公判等で明らかとなった．これを契機として，法務大臣の諮問を受け，法制審議会「新時代の刑事司法制度特別部会」（以下「特別部会」という）が 2011 年に設置され，時代に即した新たな刑事司法制度を構築するための法整備の在り方が審議された．3 年余りにわたる審議の結果，2014 年 7 月 9 日，特別部会は，警察と検察に対し，裁判員裁判対象事件と検察の独自捜査事件において，逮捕・勾留中の被疑者を取調べる際に，原則としてその全過程の録音・録画を義務付ける答申案[1]をまとめた．この答申案では同時に，被疑者が他人の犯罪事実を明らかにするために真実の供述をした場合に，検察官が被疑者の犯罪事実の全部または一部を起訴しないことを認める「捜査・公判協力型協議・合意制度」の導入，証人に対し刑事訴追

---

　1)　「新たな刑事司法制度の構築についての調査審議の結果【案】」．http://www.moj.
go.jp/keiji1/keiji14_00102.html

を受ける可能性を否定した状態で証言を義務付けることを可能にする「刑事免責制度」の導入，「通信傍受」について対象犯罪の拡大，要件の緩和などによる合理化・効率化などを，併せて提言している．

　この特別部会の答申案は，2014 年 9 月 18 日，法制審議会総会において修正もなくそのまま採択され，直ちに法務大臣に答申されることとなった．今後はこの答申内容に沿って，法改正が行われていくことになると思われるが，本稿では，取調べの録音・録画制度導入の是非を巡るこれまでの議論を簡単にまとめた後，法制審議会特別部会による答申案の概要を紹介し，さらに，取調べの録音・録画制度導入後の課題について，若干の検討を加えることとする．

## II　取調べの録音・録画制度導入の是非についての従前の議論状況

### 1.　賛　成　論[2]

　取調べの録音・録画制度の導入を支持する立場の第 1 のものは，その根拠として，録音・録画が違法・不当な取調べを抑止する最も効果的な方法であることを挙げる．違法・不当な取調べを行っている様子が録音・録画され，それが公判廷で公開されれば，捜査機関に対する信頼は失墜するので，捜査機関はそうした取調べを行わないようになるであろうし，他の「可視化」の方法では，取調べの状況が全て明らかになるわけではないので，違法・不当な取調べの抑止策として不充分である，というのが第 1 の見解である．

　賛成論の第 2 のものは，自白の任意性（証拠能力），信用性（証明力）の判断を正確に行うために，取調べの録音・録画が必要だというものである．被疑者の身柄拘束下での取調べは，取調室などの密室で行われることが多いため，供述の任意性を失わせるような取調べが行われても，その事実は，公判での被

---

2)　取調べの録音・録画をはじめとする，いわゆる取調べの可視化の目的に関する議論の整理については，北村滋「新たな取調べの確立に向けて―取調べに関する大きな変革」警察学論集 61 巻 6 号 5 頁，田口守一「取調べの適正化―現状と今後の課題」法学教室 335 号 11 頁，川出敏裕「被疑者取調べの在り方について」警察政策 11 巻 162 頁等参照．

告人と取調官の供述を基に判断するしかなく，多くの場合，両者の供述は水掛け論となる．そのため，自白の任意性の有無が公判で争われると，その判断は困難を極め，審理が長期化する要因にもなっている．さらに，裁判員裁判の場合，法律の素人である裁判員は，自白の任意性判断は行わず信用性判断のみを行うが，信用性の判断をする場合にも，取調べの状況がいかなるものであったかということが関連してくるので，裁判員が取調べ状況を容易に把握できるようにする必要がある．そのために，取調べを録音・録画すべきである，というのが第2の見解である[3]．

## 2．反　対　論[4]

取調べの録音・録画，とりわけ取調べの全過程の録音・録画に対する反対論は，捜査機関，中でも警察から強く主張されている．その理由は，諸外国で広く行われている捜査方法，例えば通信傍受は，わが国では要件が法律上極めて厳格に規定されているため抑制的な形でしか実施できず，また，刑事免責を含むいわゆる司法取引も制度化されていないため，捜査機関は事件の真相を解明するに当たり被疑者取調べに頼らざるを得ず，取調べの全過程が録音・録画されることになれば被疑者から自白を引き出すことが困難になり，事案の解明が図れなくなるというものである．わが国の取調官は，比較的自白を引き出すことが難しい重大事件等で自白を引き出せた主たる理由として，被疑者と信頼関係を築けたことを挙げている[5]．被疑者と信頼関係を築くために取調官は，自

---

3）　吉丸真「裁判員制度の下における公判手続の在り方に関する若干の問題」判例時報 1807 号 3 頁，同「録音・録画記録制度について（上）（下）」判例時報 1913 号 16 頁，1914 号 19 頁，佐藤文哉「裁判員裁判にふさわしい証拠調べと合議について」判例タイムズ 1110 号 4 頁等．

4）　稲田伸夫「被疑者の取調べ—検察の立場から」三井誠他編『新刑事手続 I 』（悠々社，2002 年）193 頁，北村・前掲注 2）6 頁，大江威喜「取調べの録音・録画記録制度について」判例タイムズ 1116 号 10 頁，露木康浩「取調べ可視化論の問題—治安への影響」法学新報 112 巻 1・2 号 137 頁等．

5）　警察庁「警察における取調べの実情について」（2011 年 10 月）6-7 頁では，自白

*62* 第1セッション　取調べの規律

身のプライヴェートな事情を語ったり，被疑者に共感する態度を示すこともあるという．さらに取調べにおいては，たんに犯行の有無のみならず，事件の全体像を解明するために背景事情にまで取調べが及び[6]，その場合，関係者のプライヴァシーなどに関わるデリケートな内容も語られることがあるといわれる．取調べの全過程が録音・録画されることになれば，こうした従来有効だとされてきた取調べを行うことが著しく困難になるというのが捜査機関側の主張である．

　また，組織犯罪の事案などでは，被疑者は報復を恐れ組織の関与等については供述したがらないことが多いが，これまでは，組織の関与について供述した部分を調書に残さないなどの工夫をして，被疑者から供述を引き出していたのが，取調べの全過程が録音・録画されることになれば，そうした対応を取ることができず，事件の全体像の解明が困難になるとも言われている．

　さらに，被疑者は，被害者に落ち度があったなどと言って被害者を貶めたり，被害者を非難するような供述をすることがあり，取調べの全過程が録音・録画され，これが公開の法廷で再生されることになれば，被害者に著しい苦痛

---

　　の契機となったものとして，被疑者の言動等から取調官等が挙げたものとして，一
　　般事件については，「自分に不利益な証拠が強固であるとの認識とするもの42.4％」
　　「罪の意識からとするもの41.8％」「取調官との信頼関係とするもの32.1％」「情状
　　への悪影響から自供した方が得策と考えてとするもの21.8％」「説得力のある取調
　　べ技術とするもの14.1％」であるが，重大事件を扱う捜査1課に係る捜査本部事件
　　については，「取調官との信頼関係とするもの68.4％」「説得力のある取調べ技術と
　　するもの50.9％」「罪の意識からとするもの47.4％」「自分に不利益な証拠が強固で
　　あるとの認識とするもの22.8％」「情状への悪影響から自供した方が得策と考えて
　　とするもの7.0％」であったとする．http://www.npa.go.jp/sousa/kikaku/20111020_
　　kekka.pdf
　6)　警察庁「警察における取調べの実情について」（2011年10月）4頁では「……
　　取調べ開始初日に自白した被疑者の平均取調べ時間をみると，被疑者が自白をした
　　後にも相当の長さの取調べが行われていることから，取調べは単に自白獲得のみを
　　目的として行われているのではなく，事件の真相を解明するため，被疑者が自白し
　　た後も，自白内容を裏付ける様々な関連事実，犯行の動機や背景事情等を聴取する
　　ためにも行われているものと考えられる．」としている．

や不利益を与えることがあるということも言われていた.

## 3．検察と警察における録音・録画の取組み

このように，捜査機関からは取調べの全過程録音・録画に対して反対する意見が出されていたのであるが，検察は，2013年度に，裁判員対象事件については98.6％の事件で，検察の独自捜査事件では100％の事件で録音・録画を行っており，しかも両事件の70％強の事件で全過程録画を実施している[7]．他方，警察は，2013年度に，裁判員対象事件について93.7％の事件で録音・録画を実施しており，2013年10月から2014年3月までの間における1事件当たりの平均の録音・録画時間は約308分（約5時間8分）である[8]．取調べの全過程録音・録画が行われた件数は明らかではないが，平均的な取調べ時間と比較して308分という時間は短いので，全過程録音・録画はほとんど行われていないのではないかと推測される.

検察，警察が，取調べの録音・録画に積極的な姿勢を示したのは，公判で自白の任意性の立証を容易にするメリットが取調べの録音・録画にあることが自覚されたためではないかと思われる．検察については，特にこのことが当てはまるように思われる．警察には，全過程録音・録画に対する抵抗が強いようである.

## III　法制審議会特別部会による答申案の概要

取調べの録音・録画制度導入の是非を巡りこのような議論状況にあった中，法制審議会特別部会は，これまでの取調べへの過度の依存からの脱却と証拠収集手段の適正化・多様化を基本構想の柱の一つ[9]とする，大要以下のような答

---

7)　最高検察庁「検察における被疑者取調べの録音・録画についての実施状況（平成26年6月）　試行開始後から平成26年3月までの実施状況」http://www.kensatsu.go.jp/kakuchou/supreme/rokuon_rokuga.html

8)　警察庁「警察における取調べの録音・録画の試行の実施状況について」http://www.npa.go.jp/sousa/kikaku/record/H260729_joukyou.pdf

9)　法制審議会新時代の刑事司法制度特別部会「時代に即した新たな刑事司法制度の

*64* 第1セッション　取調べの規律

申案をまとめた[10].

(1)　取調べの録音・録画の導入

　検察官，警察事務官又は司法警察職員は，逮捕・勾留されている被疑者を下記の対象事件について取調べるときは，下記の例外事由に該当する場合を除き，被疑者の供述及びその状況を録音・録画しなければならない.

　検察官は，逮捕・勾留中に下記の対象事件について被疑者調書として作成された被告人の供述調書を証拠調べ請求した場合に，当該調書の任意性が争われたときは，当該調書が作成された取調べの開始から終了に至るまでの間における被告人の供述及びその状況を録音・録画した記録媒体の取調べ請求を併せてしなければ，裁判所は当該供述調書の取調べ請求を却下しなければならない.

　　ア　対象事件：裁判員裁判対象事件[11]及び検察官の独自捜査事件[12]

　　イ　例外事由：①記録に必要な機械の故障その他やむを得ない事情により，記録が困難であると認めるとき，②被疑者による拒否その他の被疑

───────────────

　　　基本構想」http://www.moj.go.jp/content/000106628.pdf　なお，基本構想のもう一つの柱は，供述調書への過度の依存からの脱却と公判審理の更なる充実である.

10)　法制審議会の答申の原案を作成した特別部会における審議の経緯や答申のより詳細な内容については，椎橋隆幸「新時代の刑事司法の在り方について―法制審議会特別部会の答申案を中心として」本書13頁参照.答申については，また，川出敏裕「被疑者取調べの録音・録画制度―法制審議会答申に至る経緯――」刑事法ジャーナル42号4頁，田野尻猛「検察における取調べの録音・録画の運用」刑事法ジャーナル42号12頁，露木康浩「警察における取調べの録音・録画の運用と課題」刑事法ジャーナル42号24頁，小坂井久「取調べの録画・録音制度の課題―要綱案を踏まえて――」刑事法ジャーナル42号30頁，葛野尋之「取調べの録音・録画制度」法律時報86巻10号16頁参照.

11)　①死刑又は無期の懲役・禁錮に当たる罪に係る事件と，②法定合議事件（死刑又は無期若しくは短期1年以上の懲役・禁錮に当たる罪に係る事件）で，故意の犯罪行為により被害者を死亡させた罪に係る事件.

12)　検察が警察からの事件の送致を受けて捜査を行うのではなく，独自に捜査を行う事件.法令による制限はないが，政治家の汚職，大型脱税，企業犯罪等について行われている.

者の言動により，記録をすると被疑者が十分に供述できないと認めると
き，③被疑者の供述状況が明らかにされると，被疑者又はその親族に対
し，身体・財産への加害行為又は畏怖・困惑行為がなされるおそれがあ
ることにより，記録すると被疑者が十分に供述できないと認めるとき，
④当該事件が指定暴力団の構成員によるものであると認めるとき


(2) 捜査・公判協力型協議・合意制度の導入

　検察官と被疑者・被告人は，一定の財政経済関係犯罪及び薬物銃器犯罪[13]に
つき，被疑者・被告人が他人の犯罪事実を明らかにするため真実の供述その他
の行為をした場合に，それに対し，検察官が被疑事件・被告事件について不起
訴処分，特定の求刑その他の行為をする旨合意することを，弁護人の同意の下
に行うことができる．

---

13) 次に掲げる罪（死刑又は無期の懲役若しくは禁錮に当たる罪を除く．）をいう．
　　㈠　刑法第2編第5章（公務の執行を妨害する罪）（第95条を除く．），第17章
（文書偽造の罪），第18章（有価証券偽造の罪），第18章の2（支払用カード電磁
的記録に関する罪），第25章（汚職の罪）（第193条から第196条までを除く．），
第37章（詐欺及び恐喝の罪）若しくは第38章（横領の罪）に規定する罪又は組織
的な犯罪の処罰及び犯罪収益の規制等に関する法律第3条（同条第1項第1号から
第4号まで，第13号及び第14号に係る部分に限る．），第4条（同項第13号及び
第14号に係る部分に限る．），第10条（犯罪収益等隠匿）若しくは第11条（犯罪
収益等収受）に規定する罪
　　㈡　㈠に掲げるもののほか，租税に関する法律，私的独占の禁止及び公正取引の
確保に関する法律，金融商品取引法に規定する罪その他の財政経済関係犯罪として
政令で定めるもの
　　㈢　次に掲げる法律に規定する罪
　　イ 爆発物取締罰則，ロ 大麻取締法，ハ 覚せい剤取締法，ニ 麻薬及び向精神薬取
締法，ホ 武器等製造法，ヘ あへん法，ト 銃砲刀剣類所持等取締法，チ 国際的な協
力の下に規制薬物に係る不正行為を助長する行為等の防止を図るための麻薬及び向
精神薬取締法等の特例等に関する法律
　　㈣　刑法第2編第7章（犯人蔵匿及び証拠隠滅の罪）に規定する罪又は組織的な
犯罪の処罰及び犯罪収益の規制等に関する法律第7条（組織的な犯罪に係る犯人蔵
匿等）に規定する罪（㈠から㈢までに掲げる罪を本犯の罪とするものに限る．）

66 第1セッション 取調べの規律

### (3) 刑事免責制度の導入

検察官は，証人尋問を行うに当たり，①その証人尋問によって得られた供述及びこれに由来する証拠は，原則として，当該証人に不利な証拠とすることができないこと，②その証人尋問においては，自己が刑事訴追又は有罪判決を受けるおそれがある証言を拒否することができないこと，を条件に証人尋問を行うことを裁判所に請求することができる．

### (4) 通信傍受の合理化・効率化

通信傍受の対象犯罪に，①殺傷犯等の関係（現住建造物等放火・殺人・傷害・傷害致死・爆発物の使用），②逮捕・監禁，略取・誘拐関係，③窃盗・強盗関係，④詐欺・恐喝関係，⑤児童ポルノ関係の犯罪を追加する[14]．これらの対象犯罪については，「あらかじめ定められた役割の分担に従って行動する人の結合体により行われると疑うに足りる状況があること」を要件とする．傍受した通信や傍受の経過を自動的に記録し，これを即時に暗号化する機能等を有する装置を用いることで，立会い・封印を不要とし，さらに，通信内容の聴取等をリアルタイムで行う傍受と，聴取等を事後的に行う傍受の双方を可能とする．

以上見てきたように[15]，法制審議会は，取調べの録音・録画に関して，対象事件を一定の重大犯罪で，録音・録画制度の導入の根拠という点からみて必要性が高いと思われる裁判員対象事件と検察の独自捜査事件に絞りつつ，取調べの全過程の録音・録画を義務付けることとした．取調べの一部のみの録音・録画に関しては，否認していた被疑者が自白に転じた場合などに，被疑者の態度の変遷の契機や過程がわからないために，違法・不当な取調べが介在していて

---

14)　現行の「犯罪訴往査のための通信傍受に関する法律」では，薬物関連犯罪，銃器関連犯罪，集団密航，及び，組織的に行われた殺人に限定されている．同法3条及び別表参照．

15)　なお，法制審議会の答申では，この他に，弁護人による援助の充実化，証拠開示制度の拡充，犯罪被害者等及び証人を保護するための方策の拡充，公判廷に顕出される証拠が真正なものであることを担保するための方策等についても提言している．

もそれを見抜けず，かえって，自白には任意性があるなどとお墨付きを与えて
しまう危険性があることが指摘されていた．全過程録音・録画の義務化を提言
した背景には，こうした問題への配慮があったものと思われる．

　他方で，答申では，取調べの録音・録画義務に対する一定の例外事由を認め
ることにより，録音・録画，とりわけ全過程の録音・録画が持つ弊害について
対処しようとしている．録音・録画をすると被疑者が十分に供述できないと認
めるときを例外事由とするなど，録音・録画により取調べの実効性が大きく損
なわれることを避けようとの意図が窺われる．

　録音・録画した記録媒体は，被告人の被疑者段階での供述調書の任意性を立
証するための証拠として用いられる．例外事由に当たらないのに記録媒体が公
判に提出されない場合は，供述調書の証拠調べ請求が却下されるので，検察官
は供述調書を公判で証拠として利用することができなくなる．これにより，録
音・録画義務の実効性を担保しようとしている．供述調書の証拠能力が直接否
定されるわけではなく，検察官が供述調書の任意性を証明するためには，必ず
当該調書作成時の取調べ状況を記録した記録媒体を証拠に含ませなければなら
ないということから，検察官による取調べ状況の立証方法が制限されるのだと
言われる[16]．録音・録画義務に違反したことを理由に直ちに供述調書の任意性
が欠けるとか，違法収集証拠として排除されるということになれば，従来の証

---

16)　答申で被告人の供述調書について「裁判所は……取調べの請求を却下しなければ
　　ならないものとする．」とし，「証拠とすることができない」としなかったのは，被
　　告人の供述及び取調べ状況を録音・録画した記録媒体を証拠調べ請求しなくても供
　　述調書の証拠能力は否定されるわけではないと考えたためのようである（この点に
　　ついては，法制審議会等別部会第26回会議議事録2頁（保坂幹事の発言）．検察官
　　にとっては証拠調べが認められないので，証拠能力が否定された場合と同様，被告
　　人の供述調書を有罪立証のための証拠として公判で利用することができないという
　　ことになるが，裁判所が職権で供述調書を証拠採用する可能性は残されているとの
　　ことのようである（同議事録20頁（保坂幹事の発言））．もっとも，可能性は残さ
　　れているとしても，実際に裁判所が職権で証拠採用することはほとんどないのでは
　　ないかとも思われる．

68　第1セッション　取調べの規律

拠法則，違法収集証拠排除原則との理論的整合性が取れなくなる[17]との意見が法制審議会特別部会で出されており，答申ではこの意見を汲み，証拠能力の否定という考え方を取らなかったようである[18]．被告人の供述調書とともに証拠調べ請求しなければならないのは，当該供述調書が作成された回の取調べ状況を録音・録画した記録媒体である[19]．それ以外の回の取調べ状況を録音・録画した記録媒体は，その回に供述調書の任意性に影響を与えるような不当な取調べが行われたなどとして被告人が供述調書の任意性を争う場合に，証拠開示を通して記録媒体の内容を確認するなどした上で，被告人側が証拠調べ請求したり，あるいは，供述調書の任意性に関して挙証責任を負っている検察官が，任意性を失わせるような取調べは行われていないことを証明しようとして，証拠調べ請求することとなる[20]．

　また，捜査・公判協力型協議・合意制度の導入，刑事免責制度の導入，通信傍受の合理化・効率化は，取調べの録音・録画による捜査力低下の懸念に応えるためのものと思われる．捜査・公判協力型協議・合意制度の導入は，これま

---

17)　自白の任意性は，自白の信憑性，供述の自由の確保という二つの観点から，自白がなされた全体事情を考慮して判断するのが判例の立場である（最判昭和41・7・1刑集20巻6号537頁，最大判昭和46・11・25刑集24巻12号1670頁，最決平1・1・23判時1301号155頁等参照）．また，違法収集証拠として排除する場合には，捜索・押収の領域では，「令状主義の精神を没却するような重大な違法」が要件とされている（最判昭53・9・7刑集32巻6号1677頁）．自白の領域で不任意自白，強制自白としてではなく違法収集証拠であることを理由に自白を排除した事例はまだないが，この捜索・押収の領域での違法収集証拠排除原則を自白の領域にも拡張する場合には，「令状主義の精神を没却するような重大な違法」に匹敵するような違法の重大性が要件となるものと思われる．

18)　同議事録2頁（保坂幹事の発言）．

19)　韓国では基本的に取調べごとに毎回被疑者の供述調書が作成されるようであるが，わが国では毎回調書が作成されることはなく，取調べの最後の回などに作成されることが多いようである．そのため，調書が作成される回と作成されない回が出てくる．供述調書の証拠調べ請求の際に併せて証拠調べの請求をしなければならないのは，調書が作成された回の記録媒体である．

20)　特別部会第26回会議における保坂幹事の発言，第26回会議議事録16-17頁．

で検察官が被疑者・被告人に対して事実上行ってきたものを正式に制度化し可視化したものである．刑事免責制度の導入は，現在，この制度についての明文規定がないことを理由に，立法者が黙示の意思でこの制度の採用を否定していると最高裁により解釈されているもの[21]を，立法者の明示の意思を示して，この制度を採用することを明らかにしようというものであると思われる．通信傍受の合理化・効率化は，現行の「犯罪捜査のための通信傍受に関する法律」による規制が，傍受対象犯罪が狭く限定されているなど厳格に過ぎ，実際上ほとんど利用されていない状況にあることに鑑み，犯罪捜査における通信傍受の現実的な有効性を確保しようとの趣旨による改正提案であると思われる．

## Ⅳ　今後の課題

### 1．弁護権（接見交通権）保障強化の必要

　取調べの全過程が録音・録画されれば，取調べは適正化され，被疑者が虚偽自白をすることもなくなり誤判が防止できるかと言えば，必ずしもそうは言えないように思われる．わが国では，取調官が被疑者に対し，被害者の遺体に付着していた犯人のものと思われる体液の DNA 型と，被告人の DNA 型が鑑定で一致したとの事実を突き付けて自白を得て，被告人を有罪とし，有罪判決が確定

---

21) 最（大）判平7・2・22刑集49巻2号1頁．この大法廷判決で，最高裁は「わが国の憲法が，その刑事手続等に関する諸規定に照らし，このような制度の導入を否定しているものとまでは解されないが，刑訴法は，この制度に関する規定を置いていない．この制度は，前記のような合目的的な制度として機能する反面，犯罪に関係のある者の利害に直接関係し，刑事手続上重要な事項に影響を及ぼす制度であるところからすれば，これを採用するかどうかは，これを必要とする事情の有無，公正な刑事手続の観点からの当否，国民の法感情からみて公正感に合致するかどうかなどの事情を慎重に考慮して決定されるべきものであり，これを採用するのであれば，その対象範囲，手続要件，効果等を明文をもって規定すべきものと解される．しかし，わが国の刑訴法は，この制度に関する規定を置いていないのであるから，結局，この制度を採用していないものというべきであり，刑事免責を付与して得られた供述を事実認定の証拠とすることは，許容されないものといわざるを得ない．」と述べている．

70　第1セッション　取調べの規律

した後，より精度の高い DNA 型鑑定により DNA 型が一致しないことが明らか
となり，被告人が再審で無罪となった事件がある（いわゆる足利事件）．この事
件では，被告人は虚偽の自白をしたわけであるが，再審においても被告人の自
白の任意性は否定されず，ただ，客観的事実と符合しないため信用性を欠くと
いう理由で無罪とされたのである[22]．この足利事件は，取調べが違法・不当とは
言えなくとも，被告人が取調官に対し迎合しやすい性格を有しているなどの場
合には，虚偽の自白をすることもあり得ることを示す事例であると思われる．

　また，わが国の裁判実務では，自白の任意性の判断は，取調べを取り巻く全
事情を考慮するいわゆる事情の総合説によって行われているが，この事情の総
合説については古くから，判断が難しく，予見可能性にも乏しいとの限界・欠
点が指摘されていた[23]．こうした事情の総合説による自白の任意性判断の問題
点に対しては，取調べの全過程の録音・録画によっては対処できない．

　このような虚偽自白を防止したり，事情の総合説に基づく自白の任意性判断
の困難さを緩和するためには，少なくとも，被疑者が弁護人と相談できる機会
の保障，すなわち，憲法 34 条の弁護権に由来する弁護人との接見交通権の保
障（刑訴法 39 条）[24]をより充実させる必要があると考える[25]．被疑者が黙秘権

22)　宇都宮地判平 22・3・26，最高裁判所ウェブページ http://www.courts.go.jp/
app/files/hanrei_jp/213/080213_hanrei.pdf
23)　柳川重規「ミランダ法理の憲法上の意義について」法学新報 110 巻 7・8 号 298-
299 頁参照．
24)　刑事訴訟法 39 条
　　第 1 項　身体の拘束を受けている被告人又は被疑者は，弁護人又は弁護人を選任
することができる者の依頼により弁護人となろうとする者（弁護士でない者にあっ
ては，第 31 条第 2 項の許可があった後に限る．）と立会人なくして接見し，又は書
類若しくは物の授受をすることができる．………
　　第 3 項　検察官，検察事務官又は司法警察職員は（司法警察員及び司法巡査をい
う．以下同じ．）は，捜査のため必要があるときは，公訴の提起前に限り第 1 項の接
見又は授受に関し，その日時，場所及び時間を指定することができる．但し，その指
定は，被疑者が防禦の準備をする権利を不当に制限するものであってはならない．
25)　渥美東洋「取調べの適正化：とりわけ電子録音・録画＝いわゆる可視化につい
て」判例タイムズ 1262 号 44-45 頁参照．

の存在と黙秘権を放棄して供述した場合の結果を十分に認識し，自己が置かれている状況をわきまえながら自白するか否認するか沈黙するかを任意に選択できるようにするには，取調べの前後の弁護人との相談が極めて重要であるはずである．また，取調べ中であっても，被疑者が「弁護人と相談しないと話せない」などと言って弁護人との接見を求めたときなどは，取調べを中断して接見の機会を与えなければ，被疑者が供述してもそれが任意になされたものとは言えない場合もあるのではないかと思われる．

　しかし，わが国の判例は，刑訴法上の接見指定の要件である「捜査のため必要があるとき」（刑訴法 39 条 3 項）について，捜査機関が現に被疑者を取調べ中である時，または，間近い時に取調べをする確実な予定がある時がこれに当たると解釈し，取調べ前あるいは取調べ中に被疑者から接見要求があっても捜査機関はこれを拒否できるかのようにこの規定を解釈している[26]．もっとも，他方で，初回接見についての接見指定の適法性が問題となった平成 12 年判決[27]では，初回接見が「弁護人の選任を目的とし，かつ，今後捜査機関の取調べを受けるに当たっての助言を得るための最初の機会であ〔る〕」としてその重要性を強調した上で，接見指定の要件に該当する場合であっても，「〔弁護人が接見を申し出た〕即時又は近接した時点での接見を認めても接見の時間を指定すれば捜査に顕著な支障が生じるのを避けることが可能〔なときは〕……たとい比較的短時間であっても……接見を認めるようにすべきである」とし，即時又は近接した時点での接見を認めなければ，その接見指定は刑訴法 39 条 3 項但書にいう「被疑者の防御の準備をする権利を不当に制限するもの」となり違法となると判示した．初回接見についての判断であり，必ずしも接見全般についてのものではないが，この平成 12 年判決には，被疑者の供述の任意性確保に対して接見交通が果たしている役割についての配慮が窺われる．判例は刑訴法 39 条 3 項について，これが，接見交通権の保障と捜査の必要との調整，

---

26)　最大判平成 11・3・24 民集 53 巻 3 号 514 頁，最判平成 3・5・10 民集 45 巻 5 号 919 頁．

27)　最判平成 12・6・13 民集 54 巻 5 号 1635 頁．

72 第1セッション　取調べの規律

とりわけ時間的な調整を図る規定であることを強調してきているが，こうした調整を行う上で，この平成12年判決のような，接見の時間指定を用いつつ，可能な限り接見が実現されるような細かな調整を行うとの考え方が，初回接見の場合以外にも拡大していくことが望まれる[28]．それに加えて，アメリカ合衆国で採用されているエドワーズ法理[29]のように，取調べ中に被疑者が弁護人との接見を求めた場合には，弁護人と実際に接見できるまで取調べを中断しなければならないとの法理の採用の是非についても今後検討がなされるべきであると考える．

### 2．自白法則，違法収集証拠排除原則に関して判例理論を明確化する必要

　前述したように，法制審議会特別部会の答申案では，録音・録画義務の実効性を担保するため，被告人の供述調書の任意性が争われた場合には，供述調書の証拠調べ請求に併せて，その調書が作成された回の取調べ状況を録音・録画した記録媒体の証拠調べ請求を行わなければ，供述調書の証拠調べ請求が却下されるとしている．供述調書の任意性についての当事者の水掛け論に基づく審

---

28）　接見交通に関するわが国の捜査実務では，かつては「一般指定制度」が用いられており，接見交通が原則として制限され，例外的に許可されるという刑訴法39条の趣旨とは正反対の運用が行われていた．これに対し最高裁は，最判昭53・7・10民集32巻5号820頁以降，接見指定があくまで例外措置である旨の判断を示し，これによりこうした捜査実務は改善されていった．さらに，本文中で触れたように，近時の判例は，捜査の必要と接見交通権の保障との細やかな調整をより強く求める傾向にある．このように，全体の流れからすると接見交通権の保障は着実に進展をみせているということは言える．被疑者の供述の自由・供述の任意性確保に接見交通権が果しいている役割を認識した，判例理論のより一層の発展が望まれるところである．わが国における接見交通権の進展については，椎橋隆幸「接見交通権の着実な展開—最高裁平成11年3月24日大法廷判決を廻って」現代刑事法1巻2号40頁，田中優企「接見交通権の新局面（一）（二）（三・完）」法学新報114巻3・4号255頁，114巻7・8号145頁，115巻1・2号121頁参照．

29）　See, Edwards v. Arizona, 451 U. S. 477 (1981). この事件については，渥美東洋編『米国刑事判例の動向I』（中央大学出版部，1989年）87頁（香川喜八朗　担当）参照．

理の長期化，判断の不確実性を回避しようとして取調べの録音・録画制度を導入し，しかも録音・録画義務には例外事由も認め，捜査機関がこの義務を十分に履行できるような前提を整えたにもかかわらず，録音・録画義務に違反した取調べが行われ，それにより作成された供述調書が証拠として利用されることを許せば，録音・録画制度の趣旨自体が没却されるとも言える．したがって，被告人の供述調書作成時の取調べ状況を録音・録画した記録媒体を併せて証拠調べ請求しなければ，供述調書の証拠調べ請求を却下するとの措置は，合理的であるということができる．

とはいえ，わが国の捜査実務では，取調べは数日間に渡って行われ，しかも，被疑者の供述全てが調書化されるわけではないようであるが，供述調書が作成されない回の取調べの録音・録画義務違反の法的効果については，答申案では具体的に言及されていない．おそらく，従来の自白法則と違法収集証拠排除原則を適用して処理することになるのであろうが，これらの原則の適用の仕方いかんによっては，全過程録音・録画の実効性が確保できなくなり，ひいては供述調書の任意性の審理も従来のように長期化し判断も不確実なものとなるおそれもある．

一旦違法な取調べが行われ，その後改めて適法な取調べが行われて，それ自体としては任意に自白が得られた場合というのは，前の取調べでも自白が得られていれば，従来は，反復自白の問題として扱われてきたものである．この問題について判例は，前の取調べでの違法を，後の自白の任意性を判断する上での一事情として考慮するという自白法則の適用で処理してきた[30]．供述の任意性判断は取調べを取り巻く全体事情を考慮して判断されるとはいえ，そこで判断の中心となるのは，供述の信憑性と供述の自由の保障の有無であるから，録音・録画義務違反という違法は，それ自体が直ちに供述の任意性に影響を与えるものではない．そうすると，録音・録画されていない取調べで，取調官による不当・違法な対応があったか否かを，当事者の水掛け論を前提にまず判断

---

30)　最判昭 58・7・12 刑集 37 巻 6 号 791 頁．

*74* 第1セッション　取調べの規律

し，仮にそれがあったと認定された場合に，次に，後の供述調書作成時における被疑者の供述の任意性判断の全体事情の一つとしてこれを考慮することになる．一旦自白してしまったので否認や黙秘をしても無駄だと被疑者が思うのではないか，という点は判例では重視されていない．逆に，後の取調べ自体は，供述の任意性が保障される状況で行われており，被疑者の自由意思の介在の有無という点も考慮すると，前の取調べでの録音・録画義務違反は，従来の自白法則の下では，供述調書の任意性に関して間接的で弱い影響しか持ち得ず，自白法則によっては，全過程録音・録画の実効性確保が十分に図られないのではないかとも思われる．

　自白法則とは別に，捜索・押収の領域で判例が採用している違法収集証拠排除原則[31]を，自白の領域にも拡張するという対処法も考えられる．ただし，わが国の判例では，この原則の適用は極めて抑制的に行われてきており[32]，「令状主義の精神を没却するような重大な違法」という排除要件に匹敵するような違法が，録音・録画義務違反が関係する場合にどのような違法を指すことになるのかという問題が生じる．供述調書が作成されない回での取調べに録音・録画義務違反が生じても，供述調書の証拠採用や，供述を手掛かりにして得られた派生証拠の許容性が原則として認められるようになれば，意図的な義務違反であってもこれを防止できなくなるおそれがある．違法の有意性，頻発性を根拠に証拠排除が肯定される場合があることを認める学説[33]も存在するが，必ずしも強制的な取調べが行われたわけでもないのに違法の有意性，頻発性のみを理由に，「令状主義の精神を没却するような重大な違法」に匹敵するような違法を判例

---

31)　最判昭 53・9・7 刑集 32 巻 6 号 1872 頁参照.

32)　実体要件，令状要件を欠く住居への立入りが行われても（最判昭 61・4・25 刑集 40 巻 3 号 215 頁），また，令状要件を欠く検証が行われても（最決平 21・9・28 刑集 63 巻 7 号 868 頁），証拠は排除されないなど，最高裁判所の違法収集証拠排除原則の適用は極めて抑制的であり，昭和 53 年以降，実際に最高裁がこの原則を適用して証拠を排除したのはわずか 1 件（最判平 15・2・14 刑集 57 巻 2 号 121 頁）のみである.

33)　井上正仁『刑事訴訟における証拠排除』（弘文堂，1985 年）.

が認め，違法収集証拠排除原則を働かせることになるのかは，明らかではない．

　全過程録音・録画を義務化しても，その違反に対する適切な対応策が整っていなければ，こうした取組みも水泡に帰してしまう．こうした問題に関する判例理論の発展も望まれるところである．

## 3．犯行の背景事情解明のための制度及び犯罪者に早期に罪を自覚させる制度を開発する必要

　わが国には，陪審制度を採用し事実認定と量刑の手続を分けている国々が設けているような，被告人の犯行の背景事情を調査するための量刑前調査手続が存在しない．このような背景事情の調査は，現在，取調べを中心とした捜査により行われている．取調べの全過程が録音・録画されるようになると，こうした犯行の背景事情を解明するような取調べが行われにくくなるとすれば，捜査機関による取調べに代わり，量刑を適正なものにするために，いかなる機関がいかなる段階で犯行の背景事情を調査するのかという問題が生じてくる[34]．

　さらに，この点と関連するが，わが国の刑事司法運用の大きな特徴の一つとして，起訴猶予率の高さ[35]を挙げることができる．また，刑の執行猶予率の高さ[36]も含め，刑が比較的軽い傾向にあるようにも思われる．こうしたわが国の刑事法の運用の在り方を支えているのは，取調べの段階で取調官が被疑者と信頼関係を築き，被疑者に犯行の背景事情まで語らせ，さらには罪と向き合せて悔悟の念を持たせるとの役割を取調べが果たしてきたからではないかと推測される．犯行の背景事情がわかれば，刑事責任の重さを判断する上で酌むべき事情も出てくるであろうし，被疑者が深く反省しているということであれば，厳罰に処す必要はないと判断される場合もあるであろう．しかし，取調べの全過

---

34）　渥美・前掲注 25）43 頁参照．

35）　平成 25 年度版犯罪白書によると，2012 年の検察庁終局処理人員における起訴猶予の割合は，55.5％である．（ちなみに，公判請求は 6.8％，略式命令請求 24.5％，その他の不起訴 5.0％，家庭裁判所送致 8.2％である．）

36）　平成 25 年度版犯罪白書によると，2012 年の通常第 1 審での執行猶予率は 58.4％である．

程が録音・録画されることにより，こうした被疑者と取調官の間の信頼関係の構築が困難になるということであれば，これまでのわが国の刑事司法運用の在り方が大きく変化する可能性もあるように思われる．通信傍受の対象犯罪の拡大，刑事免責制度の導入などにより，被疑者の犯行自体を証明する証拠は獲得できたとしても，犯行の背景事情の解明までは期待できず[37]，また，捜査の段階で被疑者に罪を自覚させることも困難になるということであれば，起訴猶予や刑の執行猶予などのディヴァージョンを活用し，犯罪対策として犯罪者の刑務所等への収容処遇に過度に依存しないというわが国のこれまでの伝統を維持できなくなるおそれがある．収容処遇が再犯防止の点で十分な効果を発揮できないことは，アメリカ合衆国の例が既に示しているとおりである．

わが国では近年，起訴猶予処分者に対する更生保護法上の更生緊急保護[38]を活用した新たな社会復帰支援策が実施されている．起訴猶予処分を通じて犯罪者の社会復帰・社会への再統合を促すとの従来から採られている方策を，より効果的で強固なものとする方向での取組みであると理解することができる[39]．しかし，このような取組みも，起訴猶予処分の前提となる被疑者の犯行の背景事情を把握できず，これまでのように起訴猶予処分を活用することができないということになれば，十分にその狙いを達成することは難しいであろう．

わが国の犯罪捜査は，たんに公判で被告人を有罪とするための証拠を収集するために行われてきたのではなく，犯行の動機，犯行の背景事情を含めた犯罪の全体像を明らかにすることにより，社会不安を鎮め，さらには一般予防，特別予防双方の点で犯罪の予防に役立つ情報を収集するとの役割を担ってき

---

37) T. Wachi, et al., Police Interviewing Styles and Confessions in Japan, Psychology, Crime & Law (2013) http://dx.doi.org/10.1080/1068316X.2013.854791 は，取調官が被疑者と信頼関係を築いていないところで証拠を示して供述を得ようとしても，被疑者は提示された証拠によって証明される事実のみを認め，完全自白をしない傾向にあるという．

38) 更生保護法 85 条参照．

39) この点については，堤和道「司法制度改革と検察官—法の支配の観点から—」本書 243 頁参照．

た[40]．そして，その役割を捜査が果たす上で被疑者取調べが重要な地位を占めていた点は決して見落としてはならないと思う．これまでの捜査のあり方が取調べに過度に依存したものであり，その点において改善の必要があったことは否定できないが，そのために取調べがこれまで果たしてきた機能を十分に果たせなくなるとしたら，それに代わる新たな制度を開発する必要があると思われる．

　現在，わが国の警察は，取調べ技術の向上に組織的に取組んでおり[41]，このように取調べの全過程が録音・録画される状況下でも，従来のように取調官が被疑者との信頼関係を構築する技法を確立・発展させる努力を継続していく必要があるであろう．しかし，それによっても犯行の背景事情の解明が十分に行えなくなるとすれば，捜査以外の方法でこれを補っていかなければならない．その制度の開発は容易ではないと思われるが，取調べの全過程録音・録画の方向に舵を切るのであれば，そうした困難も引き受けなければならないと思う．さらには，犯罪者が刑事手続の早い段階から罪と向き合い，罪を自覚する機会を設けるために，諸外国ですでに採用されているような，被疑者が犯行を自認することを条件に従来型の刑事手続からダイバートし，「修復的正義（restorative justice）」のコンセプトの下，犯行によって壊された人間関係の修復を主目的とする制度を導入するなどの検討を今後行う必要もあると考える[42]．

---

40)　渥美・前掲注 25) 42 頁参照．

41)　警察庁は，例えば，警察大学校内に取調べ技術総合研究・研修センターを設置し，取調べに心理学的手法を導入するなど「取調べの科学化（高度化）」を推進しようとしている．

42)　渥美・前掲注 25) 41-42 頁，同「ペンシルヴェイニア州アルゲイニー・カウンティの少年非行・犯罪に対応する家庭裁判所少年部の構造と実施計画」比較法雑誌 37 巻 2 号 1 頁，中野目善則「UK における保守・自由民主連合政権の犯罪政策について」比較法雑誌 45 巻 2 号 1 頁，ポール・マッコールド＝テッド・ワクテル（中野目善則訳）「リストーラティヴ・ジャスティス理論の有効性のデータによる検証」比較法雑誌 45 巻 4 号 23 頁，堤和通「Calgary Community Conferencing について」比較法雑誌 38 巻 3 号 1 頁，同「サウス・オーストラリアのファミリー・カンファレンスについて」比較法雑誌 40 巻 1 号 1 頁等参照．

# 取調べに対する規律
## ——映像録画を中心として——

魏　在　民

## I　映像録画物の証拠能力

・2007 年 6 月 1 日の刑事訴訟法改正時，映像録画物の独立証拠としての証拠能力に関する規定が抜け落ちた．
　　—否定しようとする法院側と認めようとする検察側の見解の差が非常に大きく，議論のなかで削除された．
・映像録画を被疑者，参考人取調べの一つの方法として導入しつつも，独立証拠としての条項を置かないこととなったため，結局，映像録画物の証拠能力の有無は，一般原則に立ち戻って，書類に準じて判断される．
　　—改正法 244 条の 2（被疑者陳述の映像録画），221 条 1 項 2 文（第三者の出席要求等），性暴力犯罪の処罰等に関する特例法 30 条（映像物の撮影保存等）等
・既存の判例は，映像録画物，録音テープ，コンピュータディスク等の記録媒体の証拠能力については，書類に準じて解釈し，判示してきた．
　　—大法院判決 92 ド 682（ビデオ検証調書），96 ド 1669（録音テープ），99 ド 2317（コンピュータディスク）

## II　改正法以降の判例の態度と見解

・映像録画物の独立証拠能力の否定
　　—「公判中心主義が具現された改正刑事訴訟法の趣旨に照らしてみるとき，明文の許容根拠がない限り，口頭でない映像録画物の形態の証拠は，証拠

80　第1セッション　取調べの規律

能力を有することができない」と判示し，証拠能力を否定した（大法院判決 2008 ド 6985）．

—「2007 年 6 月 1 日の改正前の刑事訴訟法にはなかった捜査機関による被疑者でない者の陳述の映像録画を新たに定めつつ，その用途を参考人に対する陳述調書の実質的真正成立を証明し，または参考人の記憶を喚起させるためのものに限定している現行刑事訴訟法の規定の内容を，映像物に収録された性犯罪の被害者の陳述に対して独立的な証拠能力を認めている性暴力犯罪の処罰等に関する特例法 30 条 6 項の規定と対比してみれば，捜査機関が参考人を取り調べる過程で刑事訴訟法 221 条 1 項によって作成した映像録画物は，特別な事情がない限り，公訴事実を直接証明することができる独立的な証拠として使用されることはできないと解釈することが妥当である」と判示し，参考人取調べの映像録画物の証拠能力を否定した（大法院判決 2012 ド 5041）．

・法院のこのような解釈は，改正法において独立証拠として認める条項が抜け落ちたときから憂慮されたことである．

・証拠能力の有無またはその証拠としての価値の判断は，その資料が事実認定に適法かつ有用な資料であるかが最も優先的に考慮されなければならないものである．

—映像録画物は，調書と比較にならないほど生々しい再生力を持つ事実認定に関する資料である．

—映像録画物の証拠としての必要性を認めて，法改正時に被疑者または参考人取調べの一つの方法として導入し，その方法どおりに映像録画が行われたのに，その証拠能力を否認することは，正当でない．

・つまり，映像録画物を独立証拠として認める法改正が必要である．

## Ⅲ　告訴事件と映像録画

・捜査手続の特徴

—刑事手続，特に捜査手続は当事者処分主義が適用される民事手続とは異な

り，職権主義が本質的な要素であり，これによって，捜査の非公開，捜査密行主義が適用される．

・しかし，刑事事件のうち告訴事件は，認知事件とは異なり，捜査過程において当事者による主張と防御が行われ，当事者主義的要素が相当に作用している．
　―特に，不起訴決定書の不起訴理由を読めば，民事判決文と大いに類似する．

・一方，告訴人や被告訴人は，相手方の主張内容をよく知ることができない状態において，起訴または不起訴処分を受けることもある．

・告訴事件の当事者主義的特徴を考慮して，告訴事件について捜査をするとき，民事裁判に類似して，映像録画室において映像録画をしつつ，告訴人と被告訴人の主張と弁明を代わる代わる行わせるようにしたのち，その結果を判断して起訴，不起訴を決定する．
　―取調べの結果

　1)　起訴する事件は，核心的部分について問答式を簡略化した叙述式で作成して，被疑者訊問調書または参考人調書の形態で完成させて，証拠として使用し，映像録画結果は，法312条2項，4項（被疑者訊問調書，参考人調書の真正成立手段），318条の2第2項（記憶喚起手段）として使用する．

　2)　不起訴相当の事件は，取調べの結果を立合い係長の捜査結果報告書の形態で残し，映像録画物とともに，不起訴理由判断の資料として活用する．

（翻訳：氏家　仁）

# 取調べの録音・録画制度の導入に際して
## 検討すべき課題

田　中　優　企

　本稿は，前掲の柳川論文[1]を踏まえ，取調べの録音・録画制度の導入に際して検討すべき課題として，①取調べの録音・録画の対象事件の範囲，②公判（証拠調べ手続）における録音・録画記録の証拠調べ及び③取調べ技術の体系化の3点について検討するものである．

## I　取調べの録音・録画の対象事件の範囲

　(1)　法務省法制審議会『新時代の刑事司法制度特別部会（以下，特別部会)』は，「新たな刑事司法制度の構築についての調査審議の結果【案】（以下，答申案)」において，取調べの録音・録画の対象事件として，裁判員制度対象事件（「死刑又は無期の懲役若しくは禁錮に当たる罪に係る事件」及び「裁判所法26条2項2号[2]に掲げる事件であって，故意の犯罪行為により被害者を死亡させた罪に係るもの」）並びに検察官独自捜査事件（「司法警察員が送致又は送付した事件以外の事件」）の二つを設定した．

　取調べの録音・録画の対象事件の範囲をめぐっては，従前より，また，特別部会においても，全ての事件の取調べを対象とするべきか，それとも，一定の事件の取調べに限定するべきかという形で大きく議論されてきた問題である．

---

　1)　柳川重規「取調べの規律—日本における取調べの録音・録画制度の導入を巡る議論について（以下，柳川論文)」本書59頁.

　2)　死刑又は無期若しくは短期1年以上の懲役若しくは禁錮に当たる罪（刑法236条，238条又は239条の罪及びその未遂罪，暴力行為等処罰に関する法律1条の2第1項若しくは第2項又は1条の3の罪並びに盗犯等の防止及び処分に関する法律2条又は3条の罪を除く）に係る事件.

*84* 第1セッション　取調べの規律

　特別部会が設置されて間もない頃に示された各種機関の見解を瞥見すると，例えば，法務省『取調べの可視化に関する省内勉強会』による「被疑者取調べの録音・録画に関する法務省勉強会取りまとめ（以下，法務省勉強会取りまとめ）」(2011年8月)[3]においては，「可視化の目的に照らして，取調べの録音・録画を行う必要性が高いといえる上，事件数の観点からみても，比較的円滑な対応が見込めるもの」であるとして裁判員制度対象事件を挙げると共に，知的能力等に起因する一定の事情が認められる被疑者の事件や検察官による独自捜査事件についても検討を加えるべきものとされていた．

　また，「法務省勉強会取りまとめ」に対応する，日本弁護士連合会による「『被疑者取調べの録音・録画に関する法務省勉強会取りまとめ』に関する意見書（以下，日弁連意見書）」(2011年12月)[4]においては，「取調べの可視化を制度として本格的に導入することとなると，その円滑な実施という観点からは，導入時点においては，対象事件の範囲をある程度限定することもやむを得ないと考えられる．したがって，当連合会としても，取調べの可視化が制度として定着するまでの措置として，当面，対象事件を一定の範囲に限定することについてまで反対するものではない」としつつ，「可視化の対象を裁判員裁判対象事件に限定することはでき〔ず〕……えん罪を防止し取調べの適正化を図るという目的に照らせば，最終的には，あくまでも全事件において取調べの可視化がなされるべきである」としていた．そして，早急に取調べの録画を実施すべき事件として，裁判員裁判対象事件の他に，知的能力等に起因する一定の事情が認められる被疑者の事件，少年事件，要通訳事件，検察官の独自捜査事件及び被疑者又は弁護人が録画を請求した事件が挙げられていた．

　さらに，国家公安委員会委員長主催の『捜査手法，取調べの高度化を図るための研究会』による「捜査手法，取調べの高度化を図るための研究会最終報告

---

　3)　法務省勉強会取りまとめ 42-43 頁〔法務省ホームページ http://www.moj.go.jp/content/000077866.pdf〕．

　4)　日弁連意見書 2-6 頁〔日本弁護士連合会ホームページ http://www.nichiben　ren.or.jp/library/ja/opinion/report/data/111215_7.pdf〕．

（以下，研究会最終報告）」（2012 年 2 月）[5]においては，「公判における供述の任意性，信用性等の的確な判断を可能にするという可視化の目的に鑑みれば，できる限り広い対象・範囲について録音・録画を行うべき」であるとしつつも，「取調べの可視化の在り方については……録音・録画による効果と生じ得る懸念・弊害の双方を踏まえて検討すべきである」として，「重大犯罪の典型であって，自白の任意性が争われることが比較的多い点，被害者をはじめとする国民の真相解明を求める声が強い点，供述の任意性，信用性等の判断主体に一般国民である裁判員が含まれる点に鑑みれば，効果的・効率的な立証の必要が高いといえるため，他の罪種に比べて録音・録画の対象とする必要性が高いものと考えられ……，少なくとも，まずは裁判員裁判対象事件を対象とすることが適当であろう」とされていた．

　他の諸見解も含め，このような各見解が示されていたところ，2013 年 1 月，特別部会が審議の中間報告として取りまとめた「時代に即した新たな刑事司法制度の基本構想（以下，特別部会基本構想）」[6]においては，「全事件における全ての取調べを対象として導入するのは，対象となる取調べが膨大な数に上ることなどから必ずしも現実的でないため，録音・録画の必要性が高いものを対象とするのが相当と考えられる」としつつも，「具体的な範囲については様々な意見があり……，このような状況においては，できる限り，その必要性が高いとして様々な立場からの意見が一致する事件や場面を対象として検討を進めることが望ましいと考えられる」として，「対象事件については，裁判員制度対象事件の身柄事件[7]を念頭に置いて制度の枠組みに関する具体的な検討を行い，その結果を踏まえ，更に当部会でその範囲の在り方についての検討を加えることとする」とされた．

---

5）　研究会最終報告 16-18 頁〔警察庁ホームページ https://www.npa.go.jp/shintyaku/keiki/saisyuu.pdf〕．

6）　特別部会基本構想 7-10 頁〔法務省ホームページ http://www.moj.go.jp/content/000106628.pdf〕．

7）　身柄事件とは「被疑者を逮捕・勾留した事件」をいう（以下でも同じ）．

86　第1セッション　取調べの規律

　その後，それまでの議論を踏まえ作成された「事務当局試案」[8]においては，「裁判員制度対象事件を対象事件とする」A案，並びに，「裁判員制度対象事件に加え，それ以外の全身柄事件における検察官の取調べも対象に含める」B案が提示された．

　この事務当局試案について，A案に対しては，「録音・録画制度が裁判員裁判のためだけの例外的な制度となって，録音・録画が幅広く実施されないおそれがあり，制度の出発点としても不十分である」という意見などがあり，また，B案に対しては，「録音・録画制度の対象とするか否かを取調べの主体によって区別することは法制度としての整合性・合理性に大きな問題がある」という意見や「現実的に制度の円滑な運用が見込めない」という意見などがあったとのことである[9]．

　そこで，「できる限り意見の集約を図るためには，制度の導入に当たっては，裁判員制度対象事件のほか，法制度としての整合性・合理性を大きく損なわない範囲内で，それ以外の事件を対象とすることが相当である」と考えられ，①被疑者の取調べが専ら検察官によって行われるため，別の立場からの供述の吟味を受ける機会が欠けると共に，裁判所は異なる捜査機関に対する供述状況を踏まえて事実認定をすることができず，取調べ状況に関する事実認定に用いることができる資料に制約があること，②実際にも取調べ状況をめぐる争いが比較的生じやすい事件であることから，検察官独自捜査事件を対象とする必要性が大きいと考えられたとのことである[10]．その結果，「事務当局試案〔改訂版〕」[11]において，対象事件について，裁判員制度対象事件並びに検察官独自捜査事件の二つへと変更されることとなった．

---

8)　事務当局試案1頁〔法務省ホームページ http://www.moj.go.jp/content/000122699.pdf〕．

9)　特別部会第28回会議議事録2頁（保坂和人幹事発言）〔各回の議事録については，法務省ホームページ http://www.moj.go.jp/shingi1/shingi03500012.html を参照〕．

10)　同前．

11)　事務当局試案〔改訂版〕1頁〔法務省ホームページ http://www.moj.go.jp/content/000124478.pdf〕．

その後の特別部会の終盤における議論においても，対象事件として，法定合議事件[12]，知的障害者でコミュニケーション能力に問題のある供述弱者[13]，被疑者が要求した場合[14]なども含むべきとする意見が提示されたものの，審議の結果，最終的には答申案の形でまとまった．

(2) 特別部会の議論において繰り返し指摘されていたように，取調べを録音・録画した記録媒体は，自白の任意性や信用性をめぐる問題が発生した場合に，当該自白がなされた取調べの状況や供述の過程を客観的に把握することができるベスト・エビデンスである．しかし，答申案のように，政策・制度として取調べの録音・録画を導入するということであれば，これに関わる様々な利益・関心を総合的に考慮した上で，現時点においてベストと考えられる仕組みであることが求められる．とすれば，これまで行われてきた被疑者取調べについて一般的・全般的な問題があるというのであればまだしも，そうではないところで，被疑者の権利保障のみを強調し，被疑者取調べの必要性・重要性を軽視し，その機能を損なうおそれのある形で，当初から全ての被疑者取調べを対象事件として設定するのは妥当ではない．

この点，裁判員制度は国民の関心が高い重大な事件を対象としており，そのような事件では一般的に自白の任意性や信用性について争われる可能性が高い上[15]，争われた場合には，自白の任意性や信用性を的確に，かつ，とりわけ迅速に判断することが求められる[16]．また，検察官独自捜査事件の場合，捜査機関内部における Checks and Balances が働きづらいこと[17]や，特別部会が発足するきっかけとなった一連の経緯[18]等に鑑みれば，制度の導入という時点にお

---

12) 裁判所法 26 条 2 項 2 号（前掲注 2）参照）．特別部会第 28 回会議議事録 5-9 頁（宮崎誠委員・小坂井久幹事発言**】．

13) 特別部会第 29 回会議議事録 8-9 頁（小坂井久幹事発言）．

14) 特別部会第 29 回会議議事録 17 頁（周防正行委員発言）．

15) 特別部会第 29 回会議議事録 19 頁（椎橋隆幸委員発言），同 25 頁（井上正仁委員発言）．

16) 特別部会第 28 回会議議事録 15-16 頁（但木敬一委員発言）．

17) 特別部会第 29 回会議議事録 19 頁（椎橋隆幸委員発言）．

いて，この対象事件の設定は妥当なものと評価できる[19]．

しかし，答申案自身が「附帯事項」において，「制度としては，取調べの録音・録画の必要性が最も高いと考えられる類型の事件を対象とする」と述べているように[20]，この対象事件の設定は，録音・録画が必要と考えられる事件がこれらの事件のみであるということを意味するものではない．例えば，被疑者が逮捕後の弁解録取手続（刑事訴訟法203条1項，204条1項）や初回の警察官又は検察官の取調べで被疑事実を否認したり黙秘したりした事件の場合，その後の取調べ等の結果，最終的に自白するに至ったものの，公判においては自白の任意性や信用性が争われるという事態も十分に考えられる．このような場合，否認から自白に転じた際の状況把握などが必要になることがあるため，将来的には，このような事件についても，上記の対象事件と同様，被疑者が被疑事実を否認した以後の取調べの全てについて録音・録画を実施するということが必要になるのではないかと思われる[21]．

なお，私見のような仕組みの場合，事実上，被疑者に録音・録画を求める権利を認めることになりかねないのではないかという懸念も考えられよう．しかし，供述の自由（黙秘権）の保障の下，取調べにおいて被疑者が否認もしくは黙秘という選択をする自由があるのはもちろんであるが，被疑者の嫌疑が明らかであり，結果として無益となるおそれのあるというような場合において，否認もしくは黙秘をすることが被疑者の防御戦略として有効といえるかということも問われることになるのではないだろうか．また，弁護人が，接見等を通じ

---

18)　特別部会第1回会議議事録12-13頁（西川克行委員（当時）発言）．

19)　なお，答申案により録音・録画の対象事件となるのは，全事件の約2.1％（裁判員制度対象事件：2.0％，検察官独自捜査事件：0.1％）である（特別部会第29回会議議事録における各委員・幹事の発言を参照）．

20)　答申案10頁．

21)　なお，2012年のわが国の刑事第1審事件における否認率は8.8％である（最高裁判所事務総局『裁判の迅速化に係る検証結果の公表（第5回）について』（2013年7月）〔裁判所ホームページ http://www.courts.go.jp/vcms_lf/20523002.pdf〕を参照）．

て被疑者に対し，差し当たり否認もしくは黙秘するよう助言することによっ
て，取調べの録音・録画の実施へと持ち込むことも可能となるが，前述のよう
な場合における弁護活動として適切といえるかということも併せて問われなけ
ればならないであろう．

　(3)　答申案は「附帯事項」において，「制度の対象とされていない取調べで
あっても……実務上の運用において，可能な限り，幅広い範囲で録音・録画が
なされ，かつ，その記録媒体によって供述の任意性・信用性が明らかにされて
いくことを強く期待する」と述べている[22]．

　また，最高検察庁は，2014 年 6 月，各検察庁宛てに発出した「取調べの録
音・録画の実施等について（依命通知）」[23]において，裁判員裁判対象事件，知
的障害によりコミュニケーション能力に問題がある被疑者等に係る事件，精神
の障害等により責任能力の減退・喪失が疑われる被疑者に係る事件及び検察独
自捜査事件について，これまで行ってきた試行を終了し，本格的に実施するこ
ととした．その上で，上記試行対象事件以外の身柄事件の被疑者，被害者・参
考人について試行を新たに行うこととした[24]．

　このように，取調べの録音・録画の対象事件の範囲については，特別部会に
おける議論や答申案に基づき法制化された録音・録画の実際の運用，警察・検
察における試行状況などを踏まえて，その妥当性の検証が今後も継続されてい
くことになる．

## Ⅱ　公判（証拠調べ手続）における録音・録画記録の証拠調べ

　(1)　答申案によれば，被告人の供述調書の任意性が争われたときは，最低

---

22)　同前．
23)　法務省ホームページ http://www.moj.go.jp/content/000124480.pdf を参照．
24)　この依命通知の意義について，上野友慈委員は，①検察官は，供述の任意性や信
　　用性等の的確な立証のため，自由な裁量によるのではなく，当該事案の内容，証拠
　　関係及び供述状況等に照らして立証に必要な録音・録画を行っていくこと，②録
　　音・録画の規模は相当程度拡大していくことが見込まれるという指摘をされてる
　　（特別部会第 28 回会議議事録 3-4 頁（上野友慈委員発言））．

90 第1セッション　取調べの規律

限，当該供述調書が作成された取調べの状況を録音・録画した記録について証拠調べ請求が必ずなされることになる．

しかし，被告人側の主張によっては，それ以外の取調べにおいて，当該供述調書の任意性に影響を及ぼすような取調べが行われた可能性があるというような場合，その取調べの状況を録音・録画した記録についても証拠調べ請求されることがあり得よう．つまり，このような場合には，最低限，証拠調べ請求が求められる録音・録画記録に加えて，任意性（さらには，信用性）を判断するのに必要と思われる範囲の録音・録画記録についても法廷で再生して証拠調べをしなければならないということになる．

(2)　ところで，法務省が2011年8月に公表した「取調べに関する国内調査報告書（以下，国内調査報告書)」[25]によれば，2010年9月1日から同月30日までの1カ月間に，全地方検察庁の検察官が終局処分を行った事件の内，身柄事件における被疑者に対する取調べの平均時間は，表1のとおりである．

表1　身柄事件における取調9の平均時間

|  | 全　事　件 | 裁判員制度対象事件 |
| --- | --- | --- |
| 調査対象事件数 | 8,233 件 | 568 件 |
| 平均取調べ時間（警察） | 18 時間 52 分 | 34 時間 13 分 |
| 平均取調べ時間（検察） | 2 時間 47 分 | 9 時間 01 分 |
| 平均取調べ時間（合計） | 21 時間 35 分 | 43 時間 14 分 |

出所：前掲注25）の国内調査報告書2-3頁より引用．

なお，裁判員制度対象事件について，主な罪名別の取調べの平均時間等は，表2のとおりである．

また，現在の録音・録画の試行状況によれば，警察及び検察共に，日本的スタイルの取調べであることも相俟って，録音・録画が長時間に渡るケースも散

---

25)　法務省ホームページ http://www.moj.go.jp/content/000077995.pdf を参照．

表2　裁判員制度対象事件（主要犯罪）における取調べの平均時間

| 罪　　名 | 事件数 | 取調べ時間<br>（括弧内は検察庁での取調べ時間） | |
| --- | --- | --- | --- |
| | | 平　　均 | 最　　長 |
| 傷 害 致 死 | 45 | 63 時間 24 分<br>（16 時間 47 分） | 140 時間 10 分<br>（ 25 時間 07 分） |
| 殺　　人 | 102 | 51 時間 12 分<br>（12 時間 25 分） | 144 時間 01 分<br>（ 26 時間 58 分） |
| 現住建造物等放火 | 76 | 42 時間 23 分<br>（ 8 時間 00 分） | 173 時間 52 分<br>（ 14 時間 18 分） |
| 強盗致傷・致死 | 180 | 39 時間 23 分<br>（ 7 時間 53 分） | 173 時間 00 分<br>（ 12 時間 56 分） |
| 強制わいせつ致傷<br>強 姦 致 傷 | 76 | 38 時間 33 分<br>（ 7 時間 33 分） | 100 時間 03 分<br>（ 16 時間 09 分） |

出所：前掲注 25) の国内調査報告書 3-4 頁より引用.

見される.

　例えば，最高検察庁の検証報告書によれば[26]，2011 年 9 月から 2012 年 4 月末までの間に処理された裁判員裁判対象事件等として報告があった事件（2,465件）[27]の内，録音・録画が行われた事件は，1,906 件（約 77.3％）である．その内，全過程の録音・録画（弁解録取手続を含めた検察官による取調べの全ての録音・録画）したものは，399 件（約 20.9％）であった．この 399 件について，

---

26)　最高検察庁「裁判員裁判対象事件における被疑者取調べの録音・録画の試行的拡大について」（2012 年 7 月）〔最高検察庁ホームページ http://www.kensatsu.go.jp/kakuchou/supreme/img/rokuon_rokuga3.pdf〕.

27)　なお，当該検証報告書によれば，最高検察庁が録音・録画に関する報告を求めた事件の中には，裁判員裁判対象事件として送致を受けたが，家庭裁判所送致等の公判請求以外の処理をした事件や，死体遺棄事件等裁判員裁判対象事件ではないが，裁判員裁判対象事件と併合審理の見込みのある事件も含まれており，公判請求以外の処理をした事件や，非対象事件の罪名で公判請求したものまで含めた数である（前掲注 26)3-4 頁）.

92 第1セッション　取調べの規律

表3　検察庁における全過程の録音・録画の合計
時間の内訳（裁判員制度対象事件）

| 取調べ時間 | 事件数 |
|---|---|
| 5 時間未満 | 174 件 |
| 5 時間〜 10 時間未満 | 149 件 |
| 10 時間〜 20 時間未満 | 61 件 |
| 20 時間〜 40 時間未満 | 10 件 |
| 40 時間〜 60 時間未満 | 5 件 |

出所：前掲注 26）の検証報告書 4-5 頁より作成.

録音・録画の合計時間別の内訳は，表3のとおりである.

　また，最高検察庁の他の検証報告書によれば[28]，検察官独自捜査事件については，2011 年 4 月から 2012 年 4 月末までの間に，対象事件 98 件の内，91 件（約 92.9％）の事件について録音・録画が実施された．その内，身柄拘束期間中の取調べの全過程の録音・録画（弁解録取手続を含めた逮捕直後から事件の処理に至るまでの間に行われた取調べの全ての録音・録画）したものは，39 件（約 42.9％）であった．この 39 件について，録音・録画の合計時間別内訳は，表4のとおりである

　さらに，警察庁の検証報告書によれば[29]，2013 年 10 月から 2014 年 3 月末までの間に裁判員裁判対象事件等として報告があった検挙件数は 1,546 件で，その内，録音・録画を実施した件数は 1,474 件（約 95.3％）であり，1 事件当たりの平均の録音・録画時間は約 5 時間 8 分であった.

（3）　このような長時間に渡る形で取調べが行われ，これに併せて，全ての録音・録画も実施されたものの，自白の任意性や信用性が争点となったという場

---

28)　最高検察庁「特別捜査部・特別刑事部における被疑者取調べの録音・録画の試行について」（2012 年 7 月）〔最高検察庁ホームページ http://www.kensatsu.go.jp/ kakuchou/supreme/img/rokuon_rokuga2.pdf〕.

29)　警察庁「警察における取調べの録音・録画の試行の実施状況について」（2014 年 7 月）〔警察庁ホームページ http://www.npa.go.jp/sousa/kikaku/record/H260729_ joukyou.pdf〕.

表4 検察庁における全過程の録音・録画の合計
時間の内訳（検察官独自捜査事件）

| 取調べ時間 | 事件数 |
|---|---|
| 10 時間～ 20 時間未満 | 7 件 |
| 20 時間～ 40 時間未満 | 8 件 |
| 40 時間～ 60 時間未満 | 7 件 |
| 60 時間～ 80 時間未満 | 9 件 |
| 80 時間～ 100 時間未満 | 4 件 |
| 100 時間以上 | 4 件 |

出所：前掲注 28）の検証報告書 11-12 頁より作成.

合，録音・録画記録の全てが法廷で取り調べられることはないが，被告人の主
張内容によっては，録音・録画記録の多くについて法廷で取り調べなければな
らない事態も生じうるであろう．例えば，新聞報道によれば，2012 年 7 月，
さいたま地裁で開かれた傷害致死事件の裁判員裁判においては，被告人が身ぶ
りを交えて犯行当時の状況を再現する場面や検察官が供述の変化を確認する場
面など約 3 時間分の録音・録画記録が法廷で上映されたとのことである[30]．

　裁判員裁判においても，自白の任意性の有無の判断は，裁判官のみによって
行われる（裁判員の参加する刑事裁判に関する法律 6 条 2 項）．しかし，自白
調書については被告人の有罪・無罪に直結する重要な証拠であることが多い
上，任意性を判断するための事情が当該調書の信用性判断と重複することが通
常であるとされる[31]．そのため，現在，自白調書の任意性の有無を判断するた
めに取調官の証人尋問をする場合には，一般的には，公判期日において，その
証拠調べを行い，任意性の有無を判断することが相当であり，実務の大半も同

---

30）　東京新聞 2012 年 9 月 16 日朝刊 26 面．さらに，この事案は，取調べの録音・録
　　画の記録が犯罪事実を直接立証するための証拠として採用された初めてのケースで
　　もある．
31）　島田一・蛯原意「裁判員裁判における証拠の関連性，必要性判断の在り方」判例
　　タイムズ 1401 号 130 頁．

94　第1セッション　取調べの規律

様の取扱いをしているものとされる[32]．とすれば，今後，裁判員裁判において，自白の任意性及び信用性が争われた場合に，さらには，前述の事案のように実質証拠として採用された場合に，録音・録画記録を再生して取調べを行う際の裁判員への負担についても考えなければならない[33]．

　そのため，答申案により，対象事件の取調べの全てについて録音・録画を義務付ける制度が施行された場合，法廷における有効かつ迅速な証拠調べの方法についても直近の課題になるものと思われる．

## Ⅲ　取調べ技術の体系化

　近時，警察庁では，2012年3月に策定・公表され，取調べの高度化・適正化の推進等を目的とする「捜査手法，取調べの高度化プログラム」[34]に基づき，その一つとして[35]，心理学的手法等を取り入れた取調べ技術を体系化する取組みが行われている[36]．この取組みは，今回の取調べの録音・録画に関する一連

---

32)　同前．

33)　なお，これに関連して，但木敬一委員は，「確かに法理論の上では，任意性の判断は裁判官ではないかと言いますけれども，その任意性について何の説明もなくこれは任意性があるのだよということで裁判員裁判体が成り立つかといえばそうはいかないだろう．やはり任意性，そして信用性の問題になると，裁判員の方が入ってくる．そうすると，その二つは不即不離の関係にあって，説明をせざるを得ないわけで，その説明責任を持つのは裁判官になります．」という指摘をされている（特別部会第28回会議議事録15頁（但木敬一委員発言））．

34)　警察庁「捜査手法，取調べの高度化プログラム」（2012年3月）〔警察庁ホームページ http://www.npa.go.jp/sousa/kikaku/20120329_1.pdf〕．

35)　その他の取組みとして，取調べの録音・録画の試行の拡充（裁判員裁判対象事件に係る試行の拡大及び知的障害を有する被疑者に係る事件における試行の開始等）並びに捜査手法の高度化等の推進（取調べ及び供述調書への過度の依存から脱却すると共に，科学技術の発達や情報化社会の進展等に伴う犯罪の高度化・複雑化といった状況に的確に対応し，客観証拠による的確な立証を図ることを可能にするための取組み）がある．

36)　これらの経緯と概要については，重松弘教「取調べの適正化」関根謙一他編『講座警察法（第1巻）』（立花書房，2014年）472頁，田崎仁一「心理学的知見に基づく取調べ技術」警察学論集66巻4号37頁などを参照．

の議論と直接に関係するものではないとされているが，適正な取調べの実現という点では共通するものであるので，その意義についても確認をしておく．

　これまで，わが国の取調べは「職人芸」の様相を呈しており，個々の警察官がそれぞれ培ってきた経験等を基に取調べが行われ，その技術がいわば人伝に次世代の警察官へと伝承されるという形が採られてきた[37]．しかし，諸外国に目を転じると，心理学的手法等を取り入れた取調べ技術の体系化が行われており，その代表例としては，イギリスのPEACEモデル[38]がある（PEACEとは，Planning（計画）とPreparation（準備），Engage（引き入れ）とExplain（教示），Account（説明），Closure（締めくくり），Evaluation（評価）という取調べの各局面の頭文字を採ったものである）．また，近時のわが国での再審無罪事件などの影響を受けて，わが国にもおいても同様の取組みが行われるようになった．

　現在は，被疑者の他，目撃者や被害者等の参考人も含む取調べ全般の土台となる教本の「取調べ（基礎編）」[39]が作成された段階にある．この教本のコンセプトは，取調べの相手方から正確な情報を可能な限り多く入手すると共に，虚偽供述を防ぐための基本的手法を構築することにあり，取調べと関連する心理学の知見に関する第1章と，心理学の知見を踏まえた取調べの基本的手法に関する第2章から構成されている[40]．今後，被疑者取調べの一般的手法，否認又は黙秘する被疑者などの特性に応じた応用的手法に関する「取調べ（応用編）」が作成される予定であり[41]，その内容が注目される．

　今回の答申案に基づき取調べの録音・録画が制度化された場合，従来の反対

---

37)　田崎・前掲注36) 57頁．

38)　イギリスのPEACEについては，松井由紀夫「諸外国における刑事司法制度の調査研究⑴英国における刑事司法制度について」警察学論集64巻7号5頁などを参照．

39)　警察庁刑事局刑事企画課「取調べ（基礎編）」（2012年12月）〔警察庁ホームページ http://www.npa.go.jp/sousa/kikaku/20121213/shiryou.pdf〕．

40)　教本の詳細については，田崎・前掲注36) を参照．

41)　田崎・前掲注36) 41頁．

論が指摘するところの信頼関係の構築や真相解明への障害，すなわち，被疑者から自白を引き出しにくくなるという事態も懸念されるところである．この場合，任意性及び信用性を確保した上で，いかにして被疑者から自白を引き出すのか，すなわち，録音・録画制度の下での有効な取調べ技術の体系化に対しても必然的に焦点が当てられることになり，近時の警察庁の取組みも，録音・録画制度を見据えたものへと移行して行かざるを得ないものと思われる．

## Ⅳ　おわりに

答申案が提示した取調べの録音・録画制度は，これを導入することそれ自体は「目的」ではない．あくまでも「目的」は，被疑者取調べの適正化，すなわち，被疑者取調べにおける被疑者の供述の自由（黙秘権）を保障し，外界と遮断された（incommunicado）取調べ過程の可視性を向上させることにあり，取調べの録音・録画制度は，そのための一つの「手段」である．

被疑者取調べの適正化について，現行法は，身柄拘束された被疑者に対する弁護権及び接見交通権の保障（憲法 34 条前段，刑事訴訟法 39 条），供述の自由（黙秘権）の保障とその告知（憲法 38 条 1 項，刑事訴訟法 198 条 2 項），自白法則（憲法 38 条 2 項，刑事訴訟法 319 条 1 項・3 項）の他，犯罪捜査規範[42]や被疑者取調べ適正化のための監督に関する規則[43]などの諸施策による規律を行ってきた．また，近時の新たな施策としては，供述吟味担当官（班）の設置[44]，取調べ技術総合研究・研修センターの新設[45]などもある．

---

42)　同規範は，取調べの心構え（166 条）や取調べにおける留意事項（167 条），任意性の確保（168 条）等を規定している．

43)　同規則は，不適正な取調べにつながるおそれがある行為を監督対象行為と規定する他，取調べ監督官と称される警察官等が被疑者の取調べ状況を取調べ室外から視認するなどして監督する仕組み等を規定している．なお，同規則の詳細については，重松弘教・桝野龍太『逐条解説・被疑者取調べ適正化のための監督に関する規則』（東京法令出版，2009 年）を参照．

44)　供述吟味担当官（班）は，事件の重大性，悪質性，社会的反響等の大きさを踏まえ，捜査本部設置事件等における捜査指揮を強化するため必要がある場合に，事件

被疑者取調べの適正化に向けた取組みは，今回の録音・録画制度の導入で決着するというものではなく，前掲の柳川論文でも指摘されているように，以上の諸施策についての継続的な検証・検討も必要とされるものであり，録音・録画制度の運用と共に，その検証・検討が強く期待される．

主管課に所属する警察官で捜査主任官以外の者から選任し設置されるもので，被疑者の供述と客観的証拠，裏付け捜査等との関係を精査し，自白の信用性をチェックする役割を果たしている（『平成 24 年度版警察白書』88 頁）．

45） 同センターは，諸外国の例を参考に，心理学的知見に基づく取調べ技術の体系化及びその習得のための研修方法に関する調査研究，並びに各都道府県警察の取調べ指導担当者を対象とした実践的な研修を実施している（『平成 25 年版警察白書』94 頁）．また，栗野友介「取調べ技術総合研究・研修センターにおける研修等の実施状況」警察学論集 67 巻 12 号 21 頁や同センターホームページ https://www.npa. go.jp/keidai/keidai.html も参照．

# 第２セッション
# 裁判員制度と国民参与裁判制度の
# 状況と今後の課題

# 国民参与裁判制度の施行状況と今後の課題

李　　正　　培

## I　序　　論

### 1．国民参与裁判制度の導入経緯

国民参与裁判制度は，「司法の民主的正当性と信頼を高めるために，国民が刑事裁判に参与する制度」[1]として，2008年1月1日から施行された．

それ以前のわが国の司法制度は職業法官のみによって裁判が進行され，一般国民は当事者ではない審判者としては裁判に参与することはできなかった．しかし，社会全般にわたって民主化が進行するのに伴って，各界各層において司法改革についての議論も活発に進行し，2003年10月28日，大法院に司法改革委員会が設置されて国民の司法参与を含む司法改革の方案が研究された．

司法改革委員会においては，陪審制と参審制のうちどちらの制度を導入するかについて議論されたが，どちらの制度がわが国の現実に適合するかを断定することが難しいため，今後持続的な研究を通して基本モデルを定めた後，これをわが国の現実にあわせて変容することが必要であると結論づけ，国民が陪審員として刑事裁判に参与する国民参与裁判の導入を骨子とする「国民の刑事裁判参与に関する法律」（以下，「参与法律」という）が成案を得るに至り，2007年4月30日に国会の本会議を通過して，2008年1月1日から施行されること

---

1)　国民の刑事裁判参与に関する法律1条【目的】本法は，司法の民主的正当性と信頼を高めるために，国民が刑事裁判に参与する制度を施行するにあたって，参与による権限と責任を明確にし，裁判手続の特例とそのほかに必要な事項に関して規定することを目的とする．

になった[2].

以降，参与法律は 2012 年 1 月 17 日に改正されて，2012 年 7 月 1 日から対象事件の範囲が合議部管轄事件全体に拡大され，性暴力犯罪の被害者が国民参与裁判を望まない場合には，法院が排除決定をすることができるとする条項が追加されて，今に至っている．

## 2．研究の目的

国民参与裁判制度は，導入の是非を議論する過程から，訴訟費用の過大等の陪審裁判の非効率性，非専門家である陪審員の誤判の危険性，人脈と情を重視する社会において情に流された評決をするなどを理由として，導入に反対する見解も少なくなかったが，6 年間の施行を経て，国民が直接裁判に参与することによって国民の法感情を裁判に反映させ，これによって司法の信頼を回復する契機を作ったという点で，いったん肯定的な評価を受けているようである．

しかし，いまだ国民参与裁判の件数が多くはなく，陪審員の評決には羈束力が認められていないため，陪審員の評決に反対する判決が宣告されたり，陪審員の評決が控訴審において破棄される事件もたびたび生じ，陪審員の選定手続や裁判長の説明の範囲等についての明らかな指針や慣例もないため，むしろ混乱だけが増していく側面も無視することができない．このような混乱は，司法の信頼回復という制度の趣旨に反するものであり，以前とは異なる側面の司法不信が惹起することがあり，陪審裁判に対する不信が積もれば，誰も陪審裁判を望まないので，結局国民参与裁判制度は淘汰されてしまうかもしれない．

したがって，本論文においては，国民参与裁判制度を概観し，国民参与裁判制度の施行状況を分析して問題点を把握した後，今後の課題が何であるのか，国民参与裁判制度を成功的に定着させるためには何をどのようにすべきか，その方法を模索してみる．

---

2)　法院行政処司法政策室『国民参与裁判の理解』（2007 年）12 頁．

## II 国民参与裁判制度の概観

### 1. 国民参与裁判制度の特徴

わが国の国民参与裁判制度は，外形上は陪審制を受け容れたもののようにみえるが，実際には陪審制的要素と参審制的要素が混合している[3]．陪審員は原則的に法官の関与なく評議を進行したのち，全員一致で評決に至らなければならないが（陪審制的要素），万一，全員一致の評決に至ることができない場合は，法官の意見を聴いた後に，多数決で評決をすることができる（参審制的要素．ただし法官が陪審員に意見を陳述した場合であっても，評決には参与することができないという点で，参審制を修正したものである）．陪審員は，審理に関与した判事とともに量刑に関する討議をしつつも（参審制的要素），票決を通して量刑決定に参与するのではなく，単に量刑に関する意見のみを開陳することができるだけである（陪審制的要素）．陪審員の評決は，法院を羈束せず，単に勧告的効力のみをもつ（陪審制の修正）[4]．

このような特徴は，憲法 27 条 1 項において規定している「すべて国民は，憲法と法律が定める法官によって，法律による裁判を受ける権利を有する」という条項との衝突を避けるためであるように思われる．

### 2. 国民参与裁判の準備手続

(1) 対 象 事 件

国民参与裁判の対象事件は，法院組織法 32 条 1 項（2 号及び 5 号は除外する[5]）による合議部管轄事件，この事件の未遂罪・教唆罪・幇助罪・予備罪・

---

3) 国民が司法に参与する制度としては，陪審制と参審制があるが，陪審制とは，一般国民によって構成された陪審員が裁判に参与して，職業法官から独立して，有罪・無罪の判断に該当する評決を下し，法官は，その評決に羈束される制度をいい，参審制とは，一般の国民である参審員が職業法官とともに裁判部の一員として参与し，職業法官と同等の権限を有し，事実問題と法律問題を判断する制度をいう．

4) 法院行政処司法政策室・前掲注 2) 14 頁．

5) 第 2 号は民事事件,第 5 号は除斥・忌避事件であるので,刑事事件とは関連がない.

陰謀罪に該当する事件，この事件と刑事訴訟法 11 条による関連事件として併合して審理する事件である[6]．

　法制定当時は，法定刑が死刑，無期または 3 年以上の懲役・禁錮に該当する事件であって，死亡の結果が発生したり，死亡と連結する重い犯罪が対象であったが，2009 年 6 月 1 日，国民の刑事裁判参与に関する規則が改正されて，対象事件に特定犯罪加重処罰等に関する法律上の常習強盗・常習窃盗・運転者等暴行致死傷，そして刑法上の強姦・準強姦・強盗・特殊強盗・準強盗・人質強盗等が追加され，前述したように 2012 年 1 月 17 日に法改正があり，対象事件の範囲が合議部管轄事件全体に拡大された[7]．

　法院は公訴事実の一部撤回または変更によって対象事件に該当しなくなった場合であっても国民参与裁判を継続して進行し，審理の状況等を考慮して国民参与裁判によって進行することが適当でないものと認めるときには，決定で当該事件を地方法院本院合議部が国民参与裁判によらずに審判することができる[8]．すなわち，支院合議部において国民参与裁判によって進行するために本院合議部に移送した事件が対象事件に該当しなくなったとしても，再び支院に移送せずに本院合議部において一般の裁判として進行することとなる．

(2)　被告人の申請

　被告人が国民参与裁判を望まない場合は国民参与裁判を行わない[9]．法院は，対象事件の被告人に対して国民参与裁判を望むかどうかに関する意思を書面等の方法で必ず確認しなければならず，被告人は公訴状の副本の送達を受けた日から 7 日以内に，国民参与裁判を望むかどうかに関する意思が記載された書面を提出しなければならない．被告人がこのような書面を提出しないときは，国

---

6)　参与法律 5 条 1 項．
7)　キム・チャンリョル「国民参与裁判制度に関する研究」慶尚大学校法学研究所「法学研究」22 巻 1 号 200 頁．
8)　参与法律 6 条 1 項．
9)　参与法律 5 条 2 項．

民参与裁判を望まないものとみなされる．被告人は法院の排除決定または回付決定があったり，公判準備期日が終結したり，第1回公判期日が開かれた後は，従前の意思を変えることができない[10]．

(3)　排 除 決 定

法院は，公訴提起後から公判準備期日が終結した次の日まで，次の事由があれば，国民参与裁判をしない旨の決定をすることができる．陪審員・予備陪審員・陪審員候補者またはその親族の生命・身体・財産に対する侵害または侵害のおそれがあるため出席することが困難であったり，本法による職務を公正に遂行することができないおそれがあるものと認められる場合，共犯関係にある被告人らのうちの一部が国民参与裁判を望まないため，国民参与裁判を進行することが困難であるものと認められる場合，性暴力犯罪の処罰等に関する特例法2条の犯罪による被害者（性暴力犯罪の被害者）または法定代理人が，国民参与裁判を望まない場合，そのほかに国民参与裁判によって進行することが適切でないものと認められる場合が，参与法律において規定する法院が排除決定することができる事由である．法院は，排除決定をする前に検事・被告人または弁護人の意見を聴かなければならず，法院の排除決定に対しては即時抗告をすることができる[11]．

(4)　公判準備手続

裁判長は，被告人が国民参与裁判を望む意思を表示した場合，事件を公判準備手続に付さなければならず，検事・被告人または弁護人は，証拠をあらかじめ収集・整理するなど公判準備手続が円滑に進行されるように協力しなければならない[12]．

法院は，主張と証拠を整理し審理計画を樹立するために，公判準備期日を指

---

10)　参与法律8条.

11)　参与法律9条.

12)　参与法律36条.

定しなければならず，公判準備期日は公開しなければならないが，公開することによって手続の進行が妨害されるおそれがあるときは公判準備期日を公開しないことができ，公判準備期日に陪審員は参与しない[13]．

### 3．陪審員選定手続

(1) 陪審員の権限と義務，数と資格

陪審員は，国民参与裁判を行う事件に関して，事実の認定，法令の適用及び刑の量定に関する意見を提示する権限があり，法令を遵守し，独立して誠実に職務を遂行しなければならず，職務上，知りえた秘密を漏洩したり，裁判の公正を害する行為をしてはならない[14]．

陪審員の数は，法定刑が死刑・無期懲役または無期禁錮に当たる対象事件においては9名の陪審員が参与し，そのほかの対象事件においては7名の陪審員が参与する．ただし，法院は，被告人または弁護人が公判準備手続において公訴事実の主要内容を認めたときは5名の陪審員が参与するようにすることもでき，事件の内容に照らして特別な事情があるものと認められ，検事・被告人または弁護人の同意がある場合に限り，決定で陪審員の数を7名と9名のうちから上記と異に定めることができる[15]．法院は，陪審員の欠員等に備えて，5名以内の予備陪審員を置くことができる[16]．

陪審員は，満20歳以上の大韓民国国民の中から選定され[17]，欠格事由[18]と職

---

13) 参与法律 37 条．

14) 参与法律 12 条．

15) 参与法律 13 条．

16) 参与法律 14 条．

17) 参与法律 16 条．

18) 参与法律 17 条．1．禁治産者又は限定治産者，2．破産宣告を受け，復権されていない者，3．禁錮以上の実刑の宣告を受け，その執行が終了（終了されたものとみなされる場合を含む）し，又は執行が免除された後，5年を経過していない者，4．禁錮以上の刑の執行猶予の宣告を受け，その期間が完了した日から2年を経過していない者，5．禁錮以上の刑の宣告猶予を受け，その宣告猶予期間中にある者，6．法院の判決によって，資格が喪失または停止した者．

業等にともなう除外事由[19]，除斥事由[20]，免除事由[21]に該当する者は，陪審員に
選定することができない．


(2) 陪審員選定手続

　法院は，陪審員候補予定者名簿の中から必要な数の陪審員候補者を無作為抽
出の方式で定め，陪審員と予備陪審員の選定期日を通知しなければならず，そ
の通知を受けた陪審員候補者は選定期日に出席しなければならない[22]．

　法院は，陪審員候補者が欠格事由等に該当するかどうか，または不公平な判
断をするおそれがあるかどうかなどを判断するために質問票を使用することが
でき，陪審員候補者は，正当な事由がない限り，質問票に記載された質問に答
え，これを法院に提出しなければならない[23]．

　法院は，選定期日の2日前までに検事と弁護人に対し，陪審員候補者の姓
名・性別・出生年度が記載された名簿を送付しなければならず，選定手続に質

---

19)　参与法律18条．1．大統領，2．国会議員・地方自治団体の長及び地方議会議員，
　　3．立法府・司法府・行政府・憲法裁判所・中央選挙管理委員会・監査院の政務職
　　公務員，4．法官・検事，5．弁護士・法務士，6．法院・検察公務員，7．警察・矯
　　正・保護観察公務員，8．軍人・軍務員・消防公務員又は郷土予備軍設置法によっ
　　て動員され，若しくは教育訓練義務を履行中にある郷土予備軍．
20)　参与法律19条．1．被害者，2．被告人又は被害者の親族又はこのような関係に
　　あった者，3．被告人又は被害者の法定代理人，4．事件に関する証人・鑑定人・被
　　害者の代理人，5．事件に関する被告人の代理人・弁護人・輔助人，6．事件に関す
　　る検事又は司法警察官の職務を行った者，7．事件に関して前審裁判またはその基
　　礎となる取調べ・審理に関与した者．
21)　参与法律20条．1．満70歳以上の者，2．過去5年以内に陪審員候補者として選
　　定期日に出席した者，3．禁錮以上の刑に該当する罪で起訴され，事件が終結して
　　いない者，4．法令によって逮捕又は拘禁されている者，5．陪審員の職務の遂行
　　が，自身若しくは第三者に危害を招来し，又は職業上回復することができない損害
　　を受けるおそれがある者，6．重病・傷害又は障害によって，法院に出席すること
　　が困難な者，7．そのほかのやむを得ない事由により，陪審員の職務を遂行するこ
　　とが難しい者．
22)　参与法律23条．
23)　参与法律25条．

*108* 第2セッション 裁判員制度と国民参与裁判制度の状況と今後の課題

問票を使用するときは，選定期日を進行する前に，陪審員候補者が提出した質問票の写しを検事と弁護人に交付しなければならない[24]．

　検事と弁護人は選定期日に出席しなければならず，被告人は法院の許可を得て，出席することができ，法院は弁護人が選定期日に出席しない場合，国選弁護人を選定しなければならない[25]．

　法院は，陪審員候補者が欠格事由等に該当するどうか，または不公平な判断をするおそれがあるかどうかなどを判断するために，陪審員候補者に質問をすることができ，検事・被告人または弁護人は，法院が必要な質問をするように要請することができ，法院は，検事または弁護人が直接質問させるようにすることができる．陪審員候補者は，質問に対して，正当な事由なく，陳述を拒否したり，嘘の陳述をしてはならない．法院は，陪審員候補者が欠格事由等に該当したり，不公平な判断をするおそれがあるものと認めるときは，職権または検事・被告人・弁護人の忌避申請によって，当該陪審員候補者に対して不選定決定をしなければならない．検事・被告人または弁護人の忌避申請を棄却する場合は，理由を告知しなければならない[26]．

　検事と弁護人は各々，陪審員が9名である場合は5名，陪審員が7名である場合は4名，陪審員が5名である場合は3名の範囲内で，陪審員候補者に対して理由を提示しない忌避申請（以下，「無理由付忌避申請」という）をすることができる．無理由付忌避申請があるときは，法院は，当該陪審員候補者を陪審員として選定することができず，検事・被告人または弁護人に，順序を替えながら，無理由付忌避申請をすることができる機会を与えなければならない[27]．

　法院は，出席した陪審員候補者の中から当該裁判に必要な陪審員と予備陪審員の数に該当する陪審員候補者を無作為に選び，これらの者を対象として職

---

24) 参与法律 26 条．
25) 参与法律 27 条．
26) 参与法律 28 条．
27) 参与法律 30 条．

権，忌避申請または無理由付忌避申請による不選定決定をする．不選定決定が
ある場合は，その数だけ，上記手続を反復する．このような手続を経て，必要
な数の陪審員と予備陪審員候補者が確定すれば，法院は無作為の方法で陪審員
と予備陪審員を選定する．予備陪審員が2人以上である場合には，その順番を
定めなければならない．法院は，陪審員と予備陪審員に，誰が陪審員として選
定されたかを知らせないことができる[28]．

## 4．公 判 手 続

(1)　証拠調べ以前の手続

陪審員と予備陪審員は，法律に従って公正にその職務を遂行することを誓う
旨の宣誓をしなければならず，裁判長は，陪審員と予備陪審員に対して，陪審
員と予備陪審員の権限・義務・裁判手続，そのほかに職務遂行を円滑に行うの
に必要な事項を説明しなければならない[29]．

そのほかの，陳述拒否権の告知と人定訊問，検事と被告人・弁護人の冒頭陳
述等の手続は一般の刑事裁判と同じである[30]．

法院は，特別な事情がない限り，公判廷における審理を速記士に速記させた
り，録音装置または映像録画装置を使用して録音または映像録画しなければな
らず，速記録・録音テープまたはビデオテープは，公判調書とは別途に保管し
なければならず，検事・被告人または弁護人は，費用を負担して，速記録・録
音テープまたはビデオテープの写しを請求することができる[31]．

法廷の座席は，検事と被告人及び弁護人は，対等に，向かい合うように位置
し（但し，被告人訊問をするときは，被告人は証人席に位置する），陪審員と
予備陪審員は，裁判長と検事・被告人及び弁護人の間の左側に位置し，証人席
は，裁判長と検事・被告人及び弁護人の間の右側に陪審員と予備陪審員と向か

---

28)　参与法律31条．
29)　参与法律42条．
30)　法院行政処司法政策室・前掲注2) 89頁以下．
31)　参与法律40条．

*110* 第2セッション　裁判員制度と国民参与裁判制度の状況と今後の課題

い合うように位置する[32].

(2)　陪審員の手続上の権利と義務[33]

　陪審員と予備陪審員は，被告人・証人に対して必要な事項を訊問してもらうことを裁判長に要請することができ，必要であると認められる場合，裁判長の許可を得て，各自，筆記して，これを評議に使用することができる．

　反面，陪審員と予備陪審員は，審理の途中に法廷を離れたり，評議・評決または討議が終る前に，裁判長の許諾なく，評議・評決または討議の場所を離れてはならず，評議が始まる前に当該事件に関する自身の見解を明らかにしたり，議論してもならず，裁判手続外で，当該事件に関する情報を収集したり，調査したり，評議・評決または討議に関する秘密を漏洩してもならない．

(3)　証拠調べ及び証拠調べ以降の手続

　通常の証拠調べ手続と証拠調べ以降の被告人訊問，検事の意見陳述，被告人・弁護人の最終意見陳述等の手続は一般の刑事裁判と同じであるが[34]，陪審員または予備陪審員は，法院の証拠能力に関する審理に関与することはできない[35].

### 5. 陪審員の評議・評決・量刑討議の手続

(1)　裁判長の説明・評議・評決・量刑討議[36]

　裁判長は，弁論が終結した後，法廷において陪審員に対し，公訴事実の要旨と適用法条，被告人と弁護人の主張の要旨，証拠能力，そのほかに留意すべき事項に関して説明しなければならず，必要なときは証拠の要旨に関して説明す

---

32)　参与法律 39 条.

33)　参与法律 41 条.

34)　法院行政処司法政策室・前掲注 2) 100-121 頁以下参照.

35)　参与法律 44 条.

36)　参与法律 46 条.

ることができる.

　審理に関与した陪審員は，裁判長の説明を聞いた後，有罪・無罪に関して評議し，全員の意見が一致すれば，それに従って評決するが，その前に陪審員の過半数の要請があれば，審理に関与した判事の意見を聴くことができる.

　陪審員は，有罪・無罪に関して全員の意見が一致しないときは，評決をする前に，審理に関与した判事の意見を聴かなければならない．この場合，有罪・無罪の評決は多数決の方法による．審理に関与した判事は，評議に参席して意見を陳述した場合であっても，評決には参与することができない.

　陪審員の評決が有罪である場合，陪審員は審理に関与した判事とともに量刑に関して討議し，それに関する意見を開陳する．裁判長は，量刑に関する討議の前に処罰の範囲と量刑の条件等を説明しなければならない.

　陪審員の評決と量刑意見は，法院を覊束しない.


⑵　判決の宣告

　裁判の判決の宣告は，弁論を終結した期日にしなければならないが，特別な事情があるときは，別途，弁論終結後，14 日以内に宣告期日を指定することができる．裁判長は，判決宣告時に被告人に対して陪審員の評決結果を告知しなければならず，陪審員の評決結果と異なる判決を宣告するときは，被告人にその理由を説明しなければならない[37].

　判決書には，陪審員が裁判に参与した旨を記載しなければならず，陪審員の意見を記載することができ，陪審員の評決結果と異なる判決を宣告するときは，判決書にその理由を記載しなければならない[38].


**6．陪審員等に対する保護措置**

　何人も，陪審員・予備陪審員または陪審員候補者である事実を理由として解

---

37)　参与法律 48 条.
38)　参与法律 49 条.

雇したり，そのほかの不利益な処遇をしてはならず[39]，当該裁判に影響を及ぼしたり，陪審員または予備陪審員が職務上取得した秘密を探り出す目的で，陪審員または予備陪審員と接触してはならず，陪審員または予備陪審員が職務上取得した秘密を探り出す目的で，陪審員または予備陪審員の職務に従事した者と接触してはならない．ただし，研究に必要な場合は，この限りでない[40]．

　法令で定める場合を除き，何人も陪審員・予備陪審員または陪審員候補者の姓名・住所そのほかの個人情報を公開してはならず，陪審員・予備陪審員または陪審員候補者の職務を遂行した者の個人情報については，本人が同意する場合に限り，公開することができる[41]．

　裁判長は，陪審員または予備陪審員が被告人またはそのほかの者から危害を受けたり，受けるおそれがあるものと認めるとき，または公正な審理や評議に支障を招来したり，招来するおそれがあるものと認めるときは，陪審員または予備陪審員の身辺の安全のために，保護，隔離，宿泊そのほかに必要な措置を採ることができ，検事，被告人，弁護人，陪審員または予備陪審員は，裁判長に，上記のような措置を採るよう要請することができる[42]．


### 7．控 訴 手 続

　参与法律には控訴手続についての言及がなされていないため，刑事訴訟法の規定に従って控訴手続が進行される．したがって控訴審は，管轄高等法院において一般の刑事裁判として進行されることになる．

## Ⅲ　国民参与裁判の施行状況の分析

### 1．国民参与裁判の申請・処理の現況

2008 年 1 月 1 日から 2013 年 12 月 31 日までの施行 6 年間，被告人数を基準

---

39)　参与法律 50 条.

40)　参与法律 51 条.

41)　参与法律 52 条.

42)　参与法律 53 条.

として計 2,979 件（全体の対象事件 61,622 件のうち 4.8％）が受理され，その
うちの 40％に当たる 1,193 件が国民参与裁判によって進行された．毎年，受理
件数が増加しており，特に対象事件が全ての刑事合議部管轄事件に拡大された
2012 年に大幅に増加した．

　法院の排除決定の比率は 17.3％であり，比較的高くない反面，被告人が自ら
撤回した事件の比率は，39.4％であり，高いことがわかる．

表1　2008 〜 2013 年　第 1 審　受理／処理／未済件数[43]

| 受　理 | 処　理 | | | | | | | | | 未済 |
| | 合　計 | | 国民参与裁判 | | 排　除 | | 撤　回 | | | |
| | 件数 | 比率(％) | 件数 | 比率(％) | 件数 | 比率(％) | 件数 | 比率(％) | | |
|---|---|---|---|---|---|---|---|---|---|---|
| 2008 年 | 233 | 215 | 92.3 | 64 | 27.5 | 61 | 26.2 | 90 | 38.6 | 18 |
| 2009 年 | 336 | 308 | 91.7 | 95 | 28.3 | 75 | 22.3 | 138 | 41.1 | 46 |
| 2010 年 | 437 | 413 | 94.5 | 162 | 37.1 | 75 | 17.2 | 176 | 40.3 | 70 |
| 2011 年 | 489 | 494 | 101.0 | 253 | 51.7 | 63 | 12.9 | 178 | 36.4 | 65 |
| 2012 年 | 752 | 672 | 89.4 | 274 | 36.4 | 124 | 16.5 | 274 | 36.4 | 145 |
| 2013 年 | 732 | 779 | 106.4 | 345 | 47.1 | 116 | 15.8 | 318 | 43.4 | 98 |
| 合　計 | 2,979 | 2,881 | 96.7 | 1,193 | 40.0 | 514 | 17.3 | 1,174 | 39.4 | − |

## 2．陪審員選定手続の現況

(1)　陪審員選定期日の所要時間

　国民参与裁判において，「陪審員に誰がなるのか」が最も重要なことである
と考えられるのに，陪審員の数及び自白しているかなどによっては大きな偏差
がなく，平均所要時間は，1 時間 17 分程度かかることが明らかになった．

---

43)　法院行政処司法政策室『2008 〜 2013 年国民参与裁判成果分析』（2014 年）2 頁．

*114* 第2セッション　裁判員制度と国民参与裁判制度の状況と今後の課題

表2　陪審員選定期日の所要時間[44]

(2008. 1. 1.-2013. 12. 31.)

| 基　　準 （件数） | | 最大 所要時間 | 最低 所要時間 | 平均 所要時間 |
|---|---|---|---|---|
| 自白している かどうか | 自白 (414) | 2時間35分 | 30分 | 1時間12分 |
| | 否認 (779) | 3時間30分 | 30分 | 1時間19分 |
| 陪審員の数 （名） | 5　(91) | 2時間 | 30分 | 1時間08分 |
| | 7　(725) | 3時間 | 30分 | 1時間15分 |
| | 9　(377) | 3時間30分 | 35分 | 1時間22分 |
| 犯罪類型 | 殺人等 (333) | 3時間30分 | 30分 | 1時間16分 |
| | 強盗等 (244) | 3時間 | 30分 | 1時間19分 |
| | 傷害致死等 (71) | 2時間 | 43分 | 1時間17分 |
| | 性犯罪等 (210) | 3時間 | 37分 | 1時間19分 |
| | その他 (335) | 3時間 | 30分 | 1時間13分 |
| 全　体　平　均 | | － | － | 1時間17分 |

(2)　陪審員の忌避申請

　陪審員の選定における理由付忌避は，1件当たり平均0.3名であり，全1,193件中194件においてのみ，理由付忌避申請があったが，これは法院が理由付忌避申請を受け入れる基準が厳格であるためであるように思われる[45]．

　無理由付忌避は，1件当たり平均4.8名であり，自白事件に比べ否認事件において平均0.9名多く，特に性犯罪等の事件においては平均5.9名であり，高かった[46]．

## 3．公判手続関連の現況

(1)　国民参与裁判の所要日数

---

44)　法院行政処司法政策室・前掲注43) 14頁.
45)　法院行政処司法政策室・前掲注43) 14頁.
46)　法院行政処司法政策室・前掲注43) 15頁.

2008 年 1 月 1 日から 2013 年 12 月 31 日までに施行された国民参与裁判の所要日数は，全 1,193 件のうち，1 日だけで終った場合が 1,110 件（93％），2 日以上かかった場合が 83 件（7％）であり，大部分の事件が，第一回公判期日において判決まで宣告された[47]．

(2)　国選弁護人選定と私選弁護人選任の比率

2008 年 1 月 1 日から 2013 年 12 月 31 日までに施行された国民参与裁判全 1,193 件のうち，国選弁護人選定比率は 82.1％（979 件）であり，同じ期間の全国第一審刑事合議部拘束事件のうち国選弁護人選定比率の 45.7％に比べ高く，私選弁護人選任比率は 19％（227 件）に過ぎなかった[48]．

私選弁護人の立場からすれば参与裁判に時間と労力が多くかかり，それに比例して受任料を多く受け取るということでもなく，陪審員を説得させなければならない負担とともに，その結果を予測することが難しいため，参与裁判を好まないように思われる．

(3)　自白事件と否認事件の比率

2008 年 1 月 1 日から 2013 年 12 月 31 日までに施行された国民参与裁判全 1,193 件のうち，自白事件の比率が 34.7％（414 件），否認事件の比率が 65.3％（779 件）であり[49]，有罪であることを認めつつも，量刑については陪審員の判断を受けてみたいとする被告人が，予想以上に多かった．

## 4．陪審員の評議・評決の現況

(1)　陪審員の評議の所要時間

自白事件は平均 1 時間 25 分，否認事件は平均 1 時間 49 分であり大きな偏差はなく，全体の平均所要時間は 1 時間 41 分であり，短いものでは 10 分から長

---

47)　法院行政処司法政策室・前掲注 43）17 頁．
48)　法院行政処司法政策室・前掲注 43）17 頁．
49)　法院行政処司法政策室・前掲注 43）18 頁．

*116* 第2セッション　裁判員制度と国民参与裁判制度の状況と今後の課題

いものでは 5 時間まで分布している.

表 3　評議の所要時間[50]

(2008. 1. 1.-2013. 12. 31.)

| 基　　　準 (件数) | | 最大 所要時間 | 最低 所要時間 | 平均 所要時間 |
|---|---|---|---|---|
| 自白したか どうか | 自白（414） | 4 時間 20 分 | 20 分 | 1 時間 25 分 |
| | 否認（779） | 5 時間 | 10 分 | 1 時間 49 分 |
| 陪審員の数 （名） | 5　（91） | 2 時間 40 分 | 30 分 | 1 時間 14 分 |
| | 7　（725） | 4 時間 20 分 | 10 分 | 1 時間 36 分 |
| | 9　（377） | 5 時間 | 30 分 | 1 時間 57 分 |
| 罪　名　別 | 殺人等（333） | 4 時間 50 分 | 30 分 | 1 時間 38 分 |
| | 強盗等（244） | 5 時間 | 20 分 | 1 時間 45 分 |
| | 傷害致死等（71） | 3 時間 40 分 | 30 分 | 1 時間 41 分 |
| | 性犯罪等（210） | 4 時間 10 分 | 10 分 | 1 時間 50 分 |
| | その他（335） | 4 時間 25 分 | 15 分 | 1 時間 34 分 |
| 全 体 平 均 | | － | － | 1 時間 41 分 |

(2)　無　罪　率

　2008 年 1 月 1 日から 2013 年 12 月 31 日までに施行された国民参与裁判全
1,193 件のうち, 無罪の件数は 87 件（一部無罪は 47 件であるが無罪率には含
まれない）であり, 無罪率は 7.3% に達し, 同じ期間の全国第一審の刑事合議
事件の無罪率である 3.5% の 2 倍を超えた[51].

(3)　陪審員の評決と判決の一致の現況

　2008 年 1 月 1 日から 2013 年 12 月 31 日までに施行された国民参与裁判全
1,193 件のうち, 92.8% に当たる 1,107 件において評決と判決が一致し, 評決と
判決が一致しない 86 件（7.2%）のうち, 陪審員が無罪評決をしたが裁判部が

---

50)　法院行政処司法政策室・前掲注 43) 21 頁.
51)　法院行政処司法政策室・前掲注 43) 20 頁.

国民参与裁判制度の施行状況と今後の課題　*117*

有罪判決をした事例が 80 件，陪審員が有罪評決をしたが裁判部が無罪判決をした事例が 6 件であり，大部分，陪審員が無罪評決をしたにもかかわらず，裁判部が有罪判決をした事例であった[52]．

　一方で，評決と判決が一致しなかった事件のうち，控訴審において有罪・無罪の判断が変わり陪審員の評決と同じ判決を宣告した事例が 3 件あった[53]．

(4)　陪審員の量刑意見と裁判部の宣告刑量の分布の現況

　2008 年 1 月 1 日から 2013 年 12 月 31 日までに施行された国民参与裁判全 1,193 件のうち，評決と判決が一致しない場合と無罪が宣告された場合を除く 1,023 件のうちで，89.4％に当たる 915 件が陪審員の量刑意見中の多数意見と裁判部の宣告刑量の差が 1 年以内であり，大体一致したがこれは裁判部と陪審員が一緒に量刑討議をすることによって，このような結果が生じたもののように思われる[54]．量刑意見が宣告刑量より高い場合は 4.7％に当たる 48 件，量刑意見が宣告刑量より低い場合は 5.9％に当たる 60 件であり，差が出た場合であっても大体 2 年程度の差がみられる[55]．

## 5．控訴の現況

(1)　控　訴　率

　国民参与裁判で進行した場合の控訴率は 81.7％であり，同じ期間の全国第一審の刑事合議事件の控訴率である 58.9％より高く，双方控訴を含む被告人の控訴率と検事の控訴率はいずれも，下記の表を見れば分かるとおり，全国平均控訴率より高かったが，これは国民参与裁判の実刑率と無罪率が高いため，実刑宣告を受けた場合は被告人が，無罪判決が言い渡された場合は検事が，控訴を多く行うためであるように思われる．

---

52)　法院行政処司法政策室・前掲注 43) 23 頁．
53)　法院行政処司法政策室・前掲注 43) 23 頁．
54)　法院行政処司法政策室・前掲注 43) 24 頁．
55)　法院行政処司法政策室・前掲注 43) 24 頁．

*118* 第2セッション　裁判員制度と国民参与裁判制度の状況と今後の課題

表4　国民参与裁判によって進行した場合の控訴率[56]

(2008. 1. 1.–2013. 12. 31.)

| 判決件数 | 控　　訴 | | | | | | 未　控　訴 | |
|---|---|---|---|---|---|---|---|---|
| | 検　　事 | | 被　告　人 | | 全　　体 | | | |
| | 件数 | 比率 | 件数 | 比率 | 件数 | 比率 | 件数 | 比率 |
| 1,193 | 535 | 44.8% | 745 | 62.4% | 975 | 81.7% | 218 | 18.3% |

※控訴件数は，各年度別判決件数のうち控訴された件数であり，年度別控訴受理件数とは差がある．

## (2) 控訴審処理の現況

控訴審において処理された 873 件のうち，638 件が控訴棄却され，228 件が破棄され，棄却率は 73.1%，破棄率は 26.1%であり，同じ期間の各級高等法院の原審破棄率 40.7%より低かった．国民参与裁判を経た事件の控訴審における破棄率が低い理由は，国民の意思が反映された一審判決を控訴審が尊重しようとする傾向があるためであるように思われる[57]．

表5　控訴審における処理[58]

(2013. 12. 31. 基準)

| 受理人員（人） | 処 理 人 員 | | | | | | | | | | 未済 |
|---|---|---|---|---|---|---|---|---|---|---|---|
| | 小計 | 破　　棄 | | | | | | | 棄却 | 取下等 | |
| | | 死刑 | 自由刑 | | | 財産刑 | 無罪 | その他 | | | |
| | | | 実刑 | | 執行猶予 | | | | | | |
| | | | 無期 | 有期 | | | | | | | |
| 942 | 873 | | 1 | 172 | 42 | 6 | 5 | 2 | 638 | 7 | － |
| | (100.0%) | | (0.1) | (19.7) | (4.8) | (0.7) | (0.6) | (0.2) | (73.1) | (0.8) | |

※受理：控訴審受理年度基準，処理：控訴審判決年度基準．

---

56)　法院行政処司法政策室・前掲注43) 20 頁．

57)　法院行政処司法政策室・前掲注43) 41 頁．

国民参与裁判制度の施行状況と今後の課題　*119*

⑶　控訴審の量刑変更の現況

　控訴審において処理された 873 件のうち 212 件で量刑が変更され，量刑変更率は 24.3％であり，同じ期間の各級高等法院の量刑変更率 32.2％より低かった．一方，上記 873 件のうち 157 件で量刑が減軽され，量刑減軽率は 18.0％であり，同じ期間の各級高等法院の量刑減軽率 24.0％より低かった．これもまた，国民の意思が反映された一審判決を控訴審が尊重しようとする傾向があるためであるように思われる[59]．

## 6．陪審員のアンケート結果

　裁判手続満足度について，陪審員の満足度が高い程度は，評議 > 公判 > 選定手続 > 最初の待機の順であった．

表 6　　裁判手続満足度[60]

(2008. 1. 1.-2013. 12. 31.)　（％）

| 区　　分 | 満足 | 普通 | 不満足 |
|---|---|---|---|
| 最初の待機 | 58.2 | 38.6 | 3.2 |
| 選 定 手 続 | 67.1 | 30.6 | 2.3 |
| 公 判 手 続 | 72.8 | 25.3 | 1.9 |
| 評 議 手 続 | 74.2 | 24.4 | 1.5 |

　職務遂行の満足度について，96.8％の陪審員が満足であるとし，肯定的に評価した．

---

58)　法院行政処司法政策室・前掲注 43) 25 頁．
59)　法院行政処司法政策室・前掲注 43) 42 頁．
60)　法院行政処司法政策室・前掲注 43) 49 頁．

*120* 第2セッション　裁判員制度と国民参与裁判制度の状況と今後の課題

### 表7　職務遂行満足度[61]

(2008. 1. 1.-2013. 12. 31.)　（%）

| 区　　分 | 比　　率 |
|---|---|
| 以前より良い | 63.1 |
| 以前のように良い | 33.7 |
| 以前のように良くない | 1.7 |
| 以前より良くない | 1.5 |
| 合　　計 | 100.0 |

　陪審員の理解度について，88.0％の陪審員が，裁判内容を全て，または大部分理解したと答えた.

### 表8　陪審員の理解度[62]

(2008. 1. 1.-2013. 12. 31.)　（%）

| 区　分 | 全て理解 | 大部分理解 | 半分くらい | ほとんどできなかった |
|---|---|---|---|---|
| 比　率 | 27.8 | 60.2 | 11.1 | 0.9 |

　陪審員の審理への集中の程度について，大部分の陪審員が審理に集中したと答えた.

### 表9　陪審員の審理への集中の程度[63]

(2008. 1. 1.-2013. 12. 31.)　（%）

| 区　分 | 大部分集中 | 半分くらい | ほとんどできなかった |
|---|---|---|---|
| 比　率 | 85.5 | 13.9 | 0.6 |

　陪審員の意見の開示の程度について，大部分の陪審員が意見を充分に話した

---

61)　法院行政処司法政策室・前掲注43）50頁.

62)　法院行政処司法政策室・前掲注43）50頁.

63)　法院行政処司法政策室・前掲注43）50頁.

と答えた.

表 10　陪審員の意見の開示の程度[64]

(2008. 1. 1.-2013. 12. 31.)　（％）

| 区　分 | 充分に話した | ある程度話した | ほとんど<br>話さなかった |
|---|---|---|---|
| 比　率 | 72.2 | 26.4 | 1.4 |

　裁判長の説明が助けになった程度について，大部分の陪審員が裁判長の説明が助けになったと答えた.

表 11　裁判長の説明が助けとなった程度[65]

(2008. 1. 1.-2013. 12. 31.)　（％）

| 区　分 | 裁判長の説明が<br>助けになった | ある程度<br>助けになった | ほとんど<br>助けにならなかった |
|---|---|---|---|
| 比　率 | 69.7 | 28.7 | 1.5 |

　陪審員が不便であったことについて，長期間の裁判の不便，法律用語の理解の難しさがもっとも大きい不便なことであると答えた.

表 12　陪審員の不便なこと[66]

(2008. 1. 1.-2013. 12. 31.)　（％）

| 区分 | 長期間の<br>裁判の不便 | 法律用語の<br>理解が<br>難しい | 証拠の<br>理解が<br>難しい | 報復等の<br>安全への<br>憂慮 | 収入減少,<br>職場への<br>不利益 |
|---|---|---|---|---|---|
| 比率 | 43.6 | 24.4 | 12.0 | 9.3 | 10.8 |

---

64)　法院行政処司法政策室・前掲注 43) 50 頁.

65)　法院行政処司法政策室・前掲注 43) 51 頁.

66)　法院行政処司法政策室・前掲注 43) 51 頁.

## Ⅳ　国民参与裁判制度の改正案

### 1．国民参与裁判制度の最終形態の決定過程

　参与法律 55 条 1 項では，国民参与裁判の施行経過に対する分析等を通して国民参与裁判制度の最終的な形態を決定するために，大法院に国民司法参与委員会を置くと規定している．

　大法院はこれに従って，国民参与裁判施行 5 年目である 2012 年 7 月 12 日，国民司法参与委員会を構成し，2013 年 1 月 18 日，国民司法参与委員会第 7 次会議において，最終形態（案）を議決し，2013 年 2 月 18 日，「国民参与裁判制度の最終形態の決定のための公聴会」を開催し，最終形態（案）に関する各界各層の意見を収斂した後，2013 年 3 月 6 日，第 8 次会議において最終形態を議決した[67]．

### 2．国民司法参与委員会最終形態の主要内容

⑴　陪審員の評決の効力

　現行参与法律は，「陪審員の評決は法院を覊束しない」と規定しているため，「勧告的効力」のみが認められていると解釈されているが，最終形態においては，陪審員の評決に対して「事実上の覊束力」を付与し，陪審員評決尊重の原則を法律に明示することとした．

　すなわち裁判部は，被告人の有罪・無罪を判断するに当たって，原則的に陪審員の評決を尊重しなければならないが，例外的に陪審員の評議・評決の手続もしくは内容が憲法・法律等に違反し，または不当であると認めるに値する事由がある場合には，評決結果と異なる判決をすることができるようにした．ただし，量刑に関する意見は，従前どおり，勧告的効力のみ有することとし維持

---

67)　大法院国民司法参与委員会『2013 国民参与裁判制度の最終形態決定のための公聴会結果報告』（2013 年）16-21 頁．大法院報道資料「国民司法参与委員会国民参与裁判制度の最終形態決定」2013 年 3 月 6 日付，2 頁．

することとした[68].

## (2) 評 決 方 式

現行参与法律は，全員一致の評決を原則としつつも，全員一致とならない場合，単純多数決による評決も許容している．

しかし，最終形態においては，陪審員の評決に対して「事実上の覊束力」を認めることと関係して単純多数決を廃止し，陪審員の4分の3以上が賛成する場合にのみ，評決が成立するものとみなす「加重多数決制」を採用した．加重多数決が充足されない場合には，再び国民参与裁判を実施することなく，陪審員の評決なく判決するが，陪審員の意見を参考にすることができるようにした．

ただし，「加重多数決制」を採用したとしても，全員一致の評決が原則であるため，全員一致とならなかった場合には，審理に関与した判事の説明を聴いた後，ふたたび評決することとする現行制度は維持することとした[69].

## (3) 実 施 要 件

現行参与法律は，被告人が国民参与裁判を申請する場合にのみ，参与裁判を実施することとしているが，最終形態においては，被告人の申請がない場合であっても，司法の民主的正当性と透明性を増進させるために必要であると認められる場合には，法院の職権または検事の申請により，決定で，国民参与裁判に回付することができるようにし，強制主義的要素を一部導入した．

ただし，被告人の法官による裁判を受ける憲法上の権利を侵害する可能性に憂慮し，回付決定をする前に，被告人の意見を必ず聴くようにした[70].

---

68) 大法院報道資料・前掲注 67) 3 頁.
69) 大法院報道資料・前掲注 67) 3 頁.
70) 大法院報道資料・前掲注 67) 4 頁.

*124* 第2セッション　裁判員制度と国民参与裁判制度の状況と今後の課題

⑷　陪審員の数

　現行参与法律は，陪審員の数について，法定刑に死刑・無期懲役（禁錮）が含まれている犯罪は9名，ほかの犯罪は7名とし，被告人が公訴事実を認めている場合には5名も可能としているが，公聴会において5人制を廃止する方案が提示され，最終形態において5人制は廃止された[71]．


⑸　法　廷　構　造

　現行参与法律は，検事と被告人及び弁護人が互いに対等に向かい合うように位置するようにされているが，検事席から陪審員の表情をきちんと確認することができず，被告人及び弁護人の席からは証人の表情をきちんと確認することができないとする問題点が提起されたため，最終形態においては，検事と被告人及び弁護人が，民事法廷のように対等に，法壇を見渡すよう並んで座るように座席配置を変更した[72]．


⑹　そ　の　他

　裁判に参与した陪審員の数，有罪・無罪及び量刑に関する陪審員の意見を判決書に必ず記載するようにし，民法上の成年者の年齢が満19歳に引き下げられたことに伴い陪審員候補者の年齢を満19歳に引き下げ，評議前の裁判長の説明事項に検事の主張の要旨を含ませることとした．

　そのほかに，量刑討議及び意見提示，法院の国民参与裁判排除決定の権限，陪審員及び公判手続に関する具体的な手続，控訴事由等は別段の問題点がないものと判断されため，現行制度を大部分そのまま維持することに決定した[73]．

---

71)　大法院報道資料・前掲注67)　4頁．

72)　大法院報道資料・前掲注67)　4頁．

73)　大法院報道資料・前掲注67)　5頁．

## 3．法務部改正案の主要内容[74]

### (1) 概　　要

　国民司法参与委員会の最終形態が決定されたが，法務部は国民司法参与委員会において議決した最終形態も一つの意見として認識し，これを含む社会各界各層の意見を幅広く収斂し，その間の施行成果等を分析して，2014年6月12日，政府案として国会に改正案を提出した．


### (2) 国民参与裁判開始の手続の補完及び対象事件の調整

　被告人の申請がない場合であっても，司法の民主的正当性と透明性を増進させるために必要であると認められる場合には，法院が検事の申請により，決定で国民参与裁判に回付することができるようにし，国民参与裁判対象事件のうち，法院組織法32条1項6号[75]によって地方法院合議部の管轄に属する事件は対象事件から除外した．

　国民司法参与委員会の最終形態と異なる点は，最終形態においては法院の職権または検事の申請により，決定で国民参与裁判に回付することができるようにしたが，法務部改正案においては，「法院の職権」という部分が改正案に含まれていないため，法院は検事の申請があってはじめて国民参与裁判に回付することができるようにし，最終形態においては国民参与裁判の対象事件は現行制度を維持したが，法務部改正案においては上記のように一部除外した．


### (3) 排除決定の事由及び手続の補完

　犯罪の性質またはその他の事情により，国民参与裁判によって進行することが不公平な判断を招来するおそれがある場合等を国民参与裁判排除決定事由に追加し，検事の申請によって法院が国民参与裁判排除決定をすることができるようにした．

---

74)　法務部「国民の刑事裁判参与に関する法律一部改正法律案」2014年6月12日参照．

75)　他の法律によって地方法院合議部の管轄に属する事件，例えば選挙事件など．

国民司法参与委員会の最終形態においては，排除決定等は現行制度を維持することとしたが，法務部改正案においては上記のような内容が追加された．

(4) 陪審員の数の調整

陪審員の評決に，より慎重を期するため，自白事件の場合の5名の陪審員が参与する国民参与裁判制度を廃止し，7名または9名の陪審員が参与する国民参与裁判制度のみを維持することとした．これは国民司法参与委員会の最終形態と同じである．

(5) 国民参与裁判における均等な機会保障の強化

被告人と弁護人が最後の陳述過程において新たな争点や事実関係に関する意見を陳述した場合，裁判長は，検事に，これに対する意見を陳述する機会を与えるようにし，被告人と弁護人も，裁判長の許可を得て，再びこれに対する意見を陳述することができるようにした．

国民司法参与委員会の最終形態においては，これについての言及はなかったが，法務部改正案においては上記のような内容が追加された．

(6) 陪審員の評決の要件と効力等の補完

陪審員全員の意見が一致しない場合，多数決によって行っていた被告人の有罪・無罪に関する評決を，陪審員の4分の3以上の賛成によることとし，判事は，評議・評決の手続または内容が憲法・法律・命令・規則等に違反するなどの場合を除き，被告人の有罪・無罪を判断するときに，原則的に陪審員の評決を尊重するようにした．そのうえ判事は，評決が成立しなかった場合であっても，陪審員の意見を参考にすることができ，判決書には，裁判に参与した陪審員の意見を判決書に必ず記載するようにした．これは国民司法参与委員会の最終形態と同じである．

## V 国民参与裁判制度の問題点と今後の課題

### 1．対象事件

⑴ 現行制度の問題点

前述したように現行参与法律5条1項に規定された国民参与裁判の対象事件は全ての刑事合議部管轄事件であるが，それ以前の制度導入当時の対象事件は主に故意によって死亡の結果を惹起させた犯罪，強盗や強姦に致傷・致死が結合した犯罪のうち，重い犯罪に限定されていた．

これは新たに導入する参与裁判の施行に当たって，法院の裁判業務の負担が増加することを憂慮したため，いったん範囲を限定して試験的に実施した後，その成果をみていきながら他の事件に拡張し，法院の人的・物的基盤も補完していくためであった．

しかし，施行6年が経った今，国民参与裁判の受理及び処理件数の現況をみてみると，毎年，受理件数及び国民参与裁判施行件数が増えていることは事実であるが，最初に期待したほど急増した水準ではなく，現在与えられている条件の下で充分にやり遂げることができるほどの水準にとどまっている．むしろ被告人の申請率が低く，撤回率が高いことが明らかになっており，国民参与裁判の活性化のための議論が活発に進行されているだけに，国民参与裁判を実施するための最初の段階である対象事件の範囲を狭く限定しすぎていることは，国民参与裁判の活性化に逆行するものではないのかといった問題点が台頭している．

一方，最近議論の的となっている選挙や政治と関連する事件に対する国民参与裁判において，陪審員らの政治的理念や候補者に対する支持の有無，言論の影響等，きわめて主観的な考えが評決に介入しうるので，不公正な裁判となるおそれが大きいため，このような俗称「政治裁判」，「感性裁判」，「世論裁判」等となるおそれがある事件は，国民参与裁判の対象事件から除外しなければならないとする主張も提起されている．

(2) 今後の課題

　国民参与裁判制度の導入の初期には，対象事件の範囲について，陪審制を実施する外国の場合においても重い犯罪のみに適用しているとして，対象を重い犯罪に限定することに賛成する見解と，対象事件の制限に対しては，対象事件の拡大を主張しつつ，被告人の申請率が格段に増加してはいないものと考えて全面的な拡大を主張する見解，対象事件を全ての事件に拡大するとしても，被告人の申請権があり，法院の排除決定もあるので，調節が可能であるとする見解もあった[76]．

　わが国は，国民参与裁判を導入して今ようやく6年が経ち，被告人の申請率も低調であるので，現時点において制度を確定することは望ましくなく，いくつかの試行錯誤を経るしかないと考える．ひとまず国民参与裁判が多く実施されれば，問題点を補完し，よりよい制度として発展させることができるからである．そのような側面から，対象事件の範囲は，いったん最大限拡張しておく必要がある．その間の経験によれば，対象事件の範囲を拡張させたとしても，被告人の申請が急増したり，法院が全ての申請を受け入れるようなことはないからである．法院の適当な排除決定を通して事件の数を調整すればよいのであり，仮に強制主義が導入されて事件数が急増することになっても，そのときに対象事件の範囲を再調整すれば充分なのである．

　次に最近議論の的となっている選挙や政治と関連した事件を国民参与裁判の対象から除外するかどうかについては，上記の理由からこのような事件を対象事件から除外することは望ましくないものと思われる．もちろん，陪審員が政治的理念や言論の影響等に左右されて不公正な裁判をするおそれがないわけではないが，これは陪審員の選定手続において偏向した考えを持つ陪審員を忌避したり，違法・不当な陪審員の評決を裁判部において排斥することなどによって，問題を解決することができるものと考えられる．

---

76) キム・チャンリョル・前掲注7) 206頁．

## 2．申請主義

(1) 現行制度の問題点

現行参与法律は，被告人の申請がある場合にのみ，国民参与裁判をすることができると規定している．参与法律の制定当時，司法制度改革推進委員会は，被告人の意思に反して国民参与裁判を実施する場合，憲法27条1項で定める「憲法と法律が定める法官による裁判を受ける権利」の侵害となることを憂慮して，被告人の申請がある場合にのみ，参与裁判を進行するという申請主義を採用したものである[77]．

しかし，申請主義を採用した結果，施行6年（2008.1.1 ～ 2013.12.31.）の間，全体の対象事件61,622件のうちの4.8％に当たる2,979件だけが国民参与裁判として受理され[78]，それさえも被告人が撤回したり，法院が排除決定をしたりして，実際に国民参与裁判によって進行された件数は1,193件に過ぎなかった．申請率が低い理由は，被告人が国民参与裁判についてよく知らなかったり，知っていたとしても自身にとって有利なのか不利なのかを判断することが難しく，検事から不利益を受けることがあると考えるためであるように思われる[79]．

ここで注目すべき点は，被告人の申請率も低いが，被告人が申請したが撤回する撤回率も40％に迫っているという事実である．撤回率が高い理由は，法院・検察・弁護人全てが参与裁判について業務負担が重くなることを被告人が感じて自ら撤回したり，陪審員の評決に対する漠然とした不安感等が総合的に作用したものに思われる[80]．国民参与裁判の国選弁護人の比率が80％を超える現実をみても，大部分の私選弁護人は業務負担から国民参与裁判事件を受任し

---

77) 大法院国民司法参与委員会・前掲注67) 70頁．

78) 法院行政処司法政策室・前掲注43) 4頁．

79) イ・ドンヒ「国民参与裁判の施行状況の分析とすすむべき方向」韓国刑事政策学会「刑事政策」23巻1号106頁．

80) チョン・ビョルニム「国民参与裁判の施行評価と改善方案に関する研究」国会議員ソ・ギホ，参与連帯司法監視センター主催座談会資料集「国民参与裁判制度がもたらした変化と課題」62頁．

*130* 第2セッション　裁判員制度と国民参与裁判制度の状況と今後の課題

なかったり，受理された事件を受任したとしても被告人を説得して撤回する場合もあるように思われる．

(2)　今後の課題

　申請主義を維持するのかどうかについての議論は，わが国の憲法27条1項において規定する「憲法と法律が定める法官による裁判を受ける権利」をどのように解釈するかと密接な関連がある．すなわち，陪審員の評決に法的覊束力を認めない場合には，被告人に選択権を認めずとも違憲ではないとみる合憲説と，陪審員が法官から独立して有罪・無罪の評決をしてその評決に事実上の覊束力が付与される状況において被告人に選択権を認めない場合には，「職業法官による裁判」請求権を侵害するおそれがあるとする違憲説がそれである[81]．

　しかしこのような見解は，陪審制が憲法上保障された法官による裁判を受ける権利を侵害するおそれがあるという前提から議論をしているのであり，陪審制が憲法上保障された裁判を受ける権利を侵害するものではないと考える見解からは問題とはならない．憲法では「憲法と法律が定めた法官」による裁判を受ける権利を保障しているので，法官の資格を憲法と法律によって自由に定めて，陪審員をして法官の役割を果たさせることもでき[82]，そのうえ，憲法上の基本権も一定の場合に制限することができるものであるから，そのような側面から考えてみることもできるのである．

　国民参与裁判制度は司法改革の一環として司法不信を解消し，司法の民主的正当性を確保するために導入されたものであるだけに，被告人の意思によって国民参与裁判制度を実施するかどうかを決定することは望ましくないと考える．腐敗犯罪・ホワイトカラー犯罪等，社会的に耳目が集中し，国民の法感情が反映される必要がある重大事件についても，被告人が申請しなければ国民参与裁判によって進行することができないからである．したがって，申請主義は廃止するか，一定の範囲を定めて強制主義を導入する必要がある．

---

81)　大法院国民司法参与委員会・前掲注67) 76頁．

82)　大法院国民司法参与委員会・前掲注67) 88頁．

国民参与裁判制度の施行状況と今後の課題　*131*

　国民司法参与委員会の最終形態においては，被告人の申請がなくとも司法の民主的正当性と透明性を増進させるために必要であると認められる場合には，法院の職権または検事の申請により，決定で国民参与裁判に回付することができるようにすることによって，強制主義的要素を一部導入したことは，前述したとおりである．

　法院の人的・物的基盤の限界，広報不足及び国民参与裁判制度の未成熟に因る陪審員の評決能力の限界等に照らし，現時点においては国民司法参与委員会の最終形態が望ましい方案であるように思われるが，長期的に国民参与裁判制度がきちんと定着されれば，原則的に国民参与裁判を経るようにし，一定の場合に法院が排除決定をするようにする法改正をする必要がある．

### 3．法院の排除決定

(1)　現行制度の問題点

　現行参与法律は，被告人が国民参与裁判を申請しても，法院が国民参与裁判によって進行することが適切でないと認める場合に，職権で排除決定をすることができ，施行6年間，排除決定をした比率は計2,979件の受理事件のうち514件で17.3％に及ぶ．

　さまざまな事由により国民参与裁判によって進行することが適切でない事件を排除することは妥当であるということができるが，問題は，規定が抽象的で包括的であるため，法院が恣意的に判断することができるという点にある．このような法院の高い排除決定の比率は，国民参与裁判の実施率が低調である1つの原因としてみられている[83]．

(2)　今後の課題

　法院の排除決定は，基本的に参与法律3条1項において規定する「国民参与裁判を受ける権利」を侵害するおそれがあるため，その事由を具体的に特定す

---

83)　チョン・ビョルニム・前掲注80) 68頁．

る必要があり，その範囲もまた必要最小限の範囲に制限する必要がある．

しかし，長期的に国民参与裁判対象事件がほとんど全ての事件に拡大され，一定の範囲内において強制主義が導入されれば，現実的に全ての事件を国民参与裁判によって進行することができないため，法院の排除決定事由を具体的に規定するが，その範囲は与えられた条件に合った適切な件数となるように調整する必要があるように思われる．

結局，国民参与裁判対象事件の範囲，強制主義の導入，法院の排除決定の限界等は，全て国民参与裁判の活性化と密接な関連があり，その内容を定めるに当たっても有機的な調和を図らなければならない．

### 4．陪審員の選定

(1)　現行制度の問題点

1968 年の Duncan v. Louisiana 事件において Byron R. White 裁判官は，陪審裁判の意義を次のように定義したという[84]．「似た水準の隣人たち（peers）によって構成された陪審によって裁判をうけることは，腐敗したり，または欲深さにすぎる検事から，そして政府の権力に順従であり，または偏見をもち，または変わり者の判事から被告人を防御してくれる重要な保護手段である」．これくらい陪審員の役割が重要であるということである．

しかし，上述したとおり，これまでの 6 年間の施行状況を分析した結果，陪審員選定時間は，その重要性にかかわらず，陪審員の数と自白の有無などによって大きな偏差はなく，平均 1 時間 17 分程度かかるとされた．否認する重い事件において 3 時間 30 分もかかった事件もあったが，短ければ 30 分だけで陪審員選定が終了する場合も少なくなかった[85]．

いまだ国民参与裁判が本格的に施行されるための人的・物的基盤が不足し，マニュアルが定立していないことも一つの理由ではあるが，公開された法廷に

---

84)　法律新聞，2013 年 8 月 29 日付，社説「国民参与裁判の陪審員の参与は義務だ」参照．

85)　法院行政処司法政策室・前掲注 43) 14 頁．

おいて多数の陪審員候補者を陪審員席に座らせておいて，検事と弁護人が陪審員らに対して主に共通した質問を公開的に進行して，帰ってくる答弁によって主に無理由付忌避申請をするということが現実であるので，陪審員選定を忠実に行うことができないおそれが大きい．

(2) 今後の課題

陪審裁判において最も重要なことは，当該事件を判断する主体である陪審員をどのように選定するかという問題であるので，陪審員選定手続についてもう少し悩んでみる必要がある．何よりも，もっとも急を要することは，現行制度下において，陪審員候補者らから多くの情報を聞き取るのが容易ではないという点である．大部分1日だけで裁判が終結する現システムの下では時間が不足しているため，集団質問を中心に進行されており，陪審員候補者個々人に対して深い追加の質問をするのは難しい[86]．

したがって，陪審員の選定期日と公判期日を別の日に進行することを検討する必要があり，補充質問書も事件の類型によって，より多様な質問を前もって行う必要もある．選定期日と公判期日を別の日に行う場合，選定された陪審員をどのように保護し管理するかについても議論しなければならない．独立した空間に置き外部からの接近を遮断する場合には費用の負担が大きいため，その対象事件を重大犯罪に制限するかどうかも検討しなければならない．

そのうえ現行制度は，傍聴席に座っている陪審員候補者と陪審員席にいる陪審員候補者との間に遮断設備が何もない状態で陪審員選定のための質問が進行されており，公正な陪審員の選定に相当な障害となっているため，充実し公正な陪審員選定のために，陪審員席にいる陪審員候補者と待機している陪審員候補者を分離する必要があり，特に社会的に耳目を引く事件の場合は1：1のインタビューの方式で陪審員質問手続を進行する方案を積極的に導入する必要がある．

---

86) ムン・イルファン「国民参与裁判の陪審員に対する実務的なアプローチ」韓国法学院「ジャスティス」135号185頁．

*134* 第2セッション　裁判員制度と国民参与裁判制度の状況と今後の課題

## 5．いわゆる「即日裁判」の問題

### (1)　現行制度の問題点

　前述したとおり，これまで6年間の施行状況を分析した結果，国民参与裁判の所要日数は全1,197件のうち，1日だけで終えた場合が1,110件（93％），2日以上かかった場合が83件（7％）で，大部分の事件が第1回公判期日において判決まで宣告された[87]．

　一律的にいうことはできないが，国民参与裁判によって進行している事件の65.3％が否認事件であり，大多数の犯罪は殺人等（27.9％），強盗等（20.5％），性犯罪等（17.6％），特定犯罪加重処罰等に関する法律（20.5％）であり[88]，全て重い刑の宣告が予想される事件であるのに，93％の事件が1日だけで陪審員選定から証拠調べ，陪審員評議・評決を経て，判決宣告までなされており，陪審員がどれだけ充実した審理を行ったかどうかについて，多少疑問を持たざるを得ない．

　特に，1日だけで裁判を終らせるために，午前零時をこえて明け方まで審理を進行した場合，裁判部はもちろん陪審員も疲労が重なって判断力が低下するおそれがあり，1日だけで裁判を終らせるために，陪審員が殺人の故意は認めないが尊属暴行致死は有罪であるとし縮小事実を認定しつつも，公訴状変更をせずに無罪を宣告した事例もある[89]．

### (2)　今後の課題

　米国の場合，刑事裁判の公判期日は平均4.5日程度が所要されており[90]，通

---

87)　法院行政処司法政策室・前掲注43）17頁．
88)　法院行政処司法政策室・前掲注43）16-17頁．
89)　大検察庁において収集した具体的事例として，陪審員が被告人の行為によって被害者が死亡したとする事実は全員一致の意見で認定されたが，殺害の動機が充分であるとみるのは難しいため，殺人の故意は認定しない旨を評決する一方，尊属暴行致死罪については有罪意見であるのに，裁判部が公訴状変更のための公判期日をこれ以上指定せず，陪審員の無罪評決をそのまま反映して無罪を宣告した事例．
90)　イ・ドンヒ・前掲注79）112頁．

常，陪審裁判の審理は9時から12時までと13時30分から17時まで行われるが，1日のうち陪審裁判に使用される時間は実際には3〜4時間程度に過ぎないという．わが国においても即日裁判にともなう問題点を是正するためには，裁判部の合理的な裁判期日の運用も必要であるが，参与裁判の公判進行時間は1日8時間を超過することができず，検事，被告人または弁護人，陪審員全員の同意がある場合にのみ，一定の範囲内において延長することができるよう明文化する方案も検討してみる必要がある．

### 6．検事の再意見陳述の機会

(1) 現行制度の問題点

現行制度は，検事の意見陳述後に弁護人と被告人の最後の陳述としての弁論が終結し，弁護人の最終弁論に対して検事が反駁する機会が与えられているのかについては，法律上の根拠がない．

弁護人が最終弁論において，その間に取り上げて論じられてこなかった根拠のない主張であって，事件の実体を糊塗したり，不当な先入観を与えうる主張を濫発した場合に，検事にその場で是正する機会が与えられないまま陪審員が評議に臨むことになれば，どうしても陪審員らは弁護人と被告人の最後の陳述に強い印象を受けるおそれがある．そうであるのに，上述のとおり法律上の根拠がないなどの理由で，裁判部は検事に対して反駁する機会を与えていないことが現実である[91]．

---

91) 大検察庁において収集した具体的な事例として，被告人が殺人の故意を否認していた事案において，弁護人は最終の弁論において殺人の故意が認定できるかと全く関連のない部分（例を挙げれば，犯行当時，被告人の車両のエンジンがかかった状態であったかどうかなど）を警察が捜査していない点を理由として，捜査機関において意図的にその部分を捜査しなかったかのように糊塗しつつ，検察の立証不足を主張し，大法院量刑基準を被告人にもっとも有利に適用して陪審員に大法院量刑基準による刑量範囲を提示しながら，殺人罪について約24％ほど，執行猶予が宣告されており，全ての殺人事件に対して実刑が宣告されているわけではないので，本件についても執行猶予を宣告することが妥当であると主張し，検察において弁護人

*136* 第2セッション　裁判員制度と国民参与裁判制度の状況と今後の課題

(2)　今後の課題

弁護人の不適切な弁論に対して，場合によっては裁判長が訴訟指揮権を行使して検事に意見を陳述する機会を与えることもできるが，裁判長が反駁の機会を与えなければ意見陳述をすることができないため，挙証責任を負担している検事が弁護人の不適切な弁論をただす機会は法的に保障されなければならない．検事は，刑事裁判の個人的な当事者ではなく国家の代わりとなる訴追機関であり，公益の代表者として実体的真実発見の職務があり，被害者を代弁する役割も果たしているためである．

前述した法務部改正案においては，被告人と弁護人が最後の陳述の過程で新たな争点や事実関係に関する意見を陳述した場合，裁判長は検事にこれに対する意見を陳述する機会を与えることとし，被告人と弁護人も裁判長の許可を得て，再びこれに対する意見を陳述することができるようにすることによって，検事のみならず，被告人と弁護人にも均等な陳述の機会を保障する内容が含まれている．米国の場合，検事には被告人側の最後の弁論に対する反駁権が法的に保障されているという[92]．

## 7．法官の陪審員の評議の関与

(1)　現行制度の問題点

現行参与法律は，陪審員の評議の途中に陪審員の過半数の要請があれば，審理に関与した判事の意見を聴くことができ，有罪・無罪に関する意見が一致しない場合には，評決をする前に審理に関与した判事の意見を必ず聴くように規定している．

しかし，陪審制度を導入した以上，陪審員の意見を集める評議に判事が介入

───────────

の上記のような事実関係を歪曲した主張と大法院量刑基準と量刑の統計の不当な解釈に対して反駁しようとしたが，裁判部が時間が多く遅延したことを理由として，反駁の機会を与えなかった事例．

92)　法律新聞，2008年10月20日付，記事「国民参与裁判時に検事の再論告の機会を保障せよ」参照．

して意見を述べるということは，陪審員の評議の独立性を毀損させるため，陪審制の本質的な要素を侵害するものであるとする問題提起がなされている[93]．


(2) 今後の課題

陪審員の評議の独立性を保障するために，職業法官が評議に介入してはならないとする主張も一理ある．しかし，現行参与法律の規定によったとしても，原則的には陪審員が有罪・無罪に関して評議し，全員の意見が一致すれば，それに従って評決するという全員一致制を採用しており，全員一致とならない場合に再び裁判を開くことは時間的・経済的損失が非常に大きいため，これを補完して多数決によって評決することができるようにしている．

この過程における判事の意見聴取は，陪審員らの事件に対する理解と証拠関係に対する合理的な判断を担保するための最小限の手続[94]，ないしは判事の説明を聴く手続を通して少数者に対する説得作業を経るようにする必要性を考慮した措置であるように思われる[95]．

国民司法参与委員会においても，法官の陪審員評議への関与の問題について議論したが，その間の施行結果，評議手続における法官の意見提示制度については大体肯定的な分析結果が優勢であり，評決の原則的な姿は全員一致であるので，現行制度をそのまま維持することとした[96]．


## 8．陪審員の評決方式

(1) 現行制度の問題点

現行参与法律は，陪審員の評決時に全員一致制を原則としつつも，全員の意見が一致しない場合には多数決の方式を認めている．全員一致とならない場合に全員一致になるときまで評議をするということは現実的に不可能であり，再

---

93) チョン・ビョルニム・前掲注80) 75頁．
94) ムン・イルファン・前掲注86) 187頁．
95) 大法院国民司法参与委員会・前掲注67) 65頁．
96) 大法院国民司法参与委員会・前掲注67) 65頁．

*138* 第2セッション　裁判員制度と国民参与裁判制度の状況と今後の課題

び裁判を開くことも時間的・経済的損失が非常に大きいためである.

　これに対して, 陪審員が評議の過程における民主的な討論と相互の説得を可能にさせることは全員一致制の評決であり, 訴訟経済に立脚して多数決の方式による評決を許容することは民主主義の歪曲であるため, 評決は全員一致によらなければならないとする見解と, 評決が不可能となり, 裁判が際限なく長期化することはできないので, 全員一致にならなければ, 圧倒的多数決によって評決をすることができるとする見解等があるように思われる[97].

　現在議論されているいずれの見解によっても, 現行参与法律において規定している単純多数決は, 少数意見を無視し, 新たな葛藤と不信を誘発するという問題点があるとみている.

### (2)　今後の課題

　現行制度は陪審員の評決の原則的な姿は全員一致であると規定しており, 陪審制の導入の趣旨からすれば, 陪審員が評議において真摯に討論し説得することによって意見を収斂していく過程で司法民主主義が実現されるものであるから, 全員一致が原則でなければならないとするところに異議を提起する者はいないように思われる.

　しかし, 全員一致に至ることができない場合にどのようにするかについての見解は相異なりうるが, 現実的に裁判の長期化と高費用の問題を無視することができないため, 最後まで全員一致に固執することはできない. しかし, 現行の単純多数決の方式は評決不成立の可能性が小さく, 時間と費用を節約することはできるが, 評議の質が落ち, 評決の信頼性が保障されないおそれがあるため, 両者を折衷させて適切な基準を設ける必要がある.

　国民司法参与委員会の最終形態においては, 陪審員の評決の方式について原則として全員一致とするが, 全員一致とならない場合, 陪審員の4分の3以上の賛成がある場合にのみ, 評決が成立したものとみなす「加重多数決制」を採

---

97)　チョン・ビョルニム・前掲注80) 78頁.

用したところ，適切な方案であるように思われる．

## 9．陪審員の評決の効力

(1) 現行制度の問題点

現行参与法律は，陪審員の評決と意見は法院を覊束しないと規定しているため，陪審員の評決に勧告的効力のみを認めている．国民参与裁判の試験実施段階においてただちに陪審員の評決に覊束力を認める場合，被告人の憲法 27 条1 項において定める「憲法と法律が定める法官による裁判を受ける権利」が侵害されるおそれがあることが，もっとも大きな理由であるように思われる．

さきに申請主義を維持するかどうかについての議論において言及したことと同様に，陪審員の評決に覊束力を認めるかどうかについての議論は，陪審制が憲法に規定した法官による裁判を受ける権利を侵害するかどうかと密接な関連がある．憲法の規定の文言をそのまま解釈して，職業法官による裁判を受ける権利が憲法上保障された基本権であるとみれば，陪審員は職業法官ではないので覊束力のある陪審員の評決によって裁判を受けることは，基本権を侵害し，違憲であるとみる余地が大きいためである．

したがって国民参与裁判導入時には陪審員の評決に勧告的効力のみを認めたが，国民参与裁判施行後は憲法と関連する議論というよりは，現行形態からより前進して陪審員の評決に覊束力を付与するかどうかに関する議論に集中している．現在は国民参与裁判の意義，導入の趣旨，活性化のための当為性の側面から法的拘束力の付与を主張する見解と，憲法上の限界，職業法官による補完の仕組みが必要であることなどを理由として，法的拘束力の付与に反対する見解がある[98]．

大法院判例[99]は，「司法の民主的正当性と信頼を高めるために導入された国民参与裁判の形式で進行された刑事公判手続において，厳格な選定手続を経て，良識のある市民によって構成された陪審員が事実の認定に関して，裁判部

---

98) 大法院国民司法参与委員会・前掲注 67) 39 頁．

99) 大法院 2010 年 3 月 25 日宣告，2009 ド 14065 判決．

*140* 第2セッション　裁判員制度と国民参与裁判制度の状況と今後の課題

に提示する集団的意見は，実質的直接主義と公判中心主義の下において，証拠の取捨と事実の認定に関する全権を有する事実審法官の判断を助けるための勧告的効力を有するものであるところ，陪審員が証人訊問等，事実審理の全過程にともに参与した後，証人がした陳述の信憑性等，証拠の取捨と事実の認定に関して全員一致の意見で下した無罪の評決が裁判部の心証に符合して，そのまま採用された場合であれば，このような手続を経てなされた証拠の取捨と事実の認定に関する第一審の判断は，実質的直接審理主義と公判中心主義の趣旨と精神に照らし，控訴審における新たな証拠調べを通して，それに明白に反対する，充分かつ納得するに値する顕著な事情が生じない限り，より一層尊重される必要がある」と判示し，陪審員の評決が勧告的効力を有するが，全員一致の評決が裁判部の心証に符合して採用された場合には，より尊重する態度をとっている．

(2)　今後の課題

　これまで6年間施行された国民参与裁判全1,193件のうち92.8％に当たる1,107件において陪審員の評決と判決が一致した．これは陪審員の評決が単純な勧告的効力にとどまらないという事実を反証しており，陪審員が非合理的であるとか不公正な判断をしていないことを明らかにするものである．

　前述した陪審員に対するアンケートの結果によっても，大部分の陪審員が職務の遂行に満足して肯定的に評価しており，裁判の内容を全てまたは大部分理解しているのであって，大部分審理に集中し，大部分意見を充分に明らかにしたと答えた．このアンケートの結果によれば，導入当時に憂慮されていた陪審員の無関心，無理解，無反応等についての心配はこれ以上する必要がないようである．

　国民司法参与委員会の最終形態決定のための議論の過程において，陪審員の評決に覊束力を認めるかどうかについての議論がもっとも活発であったと聞いている．議論の結果，陪審員の評決に既存の勧告的効力より強い「事実上の覊束力」を付与することとし，いわゆる「陪審員評決尊重の原則」を法律で明示

することにしたことは，前述したとおりである．

　国民参与裁判制度が完全に定着しておらず，憲法上の論難の余地が残っている現時点において，陪審員の評決に完全な法的覇束力を付与することは，また別の不信を招来しうるので「事実上の覇束力」を付与して，評決結果が憲法等に違反したり，不当な場合には，評決結果と異なる判決をすることができるようにした最終形態が，現実的には適切な方案であるように思われる．

　しかし長期的には，刑事司法手続に民主的正当性を付与し刑事裁判に国民一般の法感情を反映させるためという国民参与裁判の導入の趣旨に照らして，陪審員の評決を職業法官が覆すことができないように法的覇束力を付与することが妥当であるので[100]，これに対する制度の補完がより必要であるといえる．

## 10. 量 刑 討 議

### (1) 現行制度の問題点

　現行参与法律は，有罪評決である場合，陪審員は審理に関与した判事とともに量刑に関して討議し，それに関する意見を開陳し，裁判長は量刑に関する討議の前に処罰の範囲と量刑の条件等を説明するようにされている．各自が意見を出すというものであるため，陪審員が評議を経て評決をするというものではなく，量刑意見に法院が覇束されもしない．

　陪審制においては，一般的に陪審員が量刑に関与しないので，わが国の国民参与裁判制度は量刑討議については参審制的要素を導入したと思われる．したがって，量刑に関して，有罪・無罪と同じように陪審員の評議と評決を許容するのか，それとも陪審制に忠実に，陪審員を量刑審理から排除するかが問題となる．

### (2) 今後の問題

　陪審員の量刑討議についての見解は，有罪・無罪の審理と同様に民主的討論

---

100)　チョン・ビョルニム・前掲注80) 83頁．

*142* 第 2 セッション　裁判員制度と国民参与裁判制度の状況と今後の課題

手続を経て，国民の健全な常識と意見を反映させなければならないとする賛成論と，陪審員は量刑に関する専門性と経験が不足しているので，熟練していない陪審員が量刑制度を理解したり，陪審員に効果的に説明することが難しいことから，時間的・経済的損失が大きいとする反対論があり[101]，賛成論のなかには，単純に意見を開陳することができるとする見解と，よりすすんで評議を経て評決をすることができるとする見解に分けられる．

　国民司法参与委員会においても，陪審員の量刑討議と意見提示の問題について議論されたが，現行の方式でも国民の健全な常識と意見を裁判部に充分に伝達することができ，社会的認識の調査結果と米国等の陪審制国家の立法例をみても，量刑について評議・評決を経させる必要性が小さく，有罪・無罪の判断とは異なり陪審員の意見分布が多様であるため意見の収斂が難しく，評議時間の長期化等，参与裁判による時間と費用が増加し，陪審員の量刑の評決結果と量刑基準との間の関係が曖昧であるとの理由で，現行制度をそのまま維持することとした[102]．このような最終形態は適切であるように思われる．

## 11.　控　訴　審

(1)　現行制度の問題点

　前述したように，これまで 6 年間施行された国民参与裁判事件の控訴率は81.7％であり，同じ期間の全国の第一審刑事合議事件の控訴率である 58.9％より高く，双方控訴を含む被告人の控訴率が 62.4％，検事の控訴率は 44.8％であり，全国平均の被告人控訴率 48.9％，検事の控訴率 25.2％より高かった．

　被告人の控訴率が高い理由は，対象事件が重い事件であり，実刑宣告を受ける場合が多いことから，控訴するためであると思われ，検事の控訴率が高い理由は，一般の刑事事件に比べて否認事件が多いことから，無罪判決が言い渡される場合が多いため，このような無罪判決ないし軽い量刑が，弁護人が陪審員の感情に訴えた結果であると考えて，控訴審において再び判断を受けてみるた

---

101)　ムン・イルファン・前掲注 86) 193 頁.

102)　大法院国民司法参与委員会・前掲注 67) 68 頁.

めに控訴をするためであるように思われる.

しかし，このように国民参与裁判の結果を不服とし控訴をする場合が多ければ，一般の裁判に比べ多くの費用と労力がかかる国民参与裁判の実効性に疑問が提起されうる[103]．特に，検事の控訴率が高ければ，被告人に心理的な不安感を与え，被告人の立場からすれば国民参与裁判の申請を躊躇させるものであるので，検事の控訴を制限するかどうかが問題となっている．

(2) 今後の課題

国民参与裁判に対する検事の控訴を制限しようとする立場には，陪審員の評決によって無罪判決が言い渡された場合には控訴を許容しないことが妥当であるとする見解，控訴審を事後的法律審であるとして控訴理由を制限しようとする見解等がある[104]．

検事の控訴権を制限することが難しいとする立場は，現行法上の控訴審の構造としては検事の控訴を制限することは不可能であり，国民参与裁判の場合にだけ控訴を制限することは平等原則上問題があるので，控訴審が，全員一致や8：1の圧倒的多数決による無罪評決を事実上尊重することによって解決しなければならないとする見解等がある[105]．

国民参与裁判の結果を不服とする検事の控訴率が高いことは，制度の実効性の側面において適切でない部分があることは事実である．しかし現行法上，検事の控訴を制限しうる法的な根拠がなく，いまだ国民参与裁判制度が完全に定着したものではないため，国民参与裁判がきちんと施行されているかどうか，陪審員の評決及び裁判部の判断に問題はないかどうかについて，控訴審において再び判断を受けてみる必要性も無視することはできない．資料が蓄積されて

---

103) キム・ビョンス「国民参与裁判施行5年とその具体的形態」大検察庁検察未来企画団「刑事法の新動向」38号118頁.

104) チョン・ハンジュン「国民参与刑事裁判と検事の控訴制限」韓国外国語大学法学研究所「外法論集」35巻3号222頁.

105) チョン・ビョルニム・前掲注80) 86頁.

はじめて，よりよい制度を作っていけるためである．

　ただし，国民司法参与委員会の最終形態の通り評決に対する事実上の覇束力が付与され，控訴審においても国民参与裁判の結果を尊重してできるだけ破棄をしないのであれば，検事も控訴する実益がないので，特別な事由がない限り控訴をしなくなる．

　このような側面から，前述した「陪審員の評決が裁判部の心証に符合して，そのまま採用された第一審の判断は，実質的直接審理主義と公判中心主義の趣旨と精神に照らし，控訴審における新たな証拠調べを通して，それに明白に反対する，充分かつ納得するに値する顕著な事情が生じない限り，より一層尊重される必要がある」という趣旨の大法院判例は，今後の控訴審判断の基準となるように思われる．


## 12. 法 廷 構 造

⑴　現行制度の問題点

　現行参与法律は，検事と被告人及び弁護人が互いに対等に向かい合うように位置するようにされているが，検事席から陪審員の表情をきちんと確認することができず，被告人及び弁護人の席からは，証人の表情をきちんと確認することができないとする問題点が提起されていた．


⑵　今後の課題

　上記のような問題点があるので，国民司法参与委員会の最終形態においては，検事と被告人及び弁護人が，民事法廷のように，対等に，法壇を見渡すように，並んで座るように座席配置を変更することとした．

## Ⅵ　結　　論

　ここまで国民参与裁判全般について概観し，6年間の施行状況を分析して問題点を把握したのち，今後の課題が何であるかについて検討してみた．

　前述したようにわが国は，2008年1月1日から，司法の民主的正当性と信

頼を確保するために，国民参与裁判制度を導入して施行し，5 年間の施行成果を分析した後，国民司法参与委員会においては国民参与裁判制度の最終形態を，法務部においては別途の改正案を発議するなど，現在も多角的な研究と分析を通した改正の議論が活発に進行されている．

国民司法参与委員会においては，参与法律 55 条の規定により「最終形態」という用語を使用したが，このたび議決した内容が決して完璧で最終的なものであるということができないものであり，このような側面から「最終的な形態」というよりかは，「暫定的な形態」として，議論をより活発にしていくための礎を提供するという意味で受け入れることが正しいのではないかと思う．

今後多くの施行錯誤を経ることとなるが，基本的に国民参与裁判は国民が司法手続に直接参与することによって，直接民主主義の理念を実現し，裁判の透明性と公正性を高め，国民の司法に対する誤解と不信を減少させる役割を果たす．

したがって，われわれはまず，国民参与裁判を見渡す態度について，もう一度考えてみる必要がある．最小限，国民参与裁判においては，既存の裁判と異なり，選定された国民，すなわち陪審員が主人公でもあり判断の主体でもあるので，全ての制度は陪審員を中心として議論されなければならない．

陪審員の評議と評決に不法な要素が介入されなければ，陪審員の評決はそれ自体が法であると言っても過言ではない．陪審制度は全ての判断を陪審員に委ねる制度であるので，陪審員が無能である，経験不足である，感情に振り回されるといった非難をするのではなく，どのようにすれば正常的な判断をすることができる陪審員を選定して，その者らを説得して，その者らが実体的真実と社会正義または国民の法感情に符合する評決をするようになるかに議論の焦点が合わせられなければならないものと思われる．

いくら陪審員が賢明な評決をするとしても，国民参与裁判自体が開かれなければなんの役にも立たない．このような側面から，国民参与裁判の対象事件を増やし，強制主義的要素を導入することが必要であることは明らかであるように思われる．今まで国民参与裁判が開かれる事件数は期待に及んでいないのが

現実である.

国民参与裁判制度の成功的な定着のためには,まず政府全体で,積極的かつ持続的な広報を通して,国民が国民参与裁判の趣旨を理解し,参与することができる基盤を作る必要があり,法院,検察,弁護士協会等においても,国民参与裁判の活性化のために積極的に乗り出す必要がある.

避けることができないのであれば楽しめという言葉がある.国民参与裁判は実際に裁判を遂行する法官,検事,弁護士の業務の負担が重くなるのは事実である.しかし,国民の司法参与はこれ以上逆らうことができない時代の大勢となり,いずれにせよしなければならない仕事であれば,楽しむ気持ちでより積極的に臨む必要がある.もちろん,熱心に仕事をしただけ,それに対する報償を受けることができるシステムも設けられなければならない.

一日も早く,国民の健全な常識と法感情が反映された国民参与裁判制度が安定的に定着し,司法の公正性と手続的透明性に対する不信がなくなり,陪審員を通した国民的共感を得て,裁判結果に承服することができる成熟した司法民主主義が実現されることを期待する.


## 参 考 文 献

1.国内単行本

　　法院行政処司法政策室『国民参与裁判の理解』法院行政処,2007年12月

　　法院行政処司法政策室『国民の刑事裁判参与に関する法律の解説』法院行政処,2007年7月

　　大法院国民参与委員会『2013　国民参与裁判制度の最終形態決定のための公聴会結果報告』法院行政処,2013年4月

2.国 内 論 文

　　カン・グミン「国民参与裁判制度のいくつかの改善点」成均館大学校法学研究所「成均館法学」24巻3号（2012年）

　　キム・ビョンス「国民参与裁判施行5年とその具体的形態」大検察庁検察未来企画団「刑事法の新動向」38号（2013年）

　　キム・ビョンス＝ミン・ヨンソン「国民参与裁判の活性化方案に対する研究」韓国刑事政策学会「刑事政策」23巻1号（2011年）

　　キム・イルファン「国民参与裁判制度の憲法合致的整備方案」韓国憲法学会「憲法

学研究」18 巻 3 号（2012 年）

キム・チャンリョル「国民参与裁判制度に関する研究」慶尚大学校法学研究所「法学研究」22 巻 1 号（2014 年）

ド・ジュンジン「国民参与裁判における評議及び評決の独立性確保に関する研究」韓国刑事法学会「刑事法研究」25 巻 1 号（2013 年）

ムン・イルファン「国民参与裁判の陪審員に対する実務的なアプローチ」韓国法学院「ジャスティス」135 号（2013 年）

ムン・イルファン「国民参与裁判のいくつかの実務的な争点に対する考察」司法発展財団「司法」28 号（2014 年）

ソ・チャンシク＝イ・ジェイル「国民参与裁判の争点分析」国会立法調査処「イシューと論点」747 号（2013 年）

イ・ギュホ「国民参与裁判の概要」刑事司法行政学会「司法行政」（2013 年 8 月）

イ・ドンヒ「国民参与裁判の施行状況の分析とすすむべき方向」韓国刑事政策学会「刑事政策」23 巻 1 号（2011 年）

イ・ジェヒョプ＝ウ・ジスク＝イ・ジュンウン「陪審制評議の合理性に関する研究」韓国法学院「ジャスティス」139 号（2013 年）

イム・ボミ「国民参与裁判と控訴」韓国刑事政策学会「刑事政策」24 巻 3 号（2012 年）

チョン・ビョルニム「国民参与裁判の施行評価と改善方案に関する研究」国会議員ソ・ギホ，参与連帯司法監視センター主催座談会資料集「国民参与裁判制度がもたらした変化と課題」（2013 年）

チョン・ハンジュン「国民参与刑事裁判と検事の控訴制限」韓国外国語大学校法学研究所「外法論集」35 巻 3 号（2011 年）

チェ・グァンシク「国民の司法信頼の危機克服のための韓国型国民参与裁判制度に対する批判的検討」危機管理理論と実践「韓国危機管理論集」9 巻 2 号（2013 年）

タク・ヒソン「国民参与裁判の立法動向と課題」韓国刑事政策研究院「刑事政策研究」2013 年秋

韓国比較刑事法学会「望ましい韓国型国民参与裁判制度の導入のための比較法的考察」法院行政処政策研究課題報告書（2012 年）

ハン・サンフン「国民参与裁判における陪審員評決の覊束的効力に関する検討」韓国刑事政策学会「刑事政策」24 巻 3 号（2012 年）

3．その他の資料

大法院報道資料「大法院国民司法参与委員会委嘱式」2012 年 7 月 12 日

大法院報道資料「国民参与裁判最終形態（案）議決」2013 年 1 月 21 日

大法院報道資料「国民司法参与委員会，国民参与裁判の最終形態決定のための公聴会開催」2013 年 2 月 18 日

大法院報道資料「国民司法参与委員会，国民参与裁判制度の最終形態決定」2013
年3月6日
法院行政処司法政策室「2008～2013年国民参与裁判成果分析」2014年4月
法律新聞，2013年8月29日付，社説「国民参与裁判の陪審員の参与は義務だ」
法務部「国民の刑事裁判参与に関する法律一部改正法律案」2014年6月12日

（翻訳：氏家　仁）

# 韓日の刑事裁判への国民参加制度の状況と
# 今後の課題

小 木 曽 　 綾

## I　は じ め に

　韓国法務部と日本比較法研究所との交流 30 周年に当たり，両国で相次いで採り入れられた，国民が刑事裁判に参加する制度を比較検討するのがこのセッションの役割である．日本の裁判員裁判は 2009 年 5 月 21 日に施行されて 5 年が経過し，2008 年 1 月 1 日から施行された韓国の国民参与裁判は，国民司法参与委員会での議論を経て 2013 年 3 月に最終形態案が示されたとのことである．もとより，多岐にわたる検討課題すべてを論ずることはできないので，本稿では，両国の制度の概要を比較したうえ，日本の 5 年間の実績を紹介し，両国にとって共通の関心事であろうと思われる陪審員・裁判員の判断の拘束力や，国民参加制度の意義について若干の検討を加えることとする．

## II　制度の概要比較

### 1．日本の裁判員制度[1]

　日本の「裁判員の参加する刑事裁判に関する法律」（以下法令名を示さずに条文を示すときは同法を指す）は，2004 年 5 月 28 日制定，施行は 2009 年 5 月 21 日であって，法制定の趣旨は「司法に対する国民の理解の増進とその信頼の向上に資すること」であるとされている（法 1 条）．

　対象事件は，「死刑又は無期の懲役若しくは禁錮に当たる罪」のほか，「死刑

---

　1)　日本には，1923 年の陪審法（大正 12 年法律 50 号）により，陪審裁判が行われていた時期があるが，同法は 1943 年に施行が停止されたままとなっている．

150 第2セッション 裁判員制度と国民参与制度の状況と今後の課題

又は無期若しくは短期1年以上の懲役若しくは禁錮に当たる罪」であって「故意の犯罪行為により被害者を死亡させた罪」とされ（2条1項），裁判員が参加する合議体は，原則として，裁判官3名，裁判員6名で構成される（2条2項）[2]．ただし，事件の性質上，裁判員やその候補者への加害等により，裁判員の職務遂行が困難な場合等には，当事者の請求または職権で，事件を裁判官の合議体で取り扱う決定をしなければならない（3条1項）．また，あまりに長期の審理が想定され，必要な裁判員を確保することが困難と思われる事件については，裁判員裁判の対象から除外されることとなる見込みである[3]．

　裁判員は，事実の認定，法令の適用，刑の量定の権限を有する（6条1項）．その選任は，衆議院議員の選挙権を有する者の中から，地方裁判所ごとに候補者名簿を作成し，この候補者から，くじで特定事件の選任手続に呼び出す者を選んで呼出状を送付し，選任手続が行われる（13条以下）[4]．選任に関しては，欠格事由（14条）[5]，就職禁止事由（15条）があるほか[6]，辞退事由が定められており（16条），この点に制度開始当初は国民の強い関心が寄せられた．辞退の申立てができるのは，70歳以上の者や学生のほか，重い疾病をもつ者，同居親族の介護や，従事する仕事に著しい損害が生ずる事情のある者などとされている．また，事件の被害者やその親族等は裁判員となることはできない（法17条，また18条参照）．

　選任手続は公開されず（33条），裁判官および当事者は，候補者に必要な質問をすることができ，その候補者を選任することができない事情やすべきでない事情のあるときは，裁判所の職権または当事者の請求で不選任の決定をする

---

2）　公訴事実について争いのない場合には，裁判官1人と裁判員4人の合議体とすることができる（法2条3項）．

3）　法制審議会刑事法（裁判員制度関係）部会（http://www.moj.go.jp/shingi1/shingi06100047.html）．地震など重大な災害の際にも呼出しをしないこととされている．

4）　候補者の不出頭には過料が予定されている（112条1号）．

5）　刑に処された場合や心身に故障のある場合などである．

6）　国会議員や法曹，法律学の教授等である．

（34 条）．当事者は，理由を示さない不選任の請求をすることもでき（36 条），不選任決定がされなかった候補者から合議体を構成する裁判員が選任される（37 条 1 項）[7]．

裁判員は，裁判所の職権または当事者の請求によって解任され得るが（41 条，43 条），裁判員および補充裁判員からは，選任決定の後に生じた事由を理由として辞任の申立てをすることができる（44 条 1 項）．

裁判員裁判の対象事件は，公判前整理手続に付される（49 条）．裁判員は，証人に対する尋問，被害者等に対する質問，被告人に対する質問をすることができ（56 条，58 条，59 条），裁判所外での証人尋問に立ち会うこともできる（57 条 1 項）．公判手続が開始された後に合議体に加わった裁判員があるときには，公判手続を更新しなければならない（61 条 1 項）．

評議は，裁判官および裁判員が合同で行い，評決は，裁判官と裁判員双方が最低 1 名は加わる過半数の意見による（66 条 1 項，67 条 1 項）．つまり，評決は裁判員のみではすることが許されず，職業裁判官が最低 1 名は加わっていなければならない[8]．

1 名の被告人が複数の事件を起こし，それが併合罪の関係にあるとき，審理が長期間に及ぶなど，裁判員の負担が加重になると見込まれるときには，事件を区分して審理し，部分判決をすることができる（区分審理・71 条，78 条）[9]．この場合，裁判所はすべての区分判決が終ったのち，事件全体についての併合裁判をする（86 条 1 項）[10]．

裁判所は，審判の期間等を考慮して補充裁判員をおくことができ，補充裁判員は裁判員の関与する判断をするための審理に立ち会う（10 条）．

裁判員および補充裁判員が職業上知り得た秘密を洩らしたときは 6 月以下の

---

7）　この際，補充裁判員をおくときには，補充裁判員を選任する（37 条 2 項，10 条）．

8）　刑の量定については，67 条 2 項に定めがある．

9）　裁判官は全事件共通であり，裁判員のみ事件ごとに選任される．

10）　部分判決についての控訴はできず，一方，併合裁判においては，原則として部分判決が拘束力をもつ（80 条，86 条 2 項）．

懲役または 50 万円以下の罰金に処される（108 条）.

## 2．韓国の国民参与制度との比較

韓国の国民参与制度と, 日本の裁判員制度の主要な部分の比較が後掲表１である[11].

# Ⅲ　裁判員制度施行後 5 年の実績

日本における裁判員制度施行から 2014 年 2 月までの主要事件罪名別の対象事件の被告人数（表２）, 選任手続における人数（表３）, 審理期間（表４）, 開廷回数（表５）, 評議時間（表６）, 主要事件の裁判官裁判との終局結果の比較（表７）は, 後掲のとおりである[12].

制度実施以前の世論調査では, 裁判員になることへの消極的な意見が多く, これが選任手続への出席率に影響することが懸念されていたが, 選任手続期日に出席を求められた裁判員候補者に対する実際の出席者の割合は約 8 割から 7 割で推移しており, 心配されたほどではない. ただし, 出席率は低下の傾向をみせる一方, 辞退率は少しずつ上がっており, 2013 年に最高裁判所が公表した意識調査では, 裁判員になりたくないとの回答は 8 割で[13], この数字は制度開始前とほとんど変わっていない. しかし一方, 裁判員経験者へのアンケートでは, 裁判への参加を「よい経験と感じた」とする回答は 9 割を超えている[14].

---

11)　注 21) に挙げた論考および井上正仁「国民の司法参加の意義・現状・課題―日韓意見交換の第一歩として―(1)」刑事法ジャーナル 32 号 4 頁に掲載されたものを参考にした. また, 中央大学大学院法学研究科博士後期課程在学中の氏家仁氏に助言を得た. 刑事法ジャーナル 32 号には, ほかにも韓日比較シンポジウムに関する論考が特集されている. 裁判員制度に関する文献は多数に上るので, ここには〈特集〉「裁判員制度の現状と課題」刑事法ジャーナル 36 号,〈特集〉「裁判員制度見直し論の検討」同 39 号のみを挙げておく.

12)　http://www.saibanin.courts.go.jp/topics/09_12_05-10jissi_jyoukyou.html に掲載されている資料による.

13)　最高裁判所『裁判員制度の運用に関する意識調査』平成 25 年 3 月.

14)　最高裁判所『裁判員等経験者に対するアンケート調査結果報告書（平成 24 年度)』

ある世論調査では，裁判員になりたくない理由に量刑判断に自信がもてないことを挙げる回答が最多であって[15]，後述の裁判員裁判での量刑と上訴審の在り方とも相俟って，今後注視してゆくべき点であると思われる[16]．

この点に関連して，ひとつ気がかりなことは，殺人事件の裁判員経験者が凄惨な事件の写真等を見せられて急性ストレス障害になったとして国を訴える事案があったり[17]，また，そうしたことを配慮して，被害者の写真はおろか，そのイラストすら裁判員に見せることをはばかるという事案があったと報道されている点である[18]．職業法曹でない者がそうした証拠を目にすることに大きな心理的負担を感ずるということは想像に難くないが，それを慮って，犯罪の証拠を事実認定者に見せない（別の言い方をすると，そうしたものを見ても差支えないという人々のみで裁判が行われる）ということと，刑事裁判への信頼や理解を促進するという制度の目的とが果たして整合するものなのか，よく考えてみる必要があろう．

裁判官裁判時代と有罪・無罪の言渡しの状況に変化があるかを比較してみると，覚せい剤事犯で無罪の件数が増えている点を除けば[19]，大きな変化はない．控訴率も約34％で，ほとんど変わっていない．

平均審理期間は長くなる傾向があり，裁判員の負担，また，望ましい訴訟運営のあり方という意味で今後注視される．

さらに，量刑については，別添図表1〜6のとおり，特定の罪種で裁判官裁

---

平成25年3月．

15) 読売新聞2014年7月11日．とりわけ死刑事件では，裁判員は重い負担を負うことになる．

16) 刑事裁判に国民が自主的に関与すべきであるという考え方についてどう思うかとの問いに，「そう思う」と答えたのは51.7％である．前掲注14)のアンケート結果参照．

17) 2014年9月30日福島地方裁判所判決．

18) 2014年10月1日日本経済新聞など．

19) この多くは，外国からスーツケースなどに覚せい剤を隠して輸入したとして起訴されたが，被告人に覚せい剤を運んでいる故意があったことの証明がないとされる事案である．

判当時よりも重くなる傾向のあることが示されており[20]，一定の罪に対する国民の意識を反映したものということができよう．量刑判断の在り方については，次に項を改めて論ずる．

## Ⅳ　刑事裁判への国民参加の意義と課題

ここでは，日本の雑誌に掲載された論考も手掛かりに[21]，両国で共通の関心であると思われる2点に絞って考察することとする．

### 1．陪審員・裁判員の判断の効力，その判断の尊重と裁判所の役割

韓国では，憲法で保障された裁判官裁判を受ける権利との抵触を避けるため，陪審員の評決に拘束力をもたせていなかったが，このほど陪審員評決を尊重する原則を法律に謳ったと承知している．日本では，裁判員が裁判官と合同評議することになっており，事実認定のほか量刑にも関与するので，問題は韓国とまったく同じではないが，日本でも，裁判員裁判で下された有罪・無罪の判断や量刑を上訴審が覆すことが許されるのか，という問いがある．

まず，裁判員は裁判官と合同で事実と量刑について判断し，その判決に対しては，当事者による事実誤認や量刑不当を理由とした上訴が認められている（刑事訴訟法381条，382条）[22]．したがって，制度上，裁判員が加わってした有罪・無罪や量刑の判断を，上訴審が覆すことは禁じられていない．

しかし，裁判官ではない国民がわざわざ事実認定や量刑判断に加わるということからすると，裁判員裁判の結果は尊重されるべきであるとの見方は自然で

---

20)　なお，渡邊一弘「初期の裁判員裁判における量刑傾向についての実証的研究」『刑事法・医事法の新たな展開（下）』町野朔先生古稀記念531頁を参照.

21)　崔鍾植「韓国における国民参与刑事裁判制度の最終形態」法律時報85巻10号88頁.

22)　隣人による裁判を受ける被告人の権利を保障する英米の陪審と異なって，裁判員裁判の目的は，「司法に対する国民の理解の増進とその信頼の向上」にあるとされて（1条），裁判員による裁判を受けるかどうかの選択権は被告人にはなく，逆に国民には裁判員になる緩やかな義務がある.

ある．ただ，日本の上訴審は事後審であって，その役割は元来，第1審裁判所の判断に瑕疵があるかどうかを審査するにとどまる．この上訴審の役割は，裁判官裁判であると裁判員裁判であるとを問わないはずであって，上訴審が審査審の役割を超えた裁判をすることが許されないのは，裁判員裁判導入の前後で変わらない．

　覚せい剤の密輸入事案で，被告人を無罪とした第1審裁判員裁判判決に事実誤認があるとした控訴審判決について，「控訴審が第1審判決に事実誤認があるというためには，第1審判決の事実認定が論理則，経験則等に照らして不合理であることを具体的に示すことが必要である」とした最高裁判決があるが，これは裁判員裁判にも裁判官裁判にも当てはまる上訴裁判所の判断基準を確認したものと解されよう[23]．逆に言えば，第1審判決の事実認定が論理則，経験則等に照らして不合理であることが具体的に示されれば，上訴審が裁判員裁判の判断を覆すことも正しいことになるだろう．

　量刑については，何件かの事案で第1審の裁判員裁判を破棄して異なる刑を言い渡した事案があるが[24]，最高裁判所は本年7月24日，子供を虐待死させた両親の裁判において，両被告人に懲役10年の検察官求刑を上回る懲役15年を言い渡した第1審の裁判員裁判を維持した控訴審判決を破棄自判して，10年と8年の懲役に処する判断を下した[25]．

　第1審が求刑の1.5倍の刑を言い渡した理由としては，犯情に関し，①親による児童虐待による傷害致死という行為責任の重大性，②甚だ危険で悪質な犯行態様，③結果の重大性，④身勝手な動機による不保護を伴う常習的な児童虐待の存在，が挙げられ，一般情状に関しては，①堕落的な生活態度，②罪に向

---

23)　最判平24年2月13日刑集66巻4号482頁．樋上慎二「事実誤認における合理性審査」刑事法ジャーナル36号82頁，前田雅英「裁判員裁判と最高裁の変化」研修778号3頁，公文孝佳「事実誤認」法学セミナー698号18頁．

24)　例えば，大阪高判平25年2月26日判例タイムズ1390号375頁（上告審決定平成25年7月22日），東京高判平25年10月8日（http://www.courts.go.jp/hanrei/pdf/20140220090751.pdf）．

25)　http://www.courts.go.jp/hanrei/pdf/20140724161429.pdf

*156* 第2セッション　裁判員制度と国民参与制度の状況と今後の課題

き合わない態度，③犯行以前の暴行に関し責任の一端を被害者の姉である当時3歳の次女になすり付ける態度，が指摘されており，懲役15年の理由としては，検察官の10年の求刑は，①犯行の背後事情として長期間にわたる不保護が存在することなどの虐待の悪質性や，責任を次女になすり付けるような被告人両名の態度の問題性を十分に評価したものとは考えられず，②同種事犯の量刑傾向を逸脱するといっても，裁判所の量刑検索システムは，登録数が限られているうえ，量刑を決めるに当たって考慮した要素を全て把握することも困難であるから，判断の妥当性を検証できないばかりでなく，当該事案との比較を正確に行うことも難しいと考えられ，③そうであるなら，児童虐待を防止するための近時の法改正からもうかがえる児童の生命尊重の要求の高まりを含む社会情勢に鑑み，行為責任が重大な児童虐待事犯に対しては，今まで以上に厳しい罰を科すことが社会情勢に適合すると考えられることから，被告人両名に対しては傷害致死罪に定められた法定刑の上限に近い刑が相当である，というのである．

　この判断を維持した控訴審は，①第1審判決の犯情および一般情状に関する評価が誤っているとまではいえない，②検察官の求刑が被告人両名の態度の問題性を十分に評価したものとは考えられないとした点が誤っているというべき根拠は見当たらない，③量刑検索システムによる検索結果は，あくまで量刑判断をするに当たって参考となるものにすぎず，法律上も事実上も何らそれを拘束するものではないから，第1審の量刑判断が同種事犯の刑の分布よりも突出して重いものになっていることなどによって直ちに不当であるということはできない，との理由を示した．

　これに対して最高裁判所は，第1審判決の犯情および一般情状に関する評価が誤っているとまではいえないとした原判断は正当であるとしながら，これを前提としても，被告人両名を懲役15年とした第1審判決の量刑およびこれを維持した原判断は是認できない，とした．その理由は，①日本の刑法の法定刑は幅が広く，犯罪行為にふさわしいと考えられる刑は，裁判例が集積されることによって，犯罪類型ごとに一定の量刑傾向が示される，②先例の集積それ自

体は直ちに法規範性を帯びるものではないが，量刑を決定するに当たって，その目安とされる意義をもっている，③量刑が是認されるためには，量刑要素が客観的に適切に評価され，結果が公平性を損なわないものであることが求められるが，これまでの量刑傾向を視野に入れて判断がされることは，個別の量刑判断のプロセスが適切なものであったことを担保する重要な要素になる，④刑事裁判に国民の視点を入れるために導入された裁判員裁判では，裁判官裁判の量刑傾向に従うことが求められているわけではないが，裁判員裁判といえども，他の裁判の結果との公平性が保持された適正なものでなければならないことはいうまでもなく，評議に当たっては，これまでのおおまかな量刑の傾向を裁判体の共通認識としたうえで，これを出発点として当該事案にふさわしい評議を深めていくことが求められている，⑤これまでの傾向を変容させる意図をもって量刑を行うことも裁判員裁判の役割として否定されるものではないが，量刑判断が公平性の観点からも是認できるものであるためには，従来の量刑の傾向を前提とすべきではない事情の存在について，裁判体の判断が具体的，説得的に判示されるべきである，⑥第1審の判断には，これまでの量刑の傾向から踏み出し，検察官の懲役10年という求刑を大幅に超える懲役15年という量刑をすることについて，具体的，説得的な根拠が示されているとは言い難い，⑦法定刑の範囲内に収まっているというのみで合理的な理由なく第1審判決の量刑を是認した原判決は，甚だしく不当であって，これを破棄しなければ著しく正義に反する，というのである．

## 2．国民の刑事裁判参加の意義

　韓国でも日本でも，制度の意義・理念として「司法の民主的正当性」や「司法の国民的基盤」が挙げられ，刑事裁判への国民参加の民主主義的意義が説かれるが，この制度と民主主義の関係を，今一度整理しておきたいと思う．

　英米の陪審制度は，「国の処罰権から個人を守る盾」，「隣人による裁判を受ける被告人の権利」としての伝統をもつ．アメリカ建国の理念を示した "The Federalist" の83篇では，裁判官の専制から人々の自由を守るための陪審の意

義が説かれ[26]，アメリカ合衆国最高裁判所の Duncan 事件は，「隣人による陪審裁判を受ける権利の保障は，腐敗した検察官や熱心すぎる検察官，従順すぎたり，偏見をもっていたり，常軌を逸していたりする裁判官から被告人を守るかけがえのない保護策である」と述べた[27]．Blackstone は，陪審を，イギリス国王の処罰権と人々の間にあって，人々を守るバリアであると説いた[28]．このことからは，民主主義国家において熟議を経た上で多数派が制定した法律であっても，それを個別の犯罪に適用する個々の裁判が圧政に堕することを防ぐ砦は国民自身であるという思想が陪審制度を支えていると解することができる．その思想を反映した制度であるならば，国民が関与する裁判は被告人の権利として保障されなければならないし，陪審員なり裁判員なりが下した判断を裁判官が覆すことは，制度趣旨を無にすることになるので基本的に許されないだろう[29]．

一方，1831 年から 1832 年にかけてのアメリカ旅行の見聞を『アメリカの民主主義について』という書物に著したトクヴィルは，「陪審は，社会に対して果たすべき責任があることをすべての人に感じさせ，統治行為に人々を関与させる．人々の関心を私事以外に向けさせて，社会の錆たる利己主義を磨き落とす．……また，陪審は，人々の判断力や，その生来もつ知性を増進させるのに計り知れない貢献をする．ここにこそ陪審の最大の利点がある．それは無料で常時開設の学校であり，そこで人々は自らの権利や……法について学ぶのである」と書いている[30]．ただし，トクヴィルが，この「民主主義の学校」として

---

26) Hamilton, Madison, Jay, The Federalist, American State Papers, Encyclopedia Britannica, 1952, pp. 244-251. 葛野尋之「裁判員制度における民主主義と自由主義」法律時報 84 巻 9 号 4 頁.

27) Duncan v. Louisiana, 391 U.S. 145, 156 (1968).

28) Blackstone, Commentaries on the Laws of England, Volume IV, The University of Chicago Press, 1979, p. 345.

29) アメリカ合衆国では，二重危険の禁止原則からも陪審の判断を裁判官が覆すことはできないと考えることになるだろう．

30) Tocqueville, De la Démocratie en Amérique, 5ème Edition, Gallimard, 1951, p. 286.

の陪審の機能を，主に民事裁判に関して強調していたことは指摘しておかなければならない．

　日本の最高裁判所は，裁判員制度が憲法に違反しないとの判断の中で，「刑事裁判に国民が参加して民主的基盤の強化を図ることと，憲法の定める人権の保障を全うしつつ，証拠に基づいて事実を明らかにし，個人の権利と社会の秩序を確保するという刑事裁判の使命を果たすこととは，決して相容れないものではない……国民の司法参加と適正な刑事裁判を実現するための諸原則とは，十分調和させることが可能であり，……国民の司法参加に係る制度の合憲性は，具体的に設けられた制度が，適正な刑事裁判を実現するための諸原則に抵触するか否かによって決せられるべきもので……憲法は，一般的には国民の司法参加を許容しており，これを採用する場合には……陪審制とするか参審制とするかを含め，その内容を立法政策に委ねている」と判示して[31]，制度の意義を国民参加による「裁判の民主的基盤」に求めているようである．

　フランスでは，1791 年にイギリスにならって参審制度が採用された．高等法院を含むアンシャン・レジームを覆し，特権階級に独占されていた司法を含む統治機構を国民のものとした革命の成果の一部として，その採用の文脈は，「司法の民主的基盤」という考え方とよく符合する．しかし，政治の民主化が進んだ社会における司法府に期待されるのは，多数派の正義から個人の権利を守る砦としての役割である．すなわち，憲法に照らして，法律によっても侵されることのない個人の権利を守る権限が，裁判所・裁判官に与えられるのである．実体的デュー・プロセス（罪刑法定・罪刑均衡）が民主的意思決定によって実現されていれば，それを個別の犯罪に適用する裁判の正しさは，手続的な適正手続が遵守され，裁判が公開されることで十分に実現し得るとも考えら

　　アメリカ合衆国最高裁判所もこの著作を引用しつつ，「陪審は，人々に民主的な統治行為に参加する機会を保障する」という趣旨の判示をしたことがあるが，これは白人の被告人が，自らの裁判で黒人陪審候補者が排除されたことを争った事件で，国民は陪審員となる権利を奪われてはならない，との判断の中で示されたものであることに注意する必要がある．See, Powers v. Ohio, 499 U. S. 400, 407 (1991).
　31)　最大判平 23 年 11 月 16 日刑集 65 巻 8 号 1285 頁．

160 第2セッション 裁判員制度と国民参与制度の状況と今後の課題

れ，そこに国民が参加することは必然ではない[32]．また，「裁判の国民的基盤」ということの意味を，「国民の多数派の作った法律を国民が適用するのだから裁判は正しい」と理解するのであれば，それは少なくとも陪審制度の理念とは異なる．また，トクヴィルの言うような「民主主義の学校」としての機能を期待するのであれば，国民参加が刑事裁判の，しかも重大事件に限定されて，その機能が十分に果たされるのかには疑問が残る．

ところで，日本では，捜査から公判に至るまでの刑事司法の過程を，もっぱら警察官，検察官，裁判官という専門家が行うことに対する疑念や批判があった．法制審議会に「新時代の刑事司法特別部会」が設けられたのも，検察官の証拠捏造に端を発している．たしかに，およそ日本語とは思われないような用語によって刑法が語られ，被告人も理解していないのではないかと思われるような起訴状の朗読作法に始まる審理手続は，国民主権における国権の作用としての裁判にそぐわない．裁判員制度には，こうした法のありようへの反省を促したという意義を認めることができるだろう．

このように考察してくると，結局，現代日本における国民の司法参加の意義は，ある罪を犯した個人に対し，刑罰としてその生命や自由，財産を奪う刑罰を科す根拠と，その程度（量刑）は，その社会に生きる人々が納得する内容であってこそ正当である，という点に求められのではないかと思われる．法や裁判が日常生活を律する社会の共有財産であるためには，法は，人々に了解可能な言葉で語られなければならない．そうすると，裁判員にもわかりやすい審理が展開され，充分な評議が尽くされることこそが重要なのであって，そうして出された裁判員の判断が尊重されるべきであるとしても，上訴審がその事実認定や量刑に法律上の基準に照らして誤りがあると判断すれば，それを破棄することも許されると解することになる[33]．

韓国の最終形態案は，陪審の評決を裁判官が「尊重」することとしている．

---

32) 注31）の最大判も言うように，それは立法政策の問題である．

33) 裁判員の感覚的な量刑が許されないとした本文中に引用の7月24日の最高裁判所の判断は，正しい方向を示したものとして支持したい．

改憲を避けつつ，国民の意識を裁判に反映させるための工夫の結果であると思われるが，「尊重」ということの具体的な意味（実務上の運用）が今後問われることになるだろう．

最後に，刑事裁判への国民参加が，犯罪を生む社会的な背景や刑罰の意味についても人々が思いを致すきっかけとなるのであれば，そこにこの制度を維持する積極的な意義が見出されることだろう．

表1　制度の比較

| | 韓国最終形態（政府案） | 日　　本 |
|---|---|---|
| | 現　　行 | |
| 目　　的 | 変更なし | 司法に対する国民の理解の促進と信頼向上 |
| | 司法の民主的正当性と信頼を高めるため」（法1条の目的） | |
| 対象事件 | ほぼ変更なし | 死刑，無期の懲役・禁錮にあたるもの |
| | ・合議事件（法定合議事件・裁定合議事件） | 法定合議事件（短期1年以上）であって，故意の犯罪行為により被害者を死亡させたもの |
| | ・それと共犯・併合審理事件 | |
| 被告人の選択権 | あり（ただし，検察官の請求により，裁判所が参与裁判に回付することができる（一部強制主義）) | なし（法定） |
| | 被告人の意思を確認後，望まない場合は，国民参与裁判を行わない | |
| 除外事件 | 〈現行法に追加〉<br>・不公平な結果を招来するおそれ<br>・高度の法律的判断が必要な事件 | 裁判員等への危害のおそれ等から出頭困難または公正な職務遂行ができない場合等<br>著しく長期にわたり，裁判員確保が困難な場合 |
| | ・陪審員等への危害の虞など<br>・共犯にある被告人が望まないとき<br>・性犯罪の被害者が望まないとき，など | |

162　第2セッション　裁判員制度と国民参与制度の状況と今後の課題

| 構　成 | ・9人（死刑または無期懲役）<br>・7人（被告人の同意ある場合は可） | 裁判官3人，裁判員6人<br>裁判官1人，裁判員4人（公訴事実に争いない場合には可） |
| --- | --- | --- |
| | ・9人（死刑，無期懲役・禁錮）<br>・7人（上記以外）<br>・5人（公判準備において公訴事実を認めている場合） | |
| 役割分担 | 陪審のみで評決，裁判官はこれを尊重，量刑について合同評議 | 事実認定と量刑について合同評議<br>法令解釈および訴訟手続は裁判官の専権 |
| | ・評議・評決 ― 陪審のみ<br>・量刑 ― 合同討議<br>・評決等は勧告的効力（法院を覊束しない） | |
| 評　決 | ・原則全員一致<br>・全員一致に至らないときは4分の3以上 | 裁判官と裁判員を含む過半数 |
| | ・原則全員一致<br>・全員一致に至らないときは判事の意見を聴いた後，過半数で評決 | |

韓日の刑事裁判への国民参加制度の状況と今後の課題　*163*

表 2　罪名別の新受人員の推移

| | 累　計 | 平成<br>21 年 | 平成<br>22 年 | 平成<br>23 年 | 平成<br>24 年 | 平成<br>25 年 | 平成<br>26 年<br>（2 月末） |
|---|---|---|---|---|---|---|---|
| 総　　数 | 7,868 | 1,196 | 1,797 | 1,785 | 1,457 | 1,465 | 168 |
| 強盗致傷 | 1,883 | 295 | 468 | 411 | 329 | 340 | 40 |
| 殺　　人 | 1,644 | 270 | 350 | 371 | 313 | 303 | 37 |
| 現住建造物等放火 | 730 | 98 | 179 | 167 | 128 | 141 | 17 |
| 傷害致死 | 676 | 70 | 141 | 169 | 146 | 136 | 14 |
| 覚せい剤取締法違反 | 639 | 90 | 153 | 173 | 105 | 105 | 13 |
| （準）強姦致死傷 | 594 | 88 | 111 | 137 | 124 | 121 | 13 |
| （準）強制わいせつ致死傷 | 526 | 58 | 105 | 105 | 109 | 135 | 14 |
| 強盗強姦 | 364 | 61 | 99 | 83 | 59 | 57 | 5 |
| 強盗致死（強盗殺人） | 211 | 51 | 43 | 37 | 37 | 37 | 6 |
| 偽造通貨行使 | 171 | 34 | 60 | 30 | 34 | 12 | 1 |
| 危険運転致死 | 99 | 13 | 17 | 20 | 27 | 21 | 1 |
| 通貨偽造 | 90 | 14 | 18 | 20 | 19 | 17 | 2 |
| 集団（準）強姦致死傷 | 50 | 13 | 2 | 17 | 6 | 9 | 3 |
| 逮捕監禁致死 | 48 | 4 | 18 | 21 | 1 | 4 | – |
| 保護責任者遺棄致死 | 37 | 7 | 9 | 12 | 4 | 5 | – |
| 銃砲刀剣類所持等取締法違反 | 36 | 13 | 5 | 3 | 4 | 10 | 1 |
| 組織的犯罪処罰法違反 | 14 | 6 | 5 | – | – | 3 | |
| 爆発物取締罰則違反 | 13 | 6 | – | – | 5 | 2 | |
| 麻薬特例法違反 | 12 | 1 | 5 | 3 | 2 | 1 | |
| 麻薬及び向精神薬取締法違反 | 9 | 1 | 3 | 1 | 2 | 2 | – |
| 身代金拐取 | 6 | – | 3 | – | 1 | 1 | 1 |
| その他 | 16 | 3 | 3 | 5 | 2 | 3 | – |

164　第2セッション　裁判員制度と国民参与制度の状況と今後の課題

### 表3　裁判員候補者名簿記載者数，各段階における裁判員候補者数及び選任された裁判員・補充裁判員の数の推移

| | | | 累　計 | 平成21年 | 平成22年 | 平成23年 | 平成24年 | 平成25年 | 平成26年（2月末） |
|---|---|---|---|---|---|---|---|---|---|
| イ | | 裁判員候補者名簿記載者数 | 1,737,106 | 295,036 | 344,900 | 315,940 | 285,530 | 259,200 | 236,500 |
| ロ | | 名簿使用率（％）（「ハ」／「イ」） | 32.6 | 4.5 | 36.7 | 41.7 | 47.5 | 52.2 | 10.0 |
| ハ | | 選定された裁判員候補者数 | 566,194 [90.4] | 13,423 [94.5] | 126,465 [84.0] | 131,880 [86.5] | 135,535 [90.4] | 135,207 [97.5] | 23,684 [118.4] |
| ニ | | 調査票により辞退等が認められた裁判員候補者数 | 159,797 | 3,785 | 32,245 | 37,771 | 38,488 | 39,666 | 7,842 |
| ホ | | 期日の通知・質問票を送付した裁判員候補者数（「ハ」－「ニ」） | 406,397 [64.9] | 9,638 [67.9] | 94,220 [62.6] | 94,109 [61.7] | 97,047 [64.7] | 95,541 [68.9] | 15,842 [79.2] |
| ヘ | | 質問票により辞退等が認められた裁判員候補者数 | 168,485 | 3,185 | 34,147 | 37,756 | 42,443 | 43,451 | 7,503 |
| ト | | 選任手続期日に出席を求められた裁判員候補者数（「ホ」－「ヘ」） | 237,912 | 6,453 | 60,073 | 56,353 | 54,604 | 52,090 | 8,339 |
| チ | | 選任手続期日に出席した裁判員候補者数 | 183,736 [29.4] | 5,415 [38.1] | 48,422 [32.2] | 44,150 [29.0] | 41,526 [27.7] | 38,527 [27.8] | 5,696 [28.5] |
| リ | | 出席率（％）（「チ」／「ハ」） | 32.5 | 40.3 | 38.3 | 33.5 | 30.6 | 28.5 | 24.0 |
| | | （「チ」／「ト」） | 77.2 | 83.9 | 80.6 | 78.3 | 76.0 | 74.0 | 68.3 |
| ヌ | | 選任手続期日当日に辞退等により不選任決定がされた裁判員候補者数 | 48,205 | 1,326 | 11,850 | 11,308 | 10,933 | 11,055 | 1,733 |
| ル | (a) | 辞退が認められた裁判員候補者の総数 | 336,782 | 7,134 | 66,977 | 77,909 | 83,426 | 85,615 | 15,721 |
| | (b) | 辞退率（％）（「ル(a)」／「ハ」） | 59.5 | 53.1 | 53.0 | 59.1 | 61.6 | 63.3 | 66.4 |
| ヲ | | くじの母数となった候補者数に，理由なし不選任数を加えたもの | 158,731 [25.4] | 4,802 [33.8] | 42,559 [28.3] | 38,274 [25.1] | 35,768 [23.8] | 32,586 [23.5] | 4,742 [23.7] |
| ワ | | 選任された裁判員の数 | 36,027 | 838 | 8,673 | 8,815 | 8,633 | 7,937 | 1,131 |
| カ | | 選任された補充裁判員の数 | 12,318 | 346 | 3,067 | 2,988 | 2,906 | 2,622 | 389 |

韓日の刑事裁判への国民参加制度の状況と今後の課題　*165*

表4　平均審理期間及び公判前整理手続期間の推移（自白否認別）

| | | 累　計 | 平成21年 | 平成22年 | 平成23年 | 平成24年 | 平成25年 | 平成26年（2月末） |
|---|---|---|---|---|---|---|---|---|
| 総数 | 判決人員 | 6,260 | 142 | 1,506 | 1,525 | 1,500 | 1,387 | 200 |
| | 平均審理期間（月） | 8.70 | 5.0 | 8.3 | 8.9 | 9.3 | 8.9 | 8.6 |
| | 公判前整理手続期間の平均（月） | 6.3 | 2.8 | 5.4 | 6.4 | 7.0 | 6.9 | 6.9 |
| | 公判前整理手続以外に要した期間の平均（月） | 2.4 | 2.2 | 2.9 | 2.5 | 2.3 | 2.0 | 1.7 |
| 自白 | 判決人員 | 3,606 | 114 | 970 | 885 | 806 | 725 | 106 |
| | 平均審理期間（月） | 7.2 | 4.8 | 7.4 | 7.3 | 7.2 | 7.1 | 7.0 |
| | 公判前整理手続期間の平均（月） | 5.0 | 2.8 | 4.6 | 5.0 | 5.2 | 5.4 | 5.6 |
| | 公判前整理手続以外に要した期間の平均（月） | 2.2 | 2.0 | 2.8 | 2.3 | 2.0 | 1.7 | 1.4 |
| 否認 | 判決人員 | 2,654 | 28 | 536 | 640 | 694 | 662 | 94 |
| | 平均審理期間（月） | 10.8 | 5.6 | 9.8 | 10.9 | 11.7 | 10.9 | 10.5 |
| | 公判前整理手続期間の平均（月） | 8.2 | 3.1 | 6.8 | 8.3 | 9.1 | 8.5 | 8.5 |
| | 公判前整理手続以外に要した期間の平均（月） | 2.6 | 2.5 | 3.0 | 2.6 | 2.6 | 2.4 | 2.0 |

166 第2セッション　裁判員制度と国民参与制度の状況と今後の課題

### 表5　平均実審理期間及び平均開廷回数の推移（自白否認別）

| | | 累　計 | 平成21年 | 平成22年 | 平成23年 | 平成24年 | 平成25年 | 平成26年（2月末） |
|---|---|---|---|---|---|---|---|---|
| 総数 | 判決人員 | 6,260 | 142 | 1,506 | 1,525 | 1,500 | 1,387 | 200 |
| | 平均実審理期間（日） | 6.6 | 3.7 | 4.9 | 6.2 | 7.4 | 8.1 | 8.7 |
| | 平均開廷回数（回） | 4.2 | 3.3 | 3.8 | 4.1 | 4.5 | 4.5 | 4.9 |
| 自白 | 判決人員 | 3,606 | 114 | 970 | 885 | 806 | 725 | 106 |
| | 平均実審理期間（日） | 4.8 | 3.5 | 4.0 | 4.5 | 5.0 | 5.8 | 5.8 |
| | 平均開廷回数（回） | 3.6 | 3.2 | 3.5 | 3.6 | 3.7 | 3.8 | 3.9 |
| 否認 | 判決人員 | 2,654 | 28 | 536 | 640 | 694 | 662 | 94 |
| | 平均実審理期間（日） | 9.1 | 4.7 | 6.6 | 8.5 | 10.1 | 10.6 | 12.0 |
| | 平均開廷回数（回） | 5.1 | 3.7 | 4.4 | 4.9 | 5.5 | 5.4 | 6.0 |

### 表6　平均評議時間の推移（自白否認別）

| | | 累　計 | 平成21年 | 平成22年 | 平成23年 | 平成24年 | 平成25年 | 平成26年（2月末） |
|---|---|---|---|---|---|---|---|---|
| 総数 | 判決人員 | 6,260 | 142 | 1,506 | 1,525 | 1,500 | 1,387 | 200 |
| | 平均評議時間(分) | 580.1 | 397.0 | 504.4 | 564.1 | 619.8 | 630.1 | 757.4 |
| 自白 | 判決人員 | 3,606 | 114 | 970 | 885 | 806 | 725 | 106 |
| | 平均評議時間(分) | 467.7 | 377.3 | 438.7 | 468.4 | 475.2 | 498.1 | 559.9 |
| 否認 | 判決人員 | 2,654 | 28 | 536 | 640 | 694 | 662 | 94 |
| | 平均評議時間(分) | 732.8 | 477.3 | 623.4 | 696.3 | 787.7 | 774.6 | 980.1 |

表 7 終局結果の比較（罪名別）

| | 裁判官裁判（平成18年～平成20年） | | | | | | 裁判員裁判（制度施行～平成24年5月末） | | | | | |
|---|---|---|---|---|---|---|---|---|---|---|---|---|
| | 終局人員 | 有罪 | 有罪・一部無罪 | 無罪 | 家裁へ移送 | その他 | 終局人員 | 有罪 | 有罪・一部無罪 | 無罪 | 家裁へ移送 | その他 |
| 総　　数 | 7,522 | 7,224 | 19 | 44 (0.6) | 5 (0.07) | 230 | 3,884 | 3,769 | 10 | 18 (0.5) | 4 (0.11) | 83 |
| 強盗致傷 | 1,935 | 1,823 | 1 | 4 (0.2) | 2 (0.11) | 105 | 918 | 892 | 1 | 1 (0.1) | 3 (0.33) | 21 |
| 殺　　人 | 1,822 | 1,774 | 4 | 15 (0.8) | - | 29 | 873 | 853 | 2 | 4 (0.5) | - | 14 |
| 現住建造物等放火 | 758 | 731 | 2 | 9 (1.2) | - | 16 | 356 | 346 | 3 | - | - | 7 |
| 覚せい剤取締法違反 | 178 | 173 | 2 | 1 (0.6) | - | 2 | 353 | 334 | 1 | 8 (2.3) | - | 10 |
| 傷害致死 | 585 | 571 | 3 | 4 (0.7) | 2 (0.34) | 5 | 339 | 332 | - | 2 (0.6) | 1 (0.30) | 4 |
| （準）強姦致死傷 | 582 | 554 | 4 | 5 (0.9) | - | 19 | 224 | 213 | - | - | - | 11 |
| （準）強制わいせつ致死傷 | 387 | 376 | - | 2 (0.5) | - | 9 | 195 | 194 | 1 | - | - | - |
| 強盗強姦 | 221 | 200 | 1 | - | - | 20 | 116 | 106 | - | - | - | 10 |
| 強盗致死（強盗殺人） | 262 | 251 | 1 | 1 (0.4) | 1 (0.39) | 8 | 109 | 107 | - | 1 (0.9) | - | 1 |
| 麻薬特例法違反 | 281 | 280 | - | - | - | 1 | 88 | 88 | - | - | - | - |
| 偽造通貨行使 | 117 | 111 | - | 1 (0.9) | - | 5 | 75 | 75 | - | - | - | - |
| 逮捕監禁致死 | 31 | 31 | - | - | - | - | 46 | 46 | - | - | - | - |
| 危険運転致死 | 130 | 126 | 1 | 1 (0.8) | - | 2 | 43 | 43 | - | - | - | 2 |
| 保護責任者遺棄致死 | 31 | 30 | - | - | - | 1 | 24 | 23 | - | 1 (4.2) | - | 1 |
| 集団（準）強姦致死傷 | 51 | 51 | - | - | - | - | 22 | 21 | - | - | - | - |
| 銃砲刀剣類所持等取締法違反 | 71 | 65 | - | - | - | 6 | 16 | 16 | - | - | - | 1 |
| 傷　　害 | - | - | - | - | - | - | 15 | 15 | - | - | - | - |
| 強　　盗 | - | - | - | - | - | - | 14 | 14 | - | - | - | - |

## 図表1　量刑分布の比較（殺人既遂）

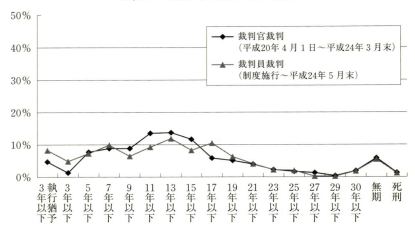

|  |  |  | 裁判官裁判 | 裁判員裁判 |
|---|---|---|---|---|
| 判決人員 |  |  | 531 | 496 |
| 有期懲役 | 3年以下 | 執行猶予 | 25 | 41 |
|  |  | 実刑 | 7 | 24 |
|  | 5年以下 |  | 41 | 36 |
|  | 7年以下 |  | 47 | 49 |
|  | 9年以下 |  | 47 | 32 |
|  | 11年以下 |  | 72 | 46 |
|  | 13年以下 |  | 73 | 59 |
|  | 15年以下 |  | 62 | 41 |
|  | 17年以下 |  | 31 | 52 |
|  | 19年以下 |  | 27 | 31 |
|  | 21年以下 |  | 21 | 20 |
|  | 23年以下 |  | 12 | 11 |
|  | 25年以下 |  | 9 | 10 |
|  | 27年以下 |  | 7 | 1 |
|  | 29年以下 |  | 2 | 1 |
|  | 30年以下 |  | 10 | 9 |
| 無期懲役 |  |  | 31 | 27 |
| 死　刑 |  |  | 7 | 6 |

図表 2 量刑分布の比較（傷害致死）

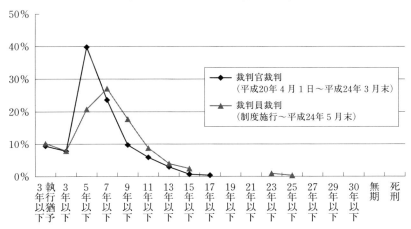

|  |  |  | 裁判官裁判 | 裁判員裁判 |
|---|---|---|---|---|
| 判決人員 |  |  | 309 | 332 |
| 有期懲役 | 3年以下 | 執行猶予 | 29 | 34 |
|  |  | 実　　刑 | 24 | 26 |
|  | 5年以下 |  | 123 | 69 |
|  | 7年以下 |  | 73 | 90 |
|  | 9年以下 |  | 30 | 59 |
|  | 11年以下 |  | 18 | 29 |
|  | 13年以下 |  | 9 | 13 |
|  | 15年以下 |  | 2 | 8 |
|  | 17年以下 |  | 1 | − |
|  | 19年以下 |  | − | − |
|  | 21年以下 |  | − | − |
|  | 23年以下 |  | − | 3 |
|  | 25年以下 |  | − | 1 |
|  | 27年以下 |  | − | − |
|  | 29年以下 |  | − | − |
|  | 30年以下 |  | − | − |
| 無期懲役 |  |  | − | − |
| 死　　刑 |  |  | − | − |

### 図表3 量刑分布の比較（（準）強姦致傷）

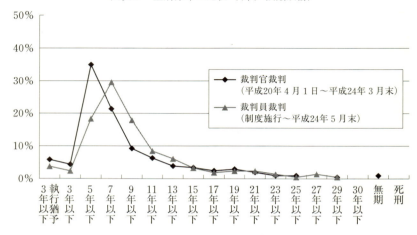

|  |  |  | 裁判官裁判 | 裁判員裁判 |
|---|---|---|---|---|
| 判決人員 |  |  | 206 | 213 |
| 有期懲役 | 3年以下 | 執行猶予 | 12 | 8 |
|  |  | 実刑 | 9 | 5 |
|  | 5年以下 |  | 72 | 39 |
|  | 7年以下 |  | 44 | 63 |
|  | 9年以下 |  | 19 | 38 |
|  | 11年以下 |  | 13 | 18 |
|  | 13年以下 |  | 8 | 13 |
|  | 15年以下 |  | 7 | 7 |
|  | 17年以下 |  | 5 | 4 |
|  | 19年以下 |  | 6 | 5 |
|  | 21年以下 |  | 4 | 5 |
|  | 23年以下 |  | 2 | 3 |
|  | 25年以下 |  | 2 | 1 |
|  | 27年以下 |  | - | 3 |
|  | 29年以下 |  | 1 | 1 |
|  | 30年以下 |  | - | - |
| 無期懲役 |  |  | 2 | - |
| 死　刑 |  |  | - | - |

図表 4　量刑分布の比較（(準)強制わいせつ致傷）

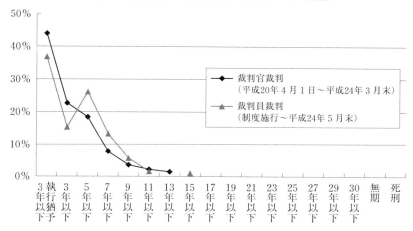

|  |  |  | 裁判官裁判 | 裁判員裁判 |
|---|---|---|---|---|
| 判決人員 |  |  | 141 | 195 |
| 有期懲役 | 3 年以下 | 執行猶予 | 62 | 72 |
|  |  | 実　刑 | 32 | 30 |
|  | 5 年以下 |  | 26 | 51 |
|  | 7 年以下 |  | 11 | 26 |
|  | 9 年以下 |  | 5 | 11 |
|  | 11 年以下 |  | 3 | 3 |
|  | 13 年以下 |  | 2 | - |
|  | 15 年以下 |  | - | 2 |
|  | 17 年以下 |  | - | - |
|  | 19 年以下 |  | - | - |
|  | 21 年以下 |  | - | - |
|  | 23 年以下 |  | - | - |
|  | 25 年以下 |  | - | - |
|  | 27 年以下 |  | - | - |
|  | 29 年以下 |  | - | - |
|  | 30 年以下 |  | - | - |
| 無期懲役 |  |  | - | - |
| 死　刑 |  |  | - | - |

図表5 量刑分布の比較（強盗致傷）

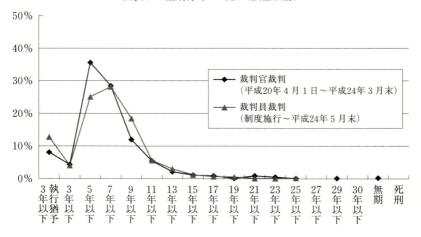

|  |  |  | 裁判官裁判 | 裁判員裁判 |
|---|---|---|---|---|
| 判決人員 |  |  | 792 | 893 |
| 有期懲役 | 3年以下 | 執行猶予 | 64 | 114 |
|  |  | 実刑 | 34 | 36 |
|  | 5年以下 |  | 282 | 224 |
|  | 7年以下 |  | 225 | 251 |
|  | 9年以下 |  | 95 | 165 |
|  | 11年以下 |  | 43 | 50 |
|  | 13年以下 |  | 17 | 27 |
|  | 15年以下 |  | 9 | 11 |
|  | 17年以下 |  | 7 | 6 |
|  | 19年以下 |  | 1 | 5 |
|  | 21年以下 |  | 7 | 1 |
|  | 23年以下 |  | 4 | 1 |
|  | 25年以下 |  | 1 | 2 |
|  | 27年以下 |  | - | - |
|  | 29年以下 |  | 1 | - |
|  | 30年以下 |  | - | - |
| 無期懲役 |  |  | 2 | - |
| 死　刑 |  |  | - | - |

韓日の刑事裁判への国民参加制度の状況と今後の課題　*173*

図表 6　宣告刑が求刑を上回る判決，求刑と同じ判決及び求刑を下回る判決

裁判官裁判（平成 20 年 4 月 1 日～平成 24 年 3 月末）

裁判員裁判（制度施行～平成 24 年 5 月末）

| | | 判決人員 | 求刑を<br>上回る判決 | 求刑と<br>同じ判決 | 求刑を<br>下回る判決 |
|---|---|---|---|---|---|
| 総　数 | 裁判官裁判 | 2,281 | 2<br>(0.1) | 45<br>(2.0) | 2,234<br>(97.9) |
| | 裁判員裁判 | 2,532 | 22<br>(0.9) | 126<br>(5.0) | 2,384<br>(94.2) |
| 殺人既遂 | 裁判官裁判 | 435 | 1<br>(0.2) | 12<br>(2.8) | 422<br>(97.0) |
| | 裁判員裁判 | 399 | 4<br>(1.0) | 22<br>(5.5) | 373<br>(93.5) |
| 殺人未遂 | 裁判官裁判 | 233 | 1<br>(0.4) | 3<br>(1.3) | 229<br>(98.3) |
| | 裁判員裁判 | 235 | 4<br>(1.7) | 10<br>(4.3) | 221<br>(94.0) |
| 傷害致死 | 裁判官裁判 | 269 | －<br>－ | 7<br>(2.6) | 262<br>(97.4) |
| | 裁判員裁判 | 284 | 4<br>(1.4) | 17<br>(6.0) | 263<br>(92.6) |
| （準）強姦致傷 | 裁判官裁判 | 189 | －<br>－ | 8<br>(4.2) | 181<br>(95.8) |
| | 裁判員裁判 | 203 | 5<br>(2.5) | 26<br>(12.8) | 172<br>(84.7) |
| （準）強制わい<br>せつ致傷 | 裁判官裁判 | 78 | －<br>－ | 2<br>(2.6) | 76<br>(97.4) |
| | 裁判員裁判 | 122 | 2<br>(1.6) | 10<br>(8.2) | 110<br>(90.2) |
| 強盗致傷 | 裁判官裁判 | 717 | －<br>－ | 10<br>(1.4) | 707<br>(98.6) |
| | 裁判員裁判 | 770 | 2<br>(0.3) | 22<br>(2.9) | 746<br>(96.9) |
| 現住建造物等<br>放火 | 裁判官裁判 | 190 | －<br>－ | 2<br>(1.1) | 188<br>(98.9) |
| | 裁判員裁判 | 195 | －<br>－ | 16<br>(8.2) | 179<br>(91.8) |
| 覚せい剤取締法<br>違反 | 裁判官裁判 | 170 | －<br>－ | 1<br>(0.6) | 169<br>(99.4) |
| | 裁判員裁判 | 324 | 1<br>(0.3) | 3<br>(0.9) | 320<br>(98.8) |

# 国民参与裁判の今後の課題

<ruby>梁<rt>ヤン</rt></ruby> <ruby>炳<rt>ビョン</rt></ruby> <ruby>鍾<rt>ジョン</rt></ruby>

　ソウル中央地検の李正培検事の発表内容を拝聴し，現在の運営状況や今後の課題について，非常に有益な発表をして下さった．実務にも示唆するところが大きいということができる．

　私は，討論者として，いくつか国民参与裁判の実務の運用と今後の根本的な改善方案について言及してみようと思う．

　まず，韓国の国民参与裁判は，多くの司法費用をかけて行うだけに，国民で構成される陪審員の評決の効力が，いまだに勧告的効力であることについては疑問である．判事が評決内容について覆すことを慎重にしているというが，国民が決定したことを職業法官が覆すことは，司法の民主化という側面で問題が残る．

　これと関連して，陪審員の評決と法官の判決の間の差について統計的な発表もあったものと伺っている．

　このような立法態度は，典型的な陪審制度の趣旨からは相応しくないと考えるが，発表者の考えを伺いたい．

　二つ目は，日本の旧陪審法では，当事者の申請に依るものとし，撤回を認めたことが陪審制の失敗の一つの原因であったとの論文に接したことがある．日本が裁判員裁判においては対象事件について当事者の意見を尋ねることなく義務的に運営しているが，わが国では国民参与裁判を行うかどうかを当事者の意思を確認して，当事者の意思表示に依存するようにしたことは問題であると考える．これに対する発表者の考えを伺いたい．

176　第2セッション　裁判員制度と国民参与制度の状況と今後の課題

　三つ目は，陪審員らを説得する技法の開発も考慮しなければならない要素である．日本においては，これに関して，「主張・立証モニタリング制度」を通して，多様な方法によって選ばれたモニターが複数回法廷傍聴した後座談会を開催し，モニターから検事の主張・立証活動の適否，自己の理解度，量刑の事情等に関して，意味のある意見をもらえるという．

　わが国でも，これについて検察庁別に陪審員らの特性を具体的に把握・理解することと同時に，分かりやすく，迅速でありつつも，正確な主張・立証をするための方案に関して，具体的な方案を研究していく必要があると考える．

　四つ目は，説示の方法に関して，陪審員らに対する説示の方法が評決に絶対的な影響を及ぼしうると考える．これについて，検察や弁護人側から，具体的に説示すべき事項を要求することもでき，このような要求を受け容れなかった場合，上訴によって争うこともできると考えられるか，実務ではどのようになっているか伺いたい．

　次に，今後の立法的な改善点として，国民参与裁判が施行されつつ，検察権の選択と集中が特に重要であると考える．

　犯罪の国際化，集団化に伴って，供述証拠の収集が一層困難なものになる反面，国民参与裁判においては，証人尋問がより一層重要になることに伴って，遅かれ早かれ，共犯者に刑事免責を与えて証言させたり，または韓国においては許容されていない，外国との捜査共助活動のなかで得た免責条件付陳述についての立法的措置を講ずることが求められている．幸いにも，日本においても，そのような議論が整理されているように思われる．

　刑事免責条件付証言獲得（immunity）については，捜査機関の捜査便宜的発想であると世論が沸騰し，学説も無辜の人を共犯者にしてしまう憂慮があるとか，現行法上共犯者である共同被告人に証人適格を認めていない点を挙げて否定している．

　判例も，不起訴や軽い罪での訴追等，利益及び交換条件や告訴事件の善処の約束等，懐柔によるものと疑われる場合には，任意性や信憑性に疑いがあるという理由で，証拠排除している点で否定的であるということができる．

しかし，わが国の憲法 12 条 2 項後段は，「刑事上自己に不利な陳述を強要されない」と規定しているため，刑事処罰の危険性を除去することを前提として陳述や証言を強制する制度自体を違憲とするものではない．法院の関与等，手続的透明性を付与することを条件として，刑事訴訟法上の刑事免責的証言確保制度の導入を慎重に検討しなければならない時が来たものと考える．

日本においては，従来このような制度の導入議論は，主に公判審理の大部分を占めている自白事件を有罪答弁によって迅速に解決し，争いのある事件に審理を集中するという実践的なアプローチであるように思われる．すなわち，争いがある事件と争いのない事件を区別して，公判の効率化，迅速化，訴訟経済的側面を強調する，主として司法合理化論の観点から，制度の必要性が説明されていた．しかし，最近の議論は，当事者主義を徹底するという次元で，被告人の自己決定論という理論的側面が強調されている．すなわち，被疑者・被告人が刑事手続の主体であるという点から，捜査手続を含む刑事手続の全体の構造の下において当事者主義的理解を進展させる必要があり，自己の刑事事件の処理に積極的に関与することによって，自己決定による事件処理を可能にさせることが，結局，被疑者・被告人の利益にも合致するという自己決定論的アプローチを試みている．

われわれにとって Plea Bargaining としてよりよく知られている有罪協商制度は，1) 被疑者・被告人の主体性と利益を尊重する制度であり，2) その過程で副次的に随伴しうる被疑者・被告人の人権に関する問題は，弁護人の助力を受ける権利によって充分に保障を受けることができ，3) アメリカにおいても，アレイメントを受け容れて宣告するに当たっては，事実上証拠に裏付けられているため，決して実体的真実を放棄するものではないという点等を勘案すれば，実務上暗黙的に行われている事実上の司法取引を明文で認める時が来たと考える．これに対する実務家の立場を伺いたい．

つぎに，迅速な処理手続の導入も必要である．従来，司法改革推進委員会の議論の過程で自白事件に対して被疑者の事前同意を前提として，伝聞法則排除等，証拠法の特則が適用され，宣告刑の上限を懲役 1 年とする趣旨を骨子とす

る仮称「迅速な事件処理手続に関する法律」の制定が議論されたが，成立しなかった．

　迅速な事件処理手続は，争いのない比較的軽微で，明白な事件に関して，簡易で迅速に裁判することができるようにすることによって，司法手続の合理化・効率化を模索するための制度改善であったということができる．日本の「即決裁判手続」が裁判員制度と公判前整理手続と共に，事件の軽重と自白しているか否認しているかを要件とする迅速な事件処理手続を設けて，司法改革の両大主軸の一つとして，地位を占めている点は，われわれにも示唆するところが多い．

　ひいては，被疑者・被告人が刑事手続の主体であり，当事者主義を徹底的に貫徹しようとすれば，自己決定論的アプローチにおいても，被疑者の事前同意を前提として，一定の刑期，特に執行猶予を前提として，迅速な処理手続を設けることが望ましいと考える．

　真正な意味における公判中心主義と当事者主義の実現は，事実認定過程における当事者の一定の役割が期待されなければならない．今後，刑事裁判の課題は，検察の積極的な捜査活動を認めつつも，当事者である被疑者・被告人の主体性を担保するために，弁護人の助力を受ける権利の保障，公判準備活動等を強化していく必要がある．

　国民参与裁判が活性化するほど，検察の活動は公判手続を通して実体的真実を究明していこうとする努力が必要であり，このために国民を説得し，説明しようとする姿勢が必要であると考える．

（翻訳：氏家　仁）

# 裁判員裁判の実施状況と今後の課題について

檀 上 弘 文

## I　は じ め に

　2009 年 5 月 21 日に施行された日本の裁判員裁判は，本年 5 月で 5 年を経過
した．その間，法務省は，「裁判員の参加する刑事裁判に関する法律」（以下，
「裁判員法」という．）附則 9 条に基づき，「裁判員制度に関する検討会[1]（以下，
「検討会」という．）」を設置し，また，裁判所も，同様に，「裁判員制度の運用
等に関する有識者懇談会[2]（以下，「懇談会」という．）」を設けた．上記「検討
会」及び「懇談会」における議論・検討については，「『裁判員制度に関する検
討会』取りまとめ報告書（以下，「取りまとめ報告書」という．）」として，ま
た，「裁判員裁判実施状況の検証報告書（以下，「検証報告書」という．）」とし
て，すでに公表されている．その後，これらを受けて，法制審議会における刑
事法（裁判員制度関係）部会では，法改正に向けた具体的事項について検討が
なされ，このほど，法制審議会（総会）に要綱（骨子）の検討結果が報告さ
れ，審議・裁決の結果，同要綱（骨子）は，全会一致で原案どおり採択され，
直ちに法務大臣に答申することとされた[3]．

---

1)　本検討会の議事録，取りまとめ報告書等については，下記のサイトに掲載されて
　　いる．http://www.moj.go.jp/keiji1/keiji08_00030.html
2)　本懇談会に関する資料，裁判員裁判実施状況の検証報告書等については，下記サ
　　イトを参照されたい．http://www.saibanin.courts.go.jp/topics/09_12_05-10jissi_
　　jyoukyou.html
3)　裁判員の負担を軽減する内容のものとして，「長期間の審判を要する事件等の対
　　象事件からの除外」，「重大な災害時における裁判員となることについての辞退事由

180 第2セッション 裁判員制度と国民参与制度の状況と今後の課題

裁判員制度は，その施行以来，各裁判員及びその候補者各自が非常に熱心に審理に取り組み，また，裁判所，検察庁，弁護士会の法曹三者の多大なる努力・工夫により，概ね順調に運営されてきたといえよう．とはいえ，これまで実施されてきた中で，いくつかの課題も浮かび上がってきた[4]．

本稿は，上記両報告書に示された検討結果及びデータ等に基づいて，裁判員裁判の実施状況を概観した上で，これまで実施されていた中で浮かび上がってきた課題のいくつかについて検討を試みるものである．

## Ⅱ 公判準備の在り方

### 1．審理期間と準備期間の長期化

「検証報告書」によると，審理期間の長さを決定するのは，もっぱら公判前整理手続期間であるとの指摘がなされ，その公判前整理手続期間の長期化の傾向が審理期間を長期なものとしているとの分析がなされている[5]．

このように，公判前整理手続期間が長期化することにより，事件全体としての審理期間が長期化する結果，迅速な裁判の要請に反するのみならず，被告人に不利益を課す（例えば，未決勾留中の被告人の場合，身柄拘束期間の長期化

---

の追加」，「非常災害時において呼び出すべき裁判員候補者等から除外する措置の追加」が採択され，裁判員の守秘義務に関連する内容のものとして，「裁判員候補者又は裁判員候補者であった者は，（被疑者特定事項を公開の法廷で明らかにしない旨の決定がなされた）事件の裁判員等選任手続において知った被害者の氏名，住所その他の被害者を特定させることとなる事項を公にしてはならないものとすること」が採択された．なお，法制審議会・刑事法（裁判員制度関係）部会における審議内容の詳細については，下記サイト掲載資料を参照．http://www.moj.go.jp/shingikai_index.html

4) 裁判員制度に関する文献は多数に上るため，主なものをいくつか挙げるに留めさせて頂く．〈特集〉「裁判員裁判の現状と課題」刑事法ジャーナル36号，〈特集〉「裁判員制度見直し論の検討」同39号，〈特集1〉「裁判員制度の3年の軌跡と展望」論究ジュリスト2号，〈特集〉「裁判員制度 施行5年を迎えて」法律のひろば67巻4号．

5) 「検証報告書」10頁．http://www.saibanin.courts.go.jp/vcms_lf/hyousi_honbun.pdf

につながる）こととなり，また証人・被告人の記憶の減退を生むことにもつながり，それにより，公判供述の信用性吟味が困難になる[6]．

　分かりやすい審理を実現するためには，予め争点が適切に整理されている必要があることは否定できず，そのためにある程度は時間をかけざるを得ない場合があると思われるが，公判前整理手続の長期化により，平均審理期間は裁判官裁判時代よりもかなり長期なものとなり，特に否認事件では，公判前整理手続期間だけで，裁判官裁判時代の平均審理期間以上の期間を要するようになっていることが指摘されている[7]．

## 2．長期化の原因とその対応策

　公判前整理手続については，自白事件・否認事件ともに長期化傾向にあることが指摘され，その要因[8]として，①弁護人の予定主張記載書面の提出までの期間，②法曹三者の打合せに要する期間，③公判期日の指定から第1回公判期日までの期間が長期化していることが挙げられている[9]．

　このような長期化の諸要因に対して，検察官が作成する証明予定事実記載書面が詳細になり過ぎないようにする取組みがなされている．検察官作成の証明予定事実記載書面が詳細になり過ぎると，被告人側もそれに対応して，公訴事実の認定にも量刑にも影響しない事実を争ったり，詳細な反論を誘発するなど，争点整理を複雑にするおそれがあるといった理由から，まず最初に提出する証明予定事実記載書面の内容は，事案を簡潔に明らかにする程度のものに留める必要があると考えられている[10]．特に①弁護人の予定主張記載書面の提出

---

6) 合田悦三「公判前整理手続の長期化」刑事法ジャーナル 36 号 37 頁，椎橋隆幸ほか「裁判員裁判の課題と展望」刑事法ジャーナル 36 号 12 頁〔岡慎一発言〕．

7) 「検証報告書」・前掲注 5) 10 頁．

8) 「検証報告書」が，公判前整理手続期間を長期化する特殊要因として挙げている，追起訴，鑑定手続実施決定，弁護人の辞任・解任，訴因変更，要通訳といった事情を除いた他の要因である．「検証報告書」・前掲注 5) 10 頁．

9) 「検証報告書」・前掲注 5) 12 頁．

10) 田野尻猛「裁判員裁判のこれから―検察官の視点」法律のひろば 67 巻 4 号 19 頁．

までの期間については，前述のような証明予定事実記載書面に関する取組みに加えて，証明予定事実記載書面の提出，証拠の取調べ請求，同証拠の開示が起訴後2週間を目処に行うこととされている[11]にもかかわらず，短縮化傾向がうかがわれないとの指摘がなされている[12]．この点，検察官の証拠開示の状況とも関係があると思われるが，検察庁では，検察官請求証拠の開示の際に，同時に類型証拠についても任意開示を行う運用に努めているとのことである[13]．とはいえ，任意開示の在り方については，検察庁あるいは個々の検察官によって様々である[14]ともいえ，可能な限り早期の任意開示及びある程度の統一感を持った任意開示の運用を実現するよう期待したい．他方で，弁護人の側での弁護体制全体の充実に向けた取組みについては，弁護士会としても検討が必要なのではないだろうか．確かに，弁護士の場合は，検察官のような組織としての研修が実施できるわけではなく，裁判員裁判の対応に必要な基礎知識・能力の習得について今後検討されるべきであろう[15]．裁判所が行っている長期化防止のための対応策としては，円滑な公判準備の始動・進行を目的として，起訴後早期の初回打合せを実現する取組みがなされている．この取組みは，起訴後約1週間を目処に最初の三者の打合せの機会を持つことで，公判審理のスケジュール感を共有し，可能な限り審理の方向性を把握し，今後の準備活動に活かそう

---

11) 田野尻・前掲注10）20頁．
12) 「検証報告書」・前掲注5）12頁．
13) 田野尻・前掲注10）20頁．
14) 椎橋ほか・前掲注6）17頁〔岡慎一発言〕．
15) 椎橋ほか・前掲注6）19頁〔岡慎一発言〕．なお，椎橋ほか・前掲注6）19頁〔吉村典晃発言〕及び安東章「裁判員制度　施行5年を迎えて」法律のひろば67巻4号33頁注15によると，東京地裁では，原則として全ての裁判員裁判において，判決宣告後数日ないし3週間程度のうちに，当該裁判を担当した裁判官，検察官及び弁護人の三者で「反省会」を開いており，裁判官から，評議の秘密に反しない限度で，各当事者の訴訟活動に対する裁判員の要望，感想を伝えるほか，三者がそれぞれ感想や工夫した点を述べ合うなどして率直な意見交換を行っているとのことである．

というものであるいえよう[16]．さらには，争点・証拠の整理が終了する前の段階，ある程度の審理の見通しが想定できる段階で，公判期日の仮予約を行うといった取組みがなされている．これは，事情によっては柔軟に日程を変更し得ることを前提に，前述のスケジュール感の共有をより具体的なものとする方法といえよう．仮とはいえ，公判の予定日を具体的に定めることによって，当事者にゴールを意識して準備を進めてもらうことを意図したものである[17]．

## Ⅲ　審理内容等の分かりやすさ
──「見て聞いて分かる審理」を目指して──

　裁判員経験者に対するアンケート結果によると，審理内容の理解のしやすさについて，裁判員制度施行直後の 2009 年では，「理解しやすかった」との回答が 70.9％であったのに対して，2010 年は 63.1％，2011 年は 59.9％，2012 年は 58.6％，2013 年は 66.6％であった[18]．特に，2012 年まで「理解しやすかった」との回答割合が年々低下してきていたことにつき，「検証報告書」においても裁判員裁判の運用上の問題があるとの指摘もなされていたが，2013 年では低下傾向に歯止めが掛かり，2009 年の水準に近いものとなった[19]．

　検察官，弁護人，裁判官それぞれの法廷での説明の分かりやすさについても，「審理内容」に対する回答と同様に，2012 年までは，「分かりやすかった」との回答割合が減少してきていたが，2013 年には増加に転じている．

　このような改善傾向は，2012（平成 24）年 12 月に公表された「検証報告書」及び 2013（平成 25）年 6 月に公表された「取りまとめ報告書」等における指摘を受け，法曹三者が改めて裁判員裁判の運用に関して工夫を凝らした結果といえよう．

---

16)　椎橋ほか・前掲注 6) 19 頁〔吉村典晃発言〕及び安東・前掲注 15) 27 頁．
17)　椎橋ほか・前掲注 6) 20 頁以下〔吉村典晃発言〕及び安東・前掲注 15) 28 頁．
18)　http://www.saibanin.courts.go.jp/topics/09_12_05-10jissi_jyoukyou.html に掲載の各年の「裁判員等経験者に対するアンケート調査結果報告書」参照．
19)　自白，否認別の結果についても同様の傾向である．

*184* 第2セッション　裁判員制度と国民参与制度の状況と今後の課題

なお，弁護人の説明が「分かりやすかった」との回答割合が，検察官，裁判官の説明に対するものに比較して明らかに低い傾向にあることに大きな変化はなかった[20]．ただし，この結果は，必ずしも弁護人の能力によるものではなく，基本的には被告人の弁解そのものの理解しにくさが弁護活動に反映しているものと解されるとの指摘がなされている[21]．

## 1．分かりやすい立証方法を目指した検察官の工夫

　検察官の説明の分かりやすさが低下している原因として，冒頭陳述の詳細化等があるのではないかとの指摘がなされている[22]．裁判員はその殆どが刑事裁判に関与するのは初めての経験であるので，審理の冒頭から，いきなり詳細な事件についての説明を受けたとしても，なかなか理解できるものではないだろうとの指摘がなされており，冒頭陳述においては，事件の概要と注目すべきポイントを説明するに留めて，裁判員の理解を容易にする工夫が考えられている[23]．最近は，通常の事件であれば，5〜10分程度で終了する簡潔な冒頭陳述がなされることが多くなっているとのことである[24]．その他，図表等を用いた説明方法も活用されている．また，証拠調べそれ自体においても，適切な立証方法の選択として，供述調書（書証）と証人尋問（人証）を賢明に使い分けることや証人尋問の積極的活用について，意識的かつ柔軟に取り組むことの必要性が認識されてきている．さらに，書証の取調べにおいては，その証拠がどのような証拠か，何を立証しようとする証拠かなどにつき，朗読に先立って説明することが試みられており，証人尋問については，検察官の尋問能力向上の取組みがなされている[25]．

---

20)　前掲注18）と同様，各年の「裁判員等経験者に対するアンケート　調査結果報告書」参照．

21)　「検証報告書」・前掲注5）19頁参照．

22)　「検証報告書」・前掲注5）19頁参照．

23)　田野尻・前掲注10）22頁参照．

24)　安東・前掲注15）31頁．

25)　田野尻・前掲注10）23頁参照．

## 2．弁護技術向上に向けての課題

　弁護人の場合は，検察官の場合とは異なり，組織的に研修を行うことが困難な状況にあることは前述した．日本弁護士連合会（日弁連），各都道府県弁護士会，日本司法支援センター（法テラス）は，それぞれ，法廷におけるプレゼンテーション能力・尋問技術の向上を目指した研修を行っているが，個々の弁護士にまで広く浸透していくには時間がかかるものといえよう[26]．

　また，そもそも弁護人は，被告人の主張を代弁する立場にあり，被告人の主張自体が分かりにくい場合，裁判員からすると共感しにくい・受け入れにくい場合が多いともいえ，それゆえ裁判員には弁護人の主張が分かりにくいと感じられる傾向にあるといえる[27]．

　とはいえ，全体としてみれば，弁護人の法廷における訴訟活動について，プレゼンテーション能力・尋問能力，さらには弁護戦略を含めた，弁護人の法廷におけるパフォーマンス向上のための努力がより一層求められていることを個々の弁護人が重く受け止め，弁護士会全体として取り組んでいくことが求められているといえよう．また，個々の弁護士については，前述の「反省会」にも積極的な参加を期待したいと思われるし，弁護士間での情報共有・活用を行っていくことが求められよう[28]．


## 3．裁判所からみた課題

　「裁判員裁判実施状況の検証報告書」によると，裁判員裁判における公判審理について，「何よりも重要なことは，裁判員の前で開かれる公判での主張，立証を通じて事件の実体が明らかにされ，量刑が可能になるような審理が行われなければならないということである．そのためには，主要な事実については

---

26)　座談会「裁判員裁判における弁護活動の現状と課題」判例時報 2219 号 17 頁以下各氏の発言参照．

27)　座談会「裁判員裁判の現状と課題」論究ジュリスト 2 号 33 頁〔前田裕司発言〕．

28)　中野大仁「裁判員裁判レポート」NIBEN Frontier 2013 年 10 月号 40 頁では，弁護士会における情報の活用につき報告がなされている．

186 第2セッション　裁判員制度と国民参与制度の状況と今後の課題

公判廷で証人尋問を行うという運用が一般的なものとして定着していくことが必要である.」として，公判中心主義，直接主義，口頭主義の実質化を目指していくべきであるとされている.

　これは，従来のいわゆる「調書裁判」からの脱却の実現を目指したものであるが，公判廷における人証を活用すべきとされるものである．裁判員の感想・意見においても，多数の者が人証の方が分かりやすかったと回答しており，調書（書証）の朗読による証拠調べでは集中力が続かない，印象に残らないといった評価が多い[29]．もっとも，犯行現場の状況などについては，証言よりも図または写真等を用いた実況見分調書の方が客観的状況を理解しやすい場合もある．他方で，証人や被告人が法廷で話す内容が分かりにくかったという意見もあるが，このことについては，尋問技術の問題ともいえ，当事者双方の尋問技術の更なる向上が期待されるところである.

　裁判所としては，今後，証拠調べの方法として，適切な選択がなされるよう当事者に働きかけていくことになろう[30]．また，当事者，特に弁護人の弁護技術向上を後押しする意味でも，前述の東京地裁で行われている「反省会」を各地裁でも実施できるよう検討することを期待したい.

## 4．小　　括

　裁判員裁判施行当初から，否認事件等の争いのある事件においては，検察官請求の書証が弁護人から不同意とされ，その結果証人尋問請求がなされることから，人証による立証が増加している．他方，自白事件においては，被告人については，その供述調書の採否を留保して被告人質問を先行させ，可能な限り被告人の公判供述による立証を促していたが，その他の者については，裁判官のみならず検察官も，「分かりやすさ」及び時間短縮のために，内容的にコ

---

29) 「検証報告書」・前掲注5) 19頁参照.

30)　人証を活用すべきといっても，例えば，性犯罪の被害者を証人として法廷で証言させることについては，裁判所，検察官としても，二次被害のおそれを考慮して，積極的に望むことはないであろう.

ンパクトに整理された書証を取り調べる方が効率が良いとの判断から，いくつかの証拠の内容をまとめた捜査報告書（統合捜査報告書）による立証に努めていた．しかしながら，このような書証の証拠調べ及び被告人質問等は，公判廷における証人尋問と比較して，書証，特に朗読されただけの供述調書の内容は，裁判官が予想していたほど裁判員の印象・記憶に残っていないことが判明してきた．そこで，裁判所は，自白事件においても，審理のポイントとなる重要な事実については，人証での立証を検察官に求めるようになり，多くの自白事件で，証人の必要性や負担を考慮しつつ[31]，重要証人が証言台に立つことになった[32]．

　このように人証を活用することによって，裁判員のみならず裁判官においても，供述調書の朗読では想定できない事実が明らかになることが認識されるようになってきている．

　今後は，まず，公判前整理手続の期間短縮及びさらなる充実化が求められる．「裁判員裁判実施状況の検証報告書」には，「人証を主体とした分かりやすい公判を実現するためには，事件に関する関係者の記憶が新鮮さを保持している間に，証人尋問等の証拠調べを実施することが不可欠である．……したがって，公判前整理手続は事案に見合った合理的期間内に終了し，できるだけ早期に公判が開かれることが期待されている」[33]との指摘がなされている．次に，当事者の尋問技術の向上である．人証の活用，すなわち，証人尋問が分かりやすいものとなるか否かは，当事者の尋問技術によって決まると言っても過言ではないであろう．さらには，証拠調べの方法（人証と書証）を如何に適切に使

---

31)　前述のように，犯行現場の状況，薬物の鑑定書などについては，人証を用いるよりも客観的事実を的確に把握できるため，書証による立証を用いることに問題はない．また，性犯罪の被害者の証人尋問については，法廷での証言を求めることが二次被害を生じさせるおそれがあり，特に慎重に判断されている．

32)　ここまでの経緯については，安東・前掲注 15) 29 頁，石川恭司・宇田美穂「裁判所の基本的スタンス(2)」判例タイムズ 1395 号 67 頁，齊藤啓昭「公判中心主義からみた裁判員裁判の運用」刑事法ジャーナル 36 号 45 頁による．

33)　「検証報告書」・前掲注 5) 9 頁参照．

い分けるか，であろう．すでに述べたように，書証を用いる方がより客観的な事実を理解しやすい場合もあるが，罪となるべき事実の認定にとって重要な事項については基より，量刑判断にとって重要な事実についても可能な限り人証による立証を目指すべきであるとする見解もある[34]．他方で，人証を用いることに相当慎重な配慮が必要な場合もある．

今後，裁判員裁判の審理内容をさらに分かりやすいものとするためには，裁判所のみならず検察官，弁護人当事者双方の意識改革・創意工夫・協力が必要不可欠であると思われる．

## IV　裁判員の負担等

### 1．守秘義務

裁判員及び補充裁判員には，評議の秘密その他の職務上知り得た秘密を漏らしてはならないとする，いわゆる守秘義務が課されている（裁判員法 108 条）．これに違反した者には，6 月以下の懲役または 50 万円以下の罰金が科される．評議の秘密について守秘義務を課した趣旨は，評議における自由な意見表明を保障し，裁判の構成やこれに対する信頼を確保することにあるとされる．裁判所では，裁判員を選任した直後，裁判官から，このような守秘義務の趣旨等を説明しているだけでなく，審理期間中や判決宣告後，適宜秘密を守らなければならない範囲を説明するとともに，公開の法廷で見聞きしたことや裁判に参加した感想を話すことは問題ないこと等も説明している[35]．守秘義務の必要性については裁判員経験者の理解が得られており，負担と感じている経験者は少ないが，他方で，守秘義務の範囲について，裁判所から一通り説明を受けた後でも判断に迷ったという者がおり，範囲がはっきりと理解できていないことから生ずるストレス・負担を感じる場合もある[36]．

本人の理解は勿論必要であるが，周囲の者も裁判員経験者に尋ねて良いこと

---

34）　齊藤・前掲注 32）49 頁．

35）　「検証報告書」・前掲注 5）36 頁参照．

36）　「検証報告書」・前掲注 5）37 頁参照．

とそうでないものをきちんと理解しておくことが，経験者の負担を減少させることにつながるといえよう．その意味では，裁判員経験者の理解も必要であるが，将来裁判員に選任される可能性のある裁判員未経験者の理解も必要であろう．

なお，裁判員制度施行以来，守秘義務違反を理由に起訴された者はいない．

## 2．心理的負担

一般国民にとって，裁判員として重大犯罪に関わる刑事裁判に参加することは，非日常的な体験であり，参加することによる負担，すなわち生活上の負担に加えて，被告人の人生を左右することになる，場合によっては，その生死に関わる判断をしなければならないといった，裁判という重要な公務に従事し，その責任を担うことへの精神的負担が想定され得る．

⑴　精神的衝撃の大きい証拠の取調べ

遺体の写真等は，一般の国民の中から選任された裁判員にとっては精神的衝撃の大きなものであるため，それらを証拠として採用する必要性や取調べ方法について，当事者双方及び裁判所が公判前整理手続において，慎重に検討する必要があると考えられる[37)]．すなわち，まず遺体の写真等によりどのような事実を立証しようとしているのか，その写真等は真に必要不可欠なものなのかにつき検討されなければならない．そして，必要性が認められた場合でも，裁判員の感情を過度に刺激し，適正な判断を困難にすることはないか，写真等に代わり得る手段はないかにつき検討されなければならない[38)]．

---

37)　「検証報告書」・前掲注5) 38頁参照．

38)　椎橋ほか・前掲注6) 35頁〔吉村典晃発言及び小川新二発言〕，田野尻・前掲注10) 24頁によると，裁判員の目に触れる場合の配慮として，裁判員の前に置かれているモニターには遺体の写真等を映し出さずに，普通サイズか縮小した写真を用いること，カラー写真ではなく白黒写真を用いること，写真の表面に白い紙を貼り付けてそれをめくると遺体の写真がある旨告知した上で写真を見てもらうなどの工夫がなされている．

*190* 第2セッション　裁判員制度と国民参与制度の状況と今後の課題

⑵　裁判に参加したことによる負担

　裁判員は，重大犯罪に関わる刑事裁判に参加し，被告人に対する判決を下したことに伴う精神的負担を感じることもあり，そのような負担をどのように軽減していくかという問題についても対応すべきものと考えられている．この点については，裁判官が，裁判員に対して，「裁判員制度は裁判員と裁判官が十分な意見交換を行いながら議論を尽くして結論を出す制度であり，裁判員が一人だけですべての責任を負うものではない」といったことを説明し，裁判員の精神的負担軽減の工夫を行っている[39]．また，最高裁判所は，専門家による精神面でのケアが必要となる深刻な場合が生じたときに備えて，裁判員のためのメンタルヘルスサポート窓口を開設している[40]．この窓口は，裁判員・補充裁判員又はその経験者を対象として，年中無休・24時間体制で電話及びウェブサイト[41]による相談を受けており，利用期間に制限はない．また，本人の希望や症状により，臨床心理士等の面接によるカウンセリングを受けられる体制が整備されているほか，必要に応じて医療機関の紹介も行っている．この窓口は，裁判員・補充裁判員に選任された当日から利用することができ，その利用方法等を裁判所から説明している[42]．その他，裁判所では，裁判員としての職務従事中のみならず職務終了後も，体調不良その他不安や疑問を感じた場合はいつでも相談できるように，裁判所における連絡先を裁判員に伝えており，さらに，裁判員経験者同士の交流のため他の裁判員経験者の連絡先を知りたいとの要望があった場合には，相手方の了解を得た上で連絡先を伝える措置がとられている[43]．

---

39)　「検証報告書」・前掲注5）38頁参照．

40)　開設以来の利用件数（2014年1月末まで）は，延べ260件とのことである（衆議院法務委員会平成26年2月21日議事録 今崎最高裁判所長官代理者答弁）．

41)　裁判員，補充裁判員又はそのいずれかであった者のメンタルヘルスサポートのためのウェブサイト．裁判所から配布された利用案内書を見て，ログインIDを入力して利用する．http://www.saibanin.courts.go.jp/links/index.html

42)　「検証報告書」・前掲注5）39頁参照．

43)　「検証報告書」・前掲注5）38頁参照．

## V　お わ り に

　これまでの裁判員等経験者に対するアンケート結果からうかがえるのは，裁判員は真摯・誠実に審理に取り組み，それまで必ずしも身近ではなかった刑事裁判を理解しようと努力し，評議においても臆することなく率直に意見を述べているということであろう．このような裁判員の姿勢に対して，法曹三者は全力を持って応えるよう努めなければならないと思われる．分かりやすい審理へ向けた努力は，まさにこのような裁判員の姿勢に応えるものといえよう．

　また，裁判員は，その職務の重要性，判決を下すことに対する責任を感じている．この負担を軽減し得るものがあるとすれば，それは，彼らが，法廷において当事者双方の的確かつ充実した立証活動を見聞きした上で評議に臨み，その判決は自らが納得して出した結論であるということを実感することなのではないだろうか．そのためには，法曹三者の裁判員裁判運営に関わる技術等につき，より一層の向上が期待されていると思われる．

# 第3セッション
## 検察の在り方について
──将来の展望──

# 検事の客観義務と検察改革の望ましい方向

盧　明　善

## I　序　　　論

### 1. 検事の二重的地位と役割

　検事制度は，近代市民革命と市民社会を経ながら，多くの弊害をもたらした前近代的かつ糾問主義的な刑事司法制度と手続に対する反省から，人権侵害の防止と法治主義の具現のために誕生した制度である．

　それだけに検事の役割は，まず法院との関係においては，裁判権と訴追権とが分離される弾劾主義の刑事訴訟構造の下で国家刑罰権の適切な実現のために，裁判の適法性と適正性を牽制／監視する地位にある．職権主義的訴訟構造とは異なり，当事者主義的訴訟構造が強調されつつ，検事は被告人と同じく一方当事者としての役割が強調されている．

　同時に，警察との関係においては，警察に対する捜査指揮／監督を通して，捜査の適法性を遵守するよう統制する地位を有している．このような点で，検事の役割は，人権の保障と国家刑罰権の適正な実現を同時に具現することをその核心内容としている．

　捜査というものは，実体的真実を究明する司法作用の一つとして司法の領域で行われなければならないが，人的／物的資源の制約という現実的な理由のために，警察に事実上委任して，司法警察官が遂行してきている．

　検事は，このように捜査機関でありながらも，司法警察官の捜査に対する指揮と抑制を通して人権保護の先頭に立ち，公訴段階においては，法院の適法，適正性を牽制しなければならないが，そうありつつも公益的な見地から，被害

者はもちろん被告人の利益のためにも検察権を公正かつ厳正に行使しなければならない.

このように多様な職務権限を行使する地位にあるため，検事の訴訟法上の地位を一義的に断定することは，非常に難しい.

検事が行使する検察権は，行政権に属しながらも，その内容においては司法権と密接な関係を有している. このような意味において検事は，行政機関でありながらも，司法機関であるという二重的な地位を有している.

検事のこのような特殊な性格から，検事には法官と同じ資格と身分保障が要求されている. これを検事の準司法官的性格という. したがって，検事は，法官と同じく真実の追究と正義に従う義務を負っている. このような準司法官的地位のみを有しているのであれば，これは検察権限を大きくする正当化論理に陥りうる. それゆえ，わが国の法は，検事に対しそのような権限を公益的な見地から，公正な態度で行使するように制限をしている（検察庁法4条参照）.

これと関連してドイツにおいては，検事に対して，客観義務を明文で課している[1]. すなわち，被告人の利益のための上訴権が許容され，単純に被告人に対する有罪請求権のみならず，被告人のために正当な裁判を請求することが任務であるとする意味において，法官のように客観義務を明文として認めている（ドイツ刑事訴訟法160条）.

とすれば，明文の規定がないわが国においても，検事に客観義務を課することができるか？

## 2. 検事の客観義務は認められるか？

検事の客観義務とは，俗に，ドイツのように当事者の立場を超越して，被疑者／被告人の正当な利益も保護する義務をいう[2]. このような客観義務は，果

---

1) このような点から，わが国の検察は，依然としてドイツ法的特徴が強いということができる.

2) イ・ワンギュ「検事の地位と客観義務─大法院2002年2月22日宣告，2001タ23447」ジャスティス通巻73号227頁.

たしてわが国においても認められているのか？　検事に令状申請権を独占的に
認めるという憲法制定権力者の憲法的決断の意味は何か？　このような根本的
な疑問に対しては，いまだ充分に議論が展開されてはいない.

　検察庁法 4 条 1 項は検事の公益の代表性を，同条 2 項は政治的中立性と濫用
の防止義務を規定し，刑事訴訟法 196 条 1 項は司法警察官の全ての捜査につい
て検事の指揮を受けるようにし，同法 420 条，424 条は検事に被告人の利益の
ための上訴と再審請求を認めている．検事が検察総長を頂点とする強力な官僚
機構である点を認めながらも，他方で当事者主義の訴訟構造の下における当事
者として，警察捜査に対する批判者として，適正手続の擁護機能を担なう司法
官的地位が付与されている[3]．そのうえ，公正な法解釈／適用や被告人の利益
のための上訴，再審を認めることによって，訴訟指揮権，事実認定及び量刑判
断の権限を有する法院に対する牽制機能を明文で認めた.

　学説は，検事の客観義務について刑事訴訟法上明文の規定を置いていない点
と国家の利益を追求する当事者の地位としての検事の地位を強調することによ
って，被疑者／被告人に有利な捜査や訴訟活動を要求する客観義務は検事の訴
訟法上の義務とまではいうことができないとする否定説[4]がある．しかし，多
数説は検事の客観義務を認めている[5].

　判例[6]も同様に，「検事は公益の代表者として，実体的真実に立脚した国家

---

　3)　松尾浩也「西ドイツ刑事司法における検察官の地位」法学協会雑誌 84 巻 10 号
　　　（1967 年）1273 頁以下，同「刑事訴訟の原理」（1974 年）1273 頁以下においては，
　　　検事の準司法官的性格を前提とし，訴訟構造論と関連して修正された弾劾的捜査観
　　　を主唱している.

　4)　ペク・ヒョング 114 頁.

　5)　ノ／イ 87 頁，ペ／イ／チョン／イ 58 頁，シン・ヤングン 385 頁，イ・ジェサン
　　　106 頁，チョン／ペク 85 頁，チャ／チェ 102 頁.

　6)　大法院判決 2002 年 2 月 22 日宣告，2001 タ 23447．この事件は，「強盗強姦の被
　　　害者が提出したパンティーに対する国立科学捜査研究所の遺伝子検査の結果，その
　　　パンティーから犯人として目をつけられて起訴された原告や被害者の夫とは異なる
　　　男子の遺伝子型が検出されたとする鑑定結果を検事が公判過程において入手した場
　　　合，その鑑定書は原告の無罪を立証することができる決定的な証拠に該当するの

198　第3セッション　検察の在り方について

刑罰権の実現のために公訴提起と維持をする義務のみならず，その過程において被告人の正当な利益を擁護する義務を負うものであり，したがって，検事が捜査及び公判過程において被告人に有利な証拠を発見することになったのであれば，被告人の利益のためにこれを法院に提出しなければならない」とし，訴訟法上の義務であることを認めている．

このような客観義務は，実体的真実主義＝職権主義の系譜に属するドイツにおける観念論的な議論から出発しているが，当事者主義を強調する韓国においても，妥当な結論を導きだすことができる．

当事者主義の訴訟構造の下での検事は，捜査過程や公判過程において実質的な当事者として忠実でなければならないが，行政官としての公的な地位も同時に有しているため，検察権の行使は客観的でなければならず，このような客観義務が検察権の行使に司法審査を加える準拠点となるべきであるとするのが判例の趣旨であると評価される[7]．

日本においては，早くから検事の客観義務論や準司法官論についての議論がなされてきており，このような議論に対しては，やはり当事者主義論の側面から批判もあった[8]．すなわち，検事の客観義務論や準司法官論は，主張している者らの意図とは異なり，検察権の強化をもたらし，被疑者／被告人の活動を萎縮させうるという点で，刑事訴訟法に残存する糾問主義的検察司法や疑似当事者主義の側面の強化につながりうるという指摘[9]が，それである．

---

に，検事がその鑑定書を法院に提出せずに隠蔽したとすれば，検事のそのような行為は，違法である」とし，原告の無罪を立証するに値する決定的な証拠を法廷に提出せず，隠匿した検事の行為は，違法であるとする判断をしている．

7)　捜査過程を検事による職権主義として，公判過程を法官による職権主義訴訟構造として理解するイ・ワンギュ検事は，検事の捜査主宰者としての機能を強調している（同「検事の地位と客観義務」243頁以下参照）．

8)　岡部泰昌「刑事手続における検察官の客観義務(1)～(6)」金沢法学11巻2号（1966年）～15巻2号参照．

9)　渥美東洋『全訂刑事訴訟法第2版』（有斐閣，2009年）290頁以下，田宮裕『刑事手続とその運用』（有斐閣，1990年）315頁以下，小田中聰樹『現代刑事訴訟法論』（勁草書房，1977年）297頁以下，岡部「検察官の客観義務」法律時報43巻4

検事の準司法官的な地位や客観義務を強調すると，ともすれば検察権の強化を正当化しうるイデオロギーとしての弊害もあるという点を否定することはできないように思われる．しかし，このような客観義務は，一線の捜査官である警察に対する捜査活動の統制原理であると同時に，検察が自ら証拠収集や公訴提起をするに当たっての内部的規制原理[10]ともなりうるのである．ひいては，法院の不当な法適用に対しては，上訴や抗告を通した牽制原理としての機能を果たしうるという点において，肯定的な側面がより多い．

したがって，客観義務を認める立場が妥当であるが，このような見地から検事の準司法官的地位と客観義務が，わが国の制度上，どのように反映されており，果たして客観義務は被害者／被告人の正当な利益のためだけの制度であるのだろうか？　検察の進むべき方向を提示するに当たって，どのような機能を果たしているのかに関して簡単に言及することにする．

## II　制度的保障に関する個別的検討

### 1．検事の独占的令状申請権の規定の意味

韓国憲法は 12 条と 16 条において，捜査機関の強制処分のための令状の申請権者を検事に限定している．すなわち，「逮捕・拘束・押収又は捜索をするときには，適法な手続に従って，検事の申請によって法官が発付した令状を提示しなければならない」（同 12 条 3 項）とする規定と，「住居に対する押収又は捜索をするときには，検事の申請によって法官が発付した令状を提示しなければならない」（同 16 条後段）とする規定が，それである．

---

号 130 頁以下，三井誠「公訴権の運用」法学教室 159 号 86 頁．

10)　このような客観義務に関して，検察自らに対する内部的統制原理としてだけでは不足であり，被疑者／被告人のみではなく被害者に対する関係においても客観義務を拡大し，検事に対する除斥／忌避制度，特別検事制度の導入，公訴権濫用に対する公訴棄却，公判手続の停止等を明文で認める必要があるとする指摘がある（パク・ソンミン「客観義務の具体化と検事の権限統制」刑事法研究 24 巻 3 号，通巻 52 号 254 頁以下参照）．同感するに値する見解である．

200 第3セッション　検察の在り方について

このような規定の趣旨に関して，憲法裁判所[11]は，「捜査段階において令状の発付を申請することができる者を検事に限定することによって，検事以外の捜査機関の令状申請によって生じる人権蹂躙の弊害を防止しようとすることにあ（る）」としている．

同規定は，制憲憲法 9 条においては，拘束令状の発付に関して，「逮捕，拘禁，捜索には，法官の令状がなければならない」とだけしていたものを，第 5 次改正憲法（1962 年 12 月 26 日）において，「……検察官の申請によって法官が発付した令状を提示しなければならない」（10 条 3 項本文）とする規定を置き，以来現行憲法に至るまで，表現を異にしつつも，これを存続させてきている．

最近，警察の独自的な捜査権を念頭に置いてこれを削除しようとする主張が提起されている．主張の要旨は，令状申請権の主体に関する規定は，捜査機関の間の権限問題であって法律事項にとどまり，憲法に明文で規定するに値する実質的な意味の憲法事項に該当しないとするもの[12]である．

しかし，憲法裁判所において明らかにしているように，「検察官の申請という要件を規定した趣旨は，ほかの捜査機関に対する検察の捜査指揮権を確立させ，従来頻繁に惹起されてきた検事以外の捜査機関の令状申請によって生じる人権蹂躙の弊害を防止しようとすることにある」のであり，「捜査段階において令状申請をするに当たっては，必ず，法律の専門家である検事を経るようにすることによって，ほかの捜査機関の無分別な令状申請を防ぎ，国民の基本権を侵害する可能性を減らそうとするところに，その趣旨がある」のである[13]．

制定憲法以降，継続されてきた捜査機関の令状請求についての濫用とそれに伴う人権蹂躙の歴史的な背景を土台に，検事のみに令状申請権を限定した憲法

---

11)　憲法裁判所 1997 年 3 月 27 日，96 憲バ 28.

12)　研究報告書としては，チョン・ジンホ『令状請求権の帰属に関する研究』治安政策研究所（2007 年），キム・ソンテク『令状請求権関連憲法規定研究』（2008 年），ソ・ボハク『憲法上の検事独占的令状請求権の問題の実証的／処方的研究』（2009 年）等参照.

13)　上記 96 憲バ 28 の理由参照.

改正権力者の憲法的決断であるのである．このような憲法的決断は，法官による事後的統制がもつ機能的限界を克服するために，法官と同等の能力と身分を有する検事を通して捜査権の濫用を事前に統制しようとするものであり，検事の準司法官的地位と客観義務に，その根拠を見出すことができるのである[14]．

## 2. 検察，警察の機能的役割の配分と検事の捜査指揮権

検事は，全ての犯罪に対して捜査する権利と義務をもつ（刑事訴訟法 195 条，検察庁法 4 条 1 項）．捜査とは，刑事事件に関して，公訴を提起しこれを維持・遂行するための準備行為[15]であり，犯罪事実を取り調べ，犯人と証拠を発見・収集する一連の活動をいう．したがって，捜査権は，究極的に公訴権を前提とし，それだけに，公訴権行使の適正のためには，先行する捜査権行使も適正に行使されなければならない．

現行刑訴法は，検事に全ての犯罪の捜査権を認めるのと同時に検事を捜査の主宰者とし，司法警察官は全ての犯罪[16]に関して検事の指揮を受けて捜査をすることとしている（刑事訴訟法 196 条 1 項）．ただ，2011 年 7 月 18 日に改正された法律は，捜査の現実を勘案して，司法警察官もまた犯罪の嫌疑があるものと認識するときは，捜査を開始・進行するよう明文の規定を置いた（同条 2 項）．とはいえ，検事の指揮があるときには，これに従う義務を規定（同条 3 項）しているので，依然として警察の捜査開始／進行権は，検事の指揮を完全に排除した独自的な権限であるということができず，現実的な必要性から自律的な権限を認める規定であると解釈される．

司法警察官は組織上異なる機関の身分を有してはいるが，司法警察事務を取

---

14) アン・ミヨン「わが国の憲法上の検事の令状申請権条項の意義」刑事法の新動向 通巻 35 号 40 頁参照．

15) 捜査活動を単純に公判準備活動としてみるのか, 起訴・不起訴の最終的な決定のための完結手続として捜査の独自性を認めるのかは, 捜査構造と関連する問題である.

16) 判例は, 法改正以前の検事の司法警察官に対する捜査指揮権は, 一般的・包括的な規定であると解し, 必ず検事の指揮を受けて捜査をしなければならないものではないとする（大法院判決 1982 年 6 月 8 日宣告, 82 ド 117）.

*202* 第3セッション　検察の在り方について

り扱うときは，所属の如何を問わず，検事の指揮に従うこととし，具体的事項は大統領令で定めている（同条3項）．拘束令状請求前に被疑者と対面して取り調べるために検事が司法警察官に対して被疑者を引致することを命令することは，一定の制限の下で，捜査指揮として適法である[17]．このような検事の指揮，監督権の円滑な遂行と捜査指揮体系の確立を図るために，司法警察官の各種報告義務（司法警察官職務規則11条，13条），署長でない警正以下の捜査中止命令権／交替任用要求権（検察庁法54条），逮捕・拘束場所監察（刑事訴訟法198条の2）及び暴力行為等処罰に関する法律10条[18]，通信秘密保護法6条2項[19]，8条3項[20]等に司法警察官吏に対する懲戒，解任，替任要求等の規定等を置いている．

　司法警察官は，犯罪を捜査したときは，関係書類と証拠物を遅滞なく検事に送付しなければならないとし，全件送致主義を採用している（刑事訴訟法196条4項）．告訴，告発（238条）を受けたときは，迅速に取り調べて，関係書類と証拠物を検事に送付しなければならない．

　検察，警察間の捜査権調整[21]に関する論争の余地は依然として存在してい

---

17)　大法院判決2010年10月28日宣告，2008ド11999.

18)　管轄地方検察庁検事長は，第2条ないし第6条の犯罪が発生したにもかかわらず，これをその者に報告せず，もしくはその捜査を怠慢に行い，または捜査能力不足，その他の理由により，司法警察官吏として不適当であると認める者については，その任免権者に対して，当該司法警察官吏の懲戒，解任または替任を要求することができる．

19)　第6条②司法警察官（軍司法警察官を含む．以下同じ．）は，第5条第1項の要件が具備する場合には，検事に対して，各被疑者別または各被内査者別に，通信制限措置についての許可を申請し，検事は，法院に対して，その許可を請求することができる．

20)　第8条③司法警察官が緊急通信制限措置をする場合には，あらかじめ検事の指揮を受けなければならない．但し，特に急速を要し，あらかじめ指揮を受けることができない事由がある場合には，緊急通信制限措置の執行着手後，遅滞なく，検事の承認を受けなければならない．

21)　警察は現在，検事の指揮なく大多数の刑事事件を立件し，捜査し，送致しており，身柄処理段階に至ってはじめて検事の指揮を受けているという点から「捜査権

る．学説においても，警察の独自的な捜査権を明文化しようとする肯定説[22]，否定説[23]，時期尚早説[24]が主張されている．

　立法例をみると，英米法系においては検事と司法警察官の関係を互いに独立した関係として規定し，検事は公訴提起とその維持を，司法警察官は犯罪捜査に専念するように，それぞれの職務を分離しており，ドイツ，フランス等の大陸法系は，両者を上命下服関係としている．一方，日本は，第二次世界大戦の敗戦後，米国の影響により，警察を一次的捜査機関とし，検察を二次的捜査機関として，相互協力関係であると規定しているが，実務上，「相談」を通して，依然として検事の事前指揮が忠実に行われている．

　日本の警察には勾留令状申請権がないため，被疑者を逮捕する前に，検事に相談し，検事は法律的専門家として忠実に指揮している．勾留請求事件が検察庁の新規受理人員中，毎年10％前後[25]あり，わが国と異なり逮捕前置主義を採っているため，逮捕の適法性が勾留状発付の可否の審査条件とされている．したがって，少なくとも逮捕前の検事の指揮内容は相当に拘束力があるものとみなければならず，検事の指揮を単純に「相談」程度としてみることは論理的に正しくない[26]．ひいては，検事は自身が充分に検討していない書類に対しては，送致の受理を拒否することによって，事実上，警察に対する事前指揮を担保している．

　このほか，重要な事件が発生した場合には，リアルタイムの報告を通して，

---

　の独立」という表現は適切ではない．特に検事の指揮を排除する次元の「捜査権の調整」は，分け合うといった強制配分的な性格が強いので，捜査の環境を考慮しつつ，どのようなことが国民の立場から合理的な対案となりうるのかといった側面から「捜査権の合理的配分」といった表現が適切であるもののようにみえる．

22)　ソン・ドングォン 158 頁，チャ／チェ 156 頁.
23)　イ・ジェサン 103 頁，チョン／ペク 79 頁.
24)　ペ／イ／チョン／イ 62 頁，ペク・ヒョング 42 頁，シン・ドンウン 85 頁.
25)　法務省法務総合研究所編『犯罪白書 平成 24 年版』(2013 年) 44 頁以下参照.
26)　日本の警察においては逮捕前に検事に「相談」をするとし，検察はこれを「指揮」すると表現している.

204 第3セッション 検察の在り方について

警察・検察間の捜査協力と指揮が行われている.

　日本においては，1960年代以降，当事者主義的理論の成果物[27]として，検事は捜査から手を引いて，公判に専念しなければならないとする公判専担論が一時期主張されたこともあった．当事者主義と公判中心主義の下では，公判活動の重要性が浮かび上がっていた．とはいえ，検事が公訴提起及び維持の責任を負っている以上，捜査段階から関与しなければ，公訴権を適正に行使することは難しいという点で，検事の公判専担論はこれ以上主張されていない.

　むしろ，参考人が陳述を覆すことになれば，検事作成調書は相対的特信情況を前提として証拠能力が認められるが，警察作成調書は証拠能力がなくなるため[28]，検事は陳述を覆すことに備えて，検事が再び取り調べる必要性があるという点，警察捜査が難しい部分についての補完捜査の必要性等が提起されたため，検事の直接捜査が拡大しつつある趨勢にある.

　英米法系においては検事が公訴提起段階に至って初めて介入しているため，直接捜査権を有している大陸法系に比べ検事の警察に対する統制が弱いということができる．大陸法系においても古典的な犯罪の捜査の分野においては，むしろ一線の警察が経験や専門的な知識の面でより優れているという点で，実務上，検事の指揮を自制している.

　一言で言えば，警察と検察との関係について完璧な制度はないのであり，各国の伝統や国民の法感情を勘案して，独自的な体系を構築して行っているのである．ただ，警察において行うことが難しい会計，租税，金融・証券分野等の特別犯罪分野については，法律専門家である検事が捜査権を拡大しつつあるという点で，両者が互いに接近しつつある傾向にある.

　検事の警察に対するこのような指揮と統制は，前述したとおり，検事の準司法官的地位と客観義務を基礎とする検察制度それ自体に根拠を見出だすことができる．とすれば，検事が捜査の前面に出てくることによって一方当事者としての役割を自ら招くよりかは，一線の警察捜査に対する厳正な指揮と統制を中

---

27)　川崎英明『現代検察官論』（日本評論社，1997年）196頁.

28)　日本刑訴法321条1項2号前段，同項3号.

心とする活動に力点を置かなければならない．そのような点で，検事の直接捜査機能は縮小し，警察に対する指揮と不当な捜査に対する統制を強化しなければならない．この点で，警察・検察間の捜査権の合理的な配分が必要な時である．

ただ，警察の直接捜査機能を強化するためには，警察捜査に対する民主的統制，地方分権の実現，行政警察との分離，政治的中立性[29]といった条件の充足が前提とならなければならない．ひいては，警察捜査に対する検事の指揮を実効的に確保するための制度的保障も併行していかなければならない．

## 3．検事の訴追機能統制と証拠開示の拡大

### (1) 基 本 原 則

当事者主義の訴訟構造の下での訴訟手続は，当事者が initiative を持ち，攻撃と防御という訴訟活動を基盤とする構造である．刑事訴訟法上，公訴は検事が提起して遂行することとされている（同法246条）．したがって，検事は公訴権を有し，これに対して被告人は応訴権を有する．公訴権は公訴を提起し維持する権限を含むものである．

とはいえ，検事に客観義務が課されるとすれば，被告人の利益も代弁しなければならない．したがって検事は，むやみに起訴してはならず，判例が適切に指摘しているように，被告人の利益のための証拠提出義務，証拠開示義務も認められる．被告人の利益のための上訴もまた，検事の客観義務によるものである．この点から，検事の当事者性は修正されている．

### (2) 裁定申請事件の公訴提起と無罪論告

法院の裁定決定（日本の付審判決定に相当する）と関連してわが国の法は，裁定決定書の送付を受けた管轄地方検察庁検事長または支庁長は，遅滞なく，担当検事を指定し，指定を受けた検事は公訴を提起することを要求している

---

29) 日本の警察は，この点において脆弱であるため，捜査はするが最終意見を留保したまま「厳正な処分を望む」という意見のみを記載して送致している．

206 第3セッション 検察の在り方について

（同法262条5項，6項）．従来，指定弁護士を指定していたものを，いまで
は，検事が公訴を提起するようにしたのである．このようにした理由として
は，1) 国家訴追主義の原則を維持し，2) 裁定法院の役割を不起訴処分の当否
の審査に限定し，その後の手続に関与することを排除することによって，訴追
と審判の分離原則を遵守し，3) 検事の客観義務や公益的地位から，事案によ
って被告人の権利と利益を保護しなければならないとする責務を強調したもの
である[30]．

　ひいては，公訴を提起した検事は，通常の事件における権限と同じ権限を行
使するため，もし有罪の確信を持つことができない場合，被告人の利益のため
に無罪論告も可能である．ただし，公訴の取消しはすることができないとの特
別な規定が設けられている（同法264条の2）．これを認めれば，公訴提起決
定の趣旨が公訴の取消しによって容易に没却されるおそれがあるためである．

　裁定申請書に裁定申請には理由があるものとするだけの事由が記載されてい
ないのに，これを看過したまま，公訴提起決定をした場合，本案事件の手続が
開始された以降は，これ以上争うことができないとした判例[31]は，訴訟の円滑
な進行のためのものであって，検事の客観義務とは別個の問題である．


⑶　証拠開示と証拠提出義務の拡大

　被告人または弁護人は，検事に対し，公訴提起された事件に関する書類また
は物の目録と公訴事実の認定または量刑に影響を及ぼしうる書類等の閲覧・謄
写または書面の交付を申請することができる（266条の3）．ここでいう「公
訴事実の認定または量刑に影響を及ぼしうる書類等」とは，1) 検事が証拠と
して申請する書類等，2) 検事が証人として申請する者の姓名，事件との関係
等を記載した書面またはその者が公判期日前に行った陳述を記載した書類（以
上，検事取調べ申請予定証拠の開示），3) 第1号もしくは第2号の書面または

---

30)　法務部『改正刑事訴訟法』（2007年）151頁参照．
31)　大法院判決2010年11月11日宣告，2009ド224.

書類等の証明力と関連する書類等[32]（弾劾関連証拠の開示），4）被告人または弁護人が行った法律上・事実上の主張と関連する書類等（被告人主張予定関連証拠の開示）を含むものである．また，ここには関連刑事裁判確定記録，不起訴処分記録等を含むものである（266条の3第1項）．

　判例[33]は，第4号書面と関連して検察庁が保管している不起訴処分記録に含まれる不起訴決定書も閲覧・指定による公開対象となることを前提としたうえで，「被告人の無罪を裏付けることができ，または少なくとも法官の有罪・無罪についての心証を異ならせるに値する相当な可能性がある重要証拠に該当する」という理由を挙げて，正当な理由なく，拒絶することができないとした．

　わが国の法は，法院の閲覧または書面の交付に関する決定に対して検事が従わなかった場合，当該証人及び書類等に対する証拠申請をすることができないとする制裁規定を置いている（同条5項）．しかし検事は，被告人に不利な資料のみならず，被告人側に有利な資料も提出する客観義務があるとする点からみれば，単純に証拠提出を制限することだけでは不足である．

　検事には，被告人に有利な証拠も提出しなければならない客観義務があるため，判例[34]のように，被告人，弁護人の閲覧申請等に対して拒否することは，弁護人の助力を受ける権利を侵害する重大な違法であるといわなければならない．

　そもそもこのような客観義務は，実体的真実主義＝職権主義の系譜に属するドイツにおける観念論的な議論から出発しているが，当事者主義を強調する韓国においても，妥当な結論を導きだすことができるのである．

---

32）　強盗強姦の被害者が提出したパンティーに対する国立科学捜査研究所の遺伝子検査の結果，そのパンティーから犯人として目をつけられて起訴された原告や被害者の夫とは異なる男子の遺伝子型が検出されたとする鑑定結果を検事が公判過程において入手した場合，その鑑定書は原告の無罪を立証することができる決定的な証拠に該当するのに，検事がその鑑定書を法院に提出せずに隠蔽したことは，違法である（大法院判決2002年2月22日宣告，2001タ23447）．

33）　大法院判決2012年5月24日宣告，2012ド1284．

34）　前掲注32）2001タ23447事件．

*208* 第3セッション　検察の在り方について

⑷　検事の訴追機能の統制と証人適格

そもそも検事の客観義務や準司法官の地位といったイデオロギーが歴史的に果たしてきた機能をみれば，捜査や訴追機能の強化といった実体的機能を果たしてきたという点を無視することができないように思われる．しかし，被疑者／被告人の防御権に基づく証拠提出と開示義務の拡大，訴追抑制理論への転換という実体的な契機を作っているという点も看過してはならない．特に，訴追抑制理論としての公訴権濫用論もまた，検事の客観義務を背景としている．

このような公訴権濫用論は，不当起訴に対する抑制手段がない現行法の下において，検事の訴追裁量権に司法的統制を加える理論として登場し，訴追裁量における検察の実体的変革を要求する理論として，ある程度機能している．

判例は，検事が恣意的に公訴権を行使することによって，被告人に実質的な不利益を与えれば，訴追裁量権を顕著に逸脱したという理由で，公訴提起の効力を否定している[35]．

検事の客観義務を認めると法官と同じく除斥／忌避／回避を許容しなければならないとする見解[36]がある．事件処理に関する検事の影響力が絶対的であるという点で，除斥／忌避／回避制度の趣旨を認めることが相当ではあるが，明文の根拠がないという点で，理論上これを否定している．被害者が検事であるという理由だけでは，検事作成被疑者訊問調書の証拠能力が排除されないとした判例[37]も同じ趣旨である．捜査過程はもちろん，公判過程においても，検事が代わったとしても，更新手続は必要ない．訴訟法的効果が異ならないためである．実務上は，このような場合，事件の再配点という手続を通して解決している．

---

35)　大法院判決 2004 年 4 月 27 日宣告，2004 ド 482．同事件において法院は，検察が捜査と起訴段階において，第 15 代大統領選挙の当選者側と落選者側を不平等に取り扱う政治的な考慮があったとしても，その犯罪行為に相応する責任を問う検事の公訴提起が訴追裁量権を顕著に逸脱したものとみることができないとした．

36)　ペ／イ／チョン／イ 54 頁，ペク・ヒョング 439 頁，シン・ドンウン 66 頁，チョン・ペク 74 頁．

37)　大法院判決 2013 年 9 月 12 日宣告，2011 ド 12918．

検事の証人適格については，これを否定する規定がなく，むしろ実体的真実発見のために証人の適格を認めなければならないとする肯定説[38]，当該事件の公判に関与している検事を第三者ということはできず，検事を当該事件の公判から排除する強制的な方法がないことを理由として，検事の証人適格を否定する否定説[39]がある．

刑事訴訟法 316 条 1 項は，検事を含む，公訴提起前に被告人を被疑者として取り調べ，またはその取調べに参与した者の証人能力を認めており，理論的にも実体的真実を究明するために職務遂行と捜査活動の適法性に関する証言を遮らなければならない理由もないという点から，肯定説が多数説である．

証人として証言をした検事が当該事件の公判関与を継続することができるか？　これに対しては，法官に準ずる客観義務が認められているので，いったん証言した検事は，職務から排除されるとする消極説[40]があるが，客観義務が付与されているからといって，証人適格性を否認する論拠とはならず，むしろ検事に対する除斥制度が認められていない点から，証言後の公判遂行も可能であるとする積極説が妥当である[41]．検察自身の内部的統制原理としての客観義務が強調されなければならないところである．

## Ⅲ　検察改革の望ましい方向

最近，検察の改革・民主化が水面に浮かび上がりつつ，検事の準司法官的地位と客観義務に対する議論がされ始めている．日本におけるように，検事の客観義務論や準司法官論については，検察権の行使を統制する理論ではなく，むしろ検察権の強化に結びつくイデオロギーとして機能しているとする批判も可能である[42]．客観義務論や準司法官論が検事の実体法上の権限を拡大し，捜査

---

38)　ペク・ヒョング 174 頁，シン・ドンウン 938 頁，イム・ドンギュ 626 頁．

39)　ペ／イ／チョン／イ 482 頁，ソン・ドングォン 460 頁，シン・ヤングン 589 頁，イ・ジェサン 482 頁，チョン・ペク 491 頁．

40)　ペ／イ／チョン／イ 482 頁，シン・ドンウン 939 頁，シン・ヤングン 590 頁．

41)　イ・ジェサン 482 頁，イム・ドンギュ 626 頁．

42)　川崎・前掲注 27) 201 頁参照．

210　第 3 セッション　検察の在り方について

面と訴追面における機能を強化する理論を提供しているとする点も無視することができないためである.

　しかし,このような議論は,検察改革の方向性を論ずるに当たって,有用な根拠となっている.

　第一に,被疑者／被告人の防御権を根拠づけ,これを媒介として訴追権行使を抑制し,証拠提出と開示義務を拡大する実践的な契機となっているという点は,前述したとおりである.

　被疑者／被告人が不当に応訴することを強要されないように,検事が独占している公訴権を抑制する原理としての公訴権濫用論や被疑者／被告人の弁護権を主軸とする当事者主義論,市民の公訴権理念を媒介とした市民による民主的統制[43]も,このような検事の客観義務論から根拠を見出すことができる.

　今日の刑事訴訟法手続は,「超近代の要請に沿う」のと同時に「近代法原理の完成も期する」という二重課題に直面している.一方において,ポストモダン的要請に応じ,盗聴や囮捜査,刑事免責など,犯罪に対する強い抑制手段を導入する必要性がある反面,他方で当事者主義という名の近代化を完成させることが要求されている.すなわち,現代科学捜査がもたらしている古典的な自由に対する侵害から救済し,同時に被疑者の国選弁護制度の拡大,弁護人の接見交通権・訊問参与権の実質的保障,証拠開示の充実等の当事者主義を実現して,近代法原理と超近代的手段との全体的な均衡を模索しなければならない[44].

　強力な捜査権限を基礎とした実体的真実究明という刑事訴訟手続の根幹を受け容れつつ,当事者である被告人の弁護,準備活動を強化することで,捜査結果の終局性,権威性を相対化させ,公判においてこれを確認していくよう訴訟

---

43)　イ・ホジュン教授は,裁定申請制度の拡大のみでは一定の限界があり,日本の検察審査会のような市民参加の制度や,市民起訴制の導入を検討しようとする(同「検察に対する民主的統制と検察改革の課題」西江法学 9 巻 2 号(2007 年)72 頁).
44)　田宮「刑事手続をめぐる理論と実務」法学教室 170 号 7 頁以下.

遂行に対する要求が強調されている[45].

第二に，検事と警察の役割の配分という側面において，検事の直接の捜査機能よりは，警察に対する指揮，不当な捜査に対する統制原理としても作用する．

このような発想は，検事自らが捜査の当事者性を強調しすぎたあまり，違法捜査や証拠開示自体の拒否等の不適切な行為をしてきたとする反省的な側面に触発された面が強い．今後，検事は，直接的な捜査を自制し，警察を指揮し，警察の違法捜査を牽制するというチェック機能に重点を移さなければならない．

最後に，被害者のための公訴権の相対化と処分に対する説明責任を課する根拠となる．

従来検察は，起訴する過程で，検事自らが合理的な疑いの余地がないという「確信」を持つことができなければ，起訴をしないという慣行があった．これは，刑罰権の実現が国家的な問題であり，同時に検事は公益の代表者として犯罪者を正しく処罰しなければならないとする要請があるため，検事自身が有罪の確信を持つことができない以上，その事件を起訴することは妥当ではないとする考えに起因するものである．

このような検察実務と関連づけて被疑者／被告人のための検事の客観義務を強化してみると，絶対的な実体的真実を強調する誤謬に陥ることもありえる．したがって，このような客観義務に関しては思考の柔軟性を持つ必要がある．

被害者が強力に望むのであれば，例え犯罪に対する「確信」には至らなかったとしても，公訴を提起して法院の判断を受けてみる必要がある．

このためには訴訟手続における被害者の関与の程度を拡充させ，被害者に対する説明責任を強調する必要がある．捜査過程はもちろん，起訴，不起訴についての検察の処分においても，被害者の利益という側面も考慮しなければならないという点で，客観義務を拡大解釈していく必要がある．

---

45) 小田中教授は，田宮教授の主張を「当事者点検型弾劾的捜査観」とよび，一部の説得力を認めつつも，強力な捜査権限を承認することに対して，憂慮を表明している（小田中「刑事手続改革の課題」『内藤謙先生古稀祝賀，刑事法学の現代的状況』（有斐閣，1994年）396頁参照）．

212 第3セッション　検察の在り方について

今後，検察の課題は，より相対化[46]された実体的真実の追究と手続の正当性確保のための警察と法院に対する適切な統制，被疑者／被告人のみでなく，被害者や主権者たる全ての国民に対する説明，説得責任をどのように確保していくかに焦点を合わせなければならない．

## Ⅳ　結　　論

わが国の現行刑事訴訟法は，職権主義から当事者主義へと訴訟構造が転換しつつあるという点に対しては異論がない．

判例を通して認められてきた黙秘権や弁護人依頼権，被疑者訊問過程における参与権，被疑者段階における国選弁護人制度の導入，強制処分に対する司法的抑制（令状主義），公訴状一本主義による捜査と公判の分担，訴訟の対象と自白排除法則，伝聞法則の導入等によって当事者主義の手続的基盤が構築されたということができる．

最近刑事訴訟法は，それまでの捜査の主体は検事であり司法警察官は捜査の補助者であるとしていた規定を改正し，司法警察官にも捜査の開始／進行権を明文で認めた．しかし，全ての犯罪について検事の指揮を受けるようにしているため，依然として警察の捜査権行使は，検事の指揮の範囲内にあるものと解釈される．

従来，ドイツに由来する検事の客観義務を明文で認める規定はないが，わが国の法においても，検事の客観義務は認められていると解釈される．

とはいえ，基本的に検事の客観義務は，当事者主義の訴訟構造と調和をとることは容易ではない．もともとこのような客観義務は，非当事者主義の下において実体的真実を究明する理論を前提とするものであるからである．

検事の捜査機関性を強調すれば，捜査過程についても徹底して当事者主義で一貫するが，捜査を検事の起訴，不起訴の決定のための中間的処分であると理

---

46）　訴訟の目的を，上記のように失われた法的平和の回復に置くとすれば，そのような回復に必要でなければ，真実追究自体が断念される場合もあり，当事者のみの和解等によって，部分的真実の発見によって満足する場合もある．

解すれば，ある程度当事者性は修正されうる．捜査の結果物は，最終的なものではなく，裁判を通して実体的真実を確認していく中間産出物であると理解することができ，そのように解釈すれば捜査過程における真実究明はより相対化されうる．

　今後，客観義務は，検事の捜査や訴追上の権限行使を統制し，被疑者／被告人の利益のために証拠開示や証拠提出義務を拡大する実践的契機としなければならない．当事者主義の下において，客観義務に関して新たな解釈論を展開している日本の議論に注目する必要がある．

　捜査過程において，検事の直接的な捜査機能を縮小させる代わりに，警察捜査に対する指揮と統制を強化し，公訴提起と公判過程においては，被疑者／被告人の利益のために公訴権濫用を抑制し，証拠提出と開示範囲を拡大し，被害者の利益のために公訴権を相対化させ，説明義務を強調するイデオロギーとしての機能が強調されなければならない．

　結局，検事の訴訟法上の地位は，刑事訴訟における適法手続の擁護者，被疑者／被告人／被害者等の手続関与者全てのための人権保障的地位として検事の当事者性は修正されなければならない．

　このために，検事の客観義務は，1）検察・警察の捜査権と関連して，検察，警察間の役割の合理的配分と，検事の警察に対する実質的な指揮を担保する制度的保障に関する議論，2）用語の使用に混乱をもたらしている当事者主義に対する正しい理解と，これを修正する制度的保障，すなわち被疑者・被告人が不当に応訴をすることを強要されないように，検事の訴追抑制理論としての公訴権濫用論についての議論，3）被疑者／被告人の防御権を拡充するための検事の証拠提出義務，証拠開示義務の拡大に関する議論，4）市民の公訴権理念を媒介とした市民による民主的統制として，日本の検察審査会や米国の大陪審制度を導入するかどうかに関する議論等の検察改革の課題を解決していく準拠点としての役割が期待されている．

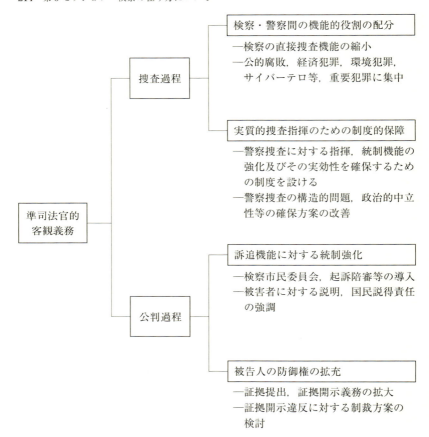

## 参考文献

1．国内単行本

　ノ・ミョンソン／イ・ワンギュ『刑事訴訟法』SKKUP，2013年

　ペ・ジョンデ／イ・サンドン／チョン・スンファン／イ・ジュウォン『新刑事訴訟法』ホンムン社，2012年

　ペク・ヒョング『わかりやすい刑事訴訟法』博英社，2007年

　ソン・ドングォン『刑事訴訟法』セチャン出版社，2010年

　シン・ドンウン『新刑事訴訟法』法文社，2014年

　シン・ヤングン『刑事訴訟法』2版，デミョン出版社，2004年

イ・ジェサン『刑事訴訟法』9 版，博英社，2012 年

イム・ドンギュ『刑事訴訟法』法文社，2014 年

チョン・ウンソク／ペク・スンミン『刑事訴訟法』全訂 5 版，デミョン出版社，2012 年

法務部『改正刑事訴訟法』2007 年

チャ・ヨンソク／チェ・ヨンソン『刑事訴訟法』3 版，21 世紀社，2008 年

2．国内論文

イ・ワンギュ「検事の地位と客観義務—大法院 2002 年 2 月 22 日宣告，2001 タ 23447」ジャスティス通巻 73 号（2003 年 1 月）

アン・ミヨン「わが国の憲法上の検事の令状申請権条項の意義」刑事法の新動向通巻 35 号（2012 年 6 月）

イ・ホジュン「検察に対する民主的統制と検察改革の課題」西江法学 9 巻 2 号（2007 年）

パク・ソンミン「客観義務の具体化と検事の権限統制」刑事法研究 24 巻 3 号，通巻 52 号（2012 年）

3．日本文献

渥美東洋『全訂刑事訴訟法第 2 版』有斐閣（2009 年）

小田中聰樹「刑事手続改革の課題」『内藤謙先生古稀祝賀，刑事法学の現代的状況』（有斐閣，1994 年）

――――『現代刑事訴訟法論』（勁草書房，1977 年）

松尾浩也『刑事訴訟の原理』（東京大学出版会，1974 年）

――――「西ドイツ刑事司法における検察官の地位」法学協会雑誌 84 巻 10 号（1967 年）

田宮裕『刑事手続とその運用』（有斐閣，1990 年）

――――「刑事手続をめぐる理論と実務」法学教室 170 号（1994 年）

川崎英明『現代検察官論』（日本評論社，1997 年）

三井誠「公訴権の運用」法学教室 159 号（1993 年）

岡部泰昌「刑事手続における検察官の客観義務(1)～(6)」金沢法学 11 巻 2 号（1966 年）～15 巻 2 号（1970 年）

――――「検察官の客観義務」法律時報 43 巻 4 号（1971 年）

（翻訳：氏家　仁）

# 検察の役割と望ましい姿

中 野 目　善 則

　日本において検察は捜査・訴追の役割を担う正義を実現する機関として位置づけられ，その役割を果たしてきているが，他方で，誤判を廻る問題や，特捜部の創設当初からの造船疑獄事件や大阪地検特捜部の問題に象徴されるように，改善が求められてきている点も多くある．

　以下では，検察の望ましい姿に関して，そのいくつかを論じたいと思う．

## I　正義の実現と基本権の保障と検察

　検察は，「正義」を実現する役割を担う．正義は，犯罪を行った者に，刑罰を科し，そのような行為が許されないことを，裁判を通して有罪判決を求め求刑して，裁判によって有罪とされた犯罪者に刑罰を科すことを通して，社会的非難を被告人に伝えるとともに，社会に非難の対象となった行為が許されないことを伝える役割を果たす．このような刑罰を科すことを求める検察官の活動は，応報の原理からも，抑止の原理からも，「事実の基礎」が存在することを前提としている．事実の基礎を欠く有罪獲得のみを目指すパルチザン的な検察活動は許されない．この点に関し，いくつかの点で重要な視点が近時示されてきている．

### 1．取調べにおける可視性の確保

　取調べは，犯罪を解明する上でも，訴追の必要を決める上でも極めて重要である．だが，行き過ぎた取調べは誤判の原因となる．DNA鑑定をはじめ，科学的証拠の重要性が高まってきているが，物証に意味づけを与えるのが供述で

218 第3セッション　検察の在り方について

あり，刑法が主観的要素を規定していることとの関係でも，また，起訴猶予や求刑の点でも，供述獲得の重要性は高い[1]．

　取調べにおいて問題とされるのは，特に特捜の取調べのあり方であろう．大阪地検特捜部の扱った厚生省のM局長の取調べに際しては，証拠を改変してしまうというあるまじき事態となり，検察の信用を大きく損なうに至ったのであるが，ここには，捜査から訴追までを，一つの方向性だけを向いた機関が担当する危うさを露呈しているのではないだろうか．想定したシナリオに合わせた供述の採取ではなく，黙秘権（供述するか黙秘するかの自由で任意な選択権）を保障した取調べでなされた供述の裏付け捜査と，その結果に照らした，事実に照らした捜査を実行するとともに，捜査から訴追までを一つの機関が担当するのではなく，警察と検察の通常の関係のように，他の機関の捜査結果を別の視点から検討するか，同じ機関の中でも，捜査部と訴追部が異なる視点から検討する等のチェックが欠かせないであろう．この方向に向けた改善もなされてきているようである．

　供述の自由を確保した取調べが重要であり，その点で，可視化の視点を重視する方針が最近示されてきている．元々，可視化のための方策は，ミランダ[2]のような権利告知が関係する．外界から遮断された密室での取調べを，任意性だけによって規律されていた取調べを，外部から，黙秘権，弁護権などの権利告知を通して，可視化して，被疑者の諸権利を尊重した取調べが行われるようにする方策が欠かせない．犯罪の解明に繋がる取調べの必要があるが，他方で，取調べに際しての被疑者の黙秘権，接見交通権をはじめとする諸権利の尊重が不可欠である．黙秘権に関しては，録音・録画を含め，柳川教授から詳細なコメントがあるので，詳論は避ける．

---

1)　渥美東洋『全訂刑事訴訟法（第2版）』（有斐閣，2009年）72頁，中野目善則「取調」現代刑事法1巻5号（1999年）．

2)　Miranda v. Arizona, 384 U. S 436 (1966).

## 2．証 拠 開 示

　近時，わが国においては，証拠開示に関して詳細な規定が置かれた．この規定は，裁判員裁判のみならず，裁判官による裁判に関しても重要な意義を有する．刑事裁判にあっては，無辜の処罰を極力回避しなければならない．裁判は，検察側の主張と立証を，被告人の立場から十分に検討させ，有罪であることが確認された場合の処罰を意図するものであり，被告人の無実を示す証拠を隠匿したり，被告人が合理的な疑いを容れない程度の有罪立証に疑問を差し挟むことに通ずる証拠を開示せずに被告人の防御活動を妨げるか困難にすることがあってはならない．証拠破壊などの司法妨害活動を阻止する配慮をしつつ，被告人側の検討に十分に役立つ証拠の開示を現行法は求めていると解される[3]．証拠開示の規定が定められる前の事件ではあるが，被告人側に有利な証拠が開示されなかったのではないか，という疑問が呈されている事件（例えば，布川事件など）もあり，無辜の処罰に至ることのない検察実務が求められる．正義の実現は，事実の基礎に基づかなければならない．

　最終的には，再審による救済があるとはいえ，事後的な救済には時間もかかり，それまで自由の剥奪が生じ，また，証拠の新規性・明白性が要件[4]の充足が求められるなど，救済のハードルは高い．事後的な救済の必要性は否定できないものの，誤判が生じないように，「予防的に」対処すべき必要性が高く，証拠開示への積極的対処が求められる．

## Ⅱ　検察と裁量

　刑事裁判は，有罪を獲得だけを目的とするのではない．刑事裁判の究極的目的は何かと問われれば，社会の安定と安心の維持，平和の維持にあるといえる

---

　3）　渥美・前掲注 1）212 頁．三明翔「憲法上要求される証拠開示の限界(1)，(2)，(3)，(4)，(5)」，比較法雑誌第 44 巻第 2 号 301-356 頁(1)，第 45 巻第 2 号 187-232 頁(2)，第 45 巻第 4 号 231-285 頁(3)，第 46 巻第 3 号 279-311 頁(4)，第 46 巻第 4 号 189-236 頁(5)．

　4）　刑事訴訟法 435 条 6 号．白鳥事件最高裁決定（最（1 小）決昭和 50 年 5 月 20 日刑集 29 巻 5 号 177 頁）．

*220* 第3セッション　検察の在り方について

であろう．裁判で有罪とできるに足りるだけの証拠が十分にある場合でも，訴追をしないで済ませることができる検察官の訴追裁量[5]はそのためにこそある．

　刑訴法248条に示されるように，検察官は広範な訴追裁量権を有する．近代法は，刑罰を科すことによる応報と犯罪の抑止を重要目的とするが，収容施設である刑務所に多くの人を送る刑事司法の運用に関するリニアな見方による処理は，刑務所等への収容から生ずる再犯の問題を回避することができず，必ずしも社会の安全の確保に繋がるとはいえないであろう．他面で，社会の安全の確保には繋がらないものの，多大なコストを生む[6]．

　刑務所等に多くの人を送るリニアなシステムのあり方よりは，犯罪の予防と減少に重点をおくとともに，犯罪が発生した場合の，検察官よる訴追裁量を通した，被害者との和解による処理と，それを踏まえた，社会の安全が，以後，害されることはないと判断される場合の，訴追裁量権の行使による起訴猶予処分の活用等による再犯の防止が期待されるところである．この点では韓国の検察官による訴追裁量のあり方と共通するところがあろう．

　他方，訴追裁量を行使して不起訴とすればそれで問題が解決するというものでもなく，犯罪にかかわった被疑者が社会に戻り再犯を犯さないように生活するための監督や支援も不可欠であり，職業の紹介をはじめとする支援の他，薬物依存がある場合の，薬物依存の状況から脱却するための監督と援助など，犯

---

　5)　刑事訴訟法248条.

　6)　このようなリニアな刑事司法と犯罪予防に重点を置く刑事司法のあり方を対比させて描いたものに，Toyo Atsumi, Prevention of Juvenile Delinquency : Securing Order through Multi-Agency Partnership in Japan, 比較法雑誌45巻3号1頁，渥美東洋「少年非行の予防：多機関連携による日本の平穏の維持」警察政策14巻198頁．刑務所収容人口を減少させる，犯罪予防，再犯予防に重点を置く政策的視点について，Rob Allen& Vivien Stern, ed., Justice Reinvestment-A New Approach to Crime and Justice (2007), International Centre for Prison Studies, http://www.prisonstudies.org/sites/prisonstudies.org/files/resources/downloads/justice_reinvest_9_high_res_0.pdf；中野目善則「UKにおける保守・自由民主連合政権の犯罪政策について―「（犯罪の）サイクルの破壊：犯罪者の効果的処罰，更生及び量刑」を中心に」比較法雑誌45巻2号1頁，等をあわせて参照されたい．

罪の主たる要因を踏まえた対処を行って，犯罪を減少させ予防する活動が必要とされるだろう[7]．その意味で，検察だけで対処すれば足りるものではなく，関連する諸機関・多機関・他機関との連携が重要となる．

検察活動は，犯罪者を有罪にして処罰することを目的とすればよいというものではなく，法の究極的目的である社会の安全と人々の安心を確保する視点に立って運用されなければならない．この点で，日本の検察における，再犯防止を重要目標に掲げる近時の運用は重要なものであろう．

## Ⅲ　法人の刑事責任と検察

現代社会においては，企業が大きな影響力を持っているが，日本においては，企業活動が不正に行われている場合に，これを正す方策が不足している．法人の刑事責任を問えない場合が多いからである．三罰規定や両罰規定がある場合[8]もあるが，法人の刑事責任を問う方策が充実しているとはいえない．また，規定が設けられている場合の積極的活用も期待されるところである．

企業に法人としての刑事責任を問うことができれば，それを梃子に，米国でみるような，企業の体質を改善させ，法に反する活動を抑制するためのコンプライアンス計画の策定とその遵守を，（訴追の取り下げ権限や）起訴猶予権限を通して，実現することができる余地がある[9]．企業の場合に，個人の刑事責

---

7)　近時，法務省は，刑務所出所者等の「再犯防止に向けた総合対策」を掲げて，策定後の取組み目標として刑務所出所後2年以内に再び刑務所に入所する者等の割合を今後10年間で20％以上削減する，という数値目標を掲げている．http://www.moj.go.jp/hisho/seisakuhyouka/hisho04_00005.html　この再犯予防に向けた総合的対策の実施において，起訴猶予に付された者の再犯予防も含めて対策が検討されているとのことである．

8)　例えば，三罰規定を定めるものに，独占禁止法95条の2，法人も含む両罰規定を定めるものに建築業法53条，所得税法189条など．

9)　Andrew Weissmann, A New Approach to Criminal Corporate Liability,（中野目善則訳・「企業の刑事責任に関する新たなアプローチ」，丸山秀平編『企業の活動に関する法規制』所収（日本比較法研究所）（非売品 ISBN 978-4-88992-010-9））179頁，209頁（2011年），安井哲章「企業犯罪の成立と訴追裁量」日本比較法研究所

222 第3セッション 検察の在り方について

任を問うだけにとどまれば，その行為を止めることができない場合もあり，組織体としての不正な活動を止めることが必要とされる場合がある．法人に刑事責任を問うことができることが前提となるが，そうなれば，社会的正義の実現に向けて，より充実した検察の活動が可能となるであろう．

現在のところ，個人の監督責任を問うことに中心が置かれているようであり，法人の組織体質の改善に至らなければ，刑罰を科しても同じ違反行為が繰り返されるのでは，刑事訴追の意味は薄れる．検察による刑事訴追においては，事後的な応報の視点のみならず，予防，体質の改善の視点の重要性が増してきている，とみるべきであろう．

全ての法違反を機械的に執行するのが検察の役割ではなく，無数にある刑罰法規違反の中から，今の社会で対処することが真に重要な問題を選択して対処し，社会に適切なメッセージを送ることが重要であろう．法に違反する行為をした法人の組織体としてのあり方を改善し，再度違反行為を起こさせないようにすることが重要性をもってきている．

法人の刑事責任を問いそれを梃子に企業内の組織の改善を求める制度的な前提が十分に用意されなければ解決できない限界があるが，それが整った場合を前提とすれば，検察への社会の期待は高まり，また，検察はそれに応えること

編 Future of Comparative Study in Law : The 60th Anniversary of The Institute of Comparative Law in Japan, Chuo University, （中央大学出版部，2011 年）p. 877.

日本比較法研究所による「企業活動に関する法規制」のシンポジウム（2007 年 8 月）の成果である『企業活動に関する法規制』（前掲）所収の，アメリカ（Andrew Weissmann, supra），イギリス（Jane Astley, Corporate Criminal Liability in English Law（中野目善則訳「イギリス法における企業の刑事責任」同書 249，267 頁），オーストラリア（Shane Kirne, Corporate Governance in Australia-A Criminal Perspective, （中野目善則訳）「オーストラリアにおけるコーポレート・ガバナンス」同書 291，347 頁）の各報告をみれば，英米法圏において，違法活動を行う企業の体質を変化させることに大きな関心が持たれていることがわかる．なお，企業の体質の改善の視点から企業に対する刑事制裁を考察するものに，堤和通「1991 年アメリカ合衆国量刑ガイドラインにみる組織規制の方向(1)(2)(3)」比較法雑誌 32 巻 3 号 1 頁，32 巻 4 号 1 頁，33 巻 1 号 1 頁がある．

ができるものとなろう.

## Ⅳ　検察と市民

### 1．検察審会

　検察と市民の関係は，適正な検察活動に取り重要であり，一般の市民からの支持があってこそ検察活動が成り立つ．大阪地検特捜部の不正事件はこのことを教えている.

　検察が起訴すべきでない事件を起訴した場合に対する対処としては，公訴権濫用論による対処があるが，これは起訴自体が職務犯罪を構成するような極端な場合や[10]憲法14条の平等保障を侵害するような極端な場合でなければ起訴は無効とはならないとされ[11]，検察官には，広範な訴追裁量が認められている．この他に，再訴追に関する検察官の訴追裁量権の濫用に関しては，二重危険又は一事不再理による対処がある.

　検察が起訴すべき事件を起訴しない場合に対処するために，わが国においては，公務員の職権濫用が関係する場合には，準起訴手続がある[12]が，さらに，検察審査会法を改正して，起訴相当の決議に勧告的意味しか認めていなかった立場を改め，2度目の起訴相当の決議をした場合の起訴強制の制度を導入した．この制度は，検察官が起訴権限を正当に行使していないと市民が考えるとみられるときに，検察審査会の決議により，起訴を強制するものである[13].

　政治からの検察の独立は重要である．法を，法の狙いに照らして適正に執行する責任が検察にあり，政治的党派的考慮から法が偏頗に政治的に使われることを阻止しなければならない．だが，検察が法により裁量が与えられている法を適正に執行する趣旨に反して活動していると認められるときにこれを正す方

---

10)　チッソ川本事件，（最（1小）決昭和55年12月17日刑集34巻7号672頁）.

11)　赤崎町事件，（最（2小）判昭和56年6月26日刑集35巻4号426頁（両判例について，渥美東洋解説『刑事訴訟法基本判例解説』（2012年）138-139頁参照）.

12)　刑事訴訟法262条以下.

13)　検察審査会法41条の9.

224 第3セッション 検察の在り方について

法がなければ，検察権の行使は，逆に一定の政治的意味を持つこととなり，法が適正さを欠いて偏波な形で使われる事態をもたらす．検察の選択的な裁量は必要であるが，その裁量権の行使は適正なものでなければならない．

では，一般の市民が求める権限の行使がなされない場合に，現在の制度はそれに的確に応えているといえるのであろうか．

検察が，捜査機関として，努力して証拠を集めたのにもかかわらず，起訴するに足りる証拠を収集することができなかった場合に，訴追してもそれは求める結果をもたらすものではない．検察審査会による起訴相当の決議の際にはこの点に留意する必要があろう．

他方，証拠が十分にあると思われるのに，検察がその権限を全く発動しない場合には，どうであろうか．この点は，検察審査会の起訴相当の決議を利用するという方法もあるが，前述のように，証拠が十分とはいえないことが懸念される場合にも検察審査会の起訴相当の決議により起訴が義務づけられることになると，無理が生ずることになる．検察審査会による起訴の義務づけに伴うこのような難点に鑑みると，むしろ，準起訴手続の範囲を，職権濫用の場合に限らずに，拡大して，審判に付すべき根拠について裁判所が審判して，審判に付すべきか否かを検討する方策の方が現実的なのかもしれない．

法的判断として刑事責任を問うことができない，と検察が判断した事件について，一般の市民から，検察の把握する証拠を前提としても，法的判断として，刑事責任を問うてしかるべきである，と判断する場合には，複雑な問題が生ずる．現行の検察審査会法は，起訴強制という選択をして，裁判に委ねて問題を解決しようとしている．

もっとも，社会的に重大な結果を引き起こした事件の場合，法人や組織体が関係する場合が多いが，組織体の刑事責任を問えなければ，組織の一員として行動したトップの責任を問うても，組織体の方向を変えることに繋がらず，訴追の意味は薄れる場合も多いであろう[14]．

---

14) 鉄道の運営に関してこのことが問題とされる場合が多い．

数多くの刑罰法規を有する現代社会にあっては，検察による法の機械的な執行や，検察の裁量権をできる限り小さくした起訴強制のような制度は，かえって，社会の安心感やバランスの取れた処理を失わせることになりかねず，刑事裁判への負荷を増大させ，収容者を増やすことにもなりかねず，刑事司法のコストを押し上げ，再犯の減少に資するところがないことになりかねないが，他方で，そのような検察に与えられている裁量権の行使が適正になされていないとみられる場合に，それを是正する何らかの方法は必要とされているというべきであろう．

## 2．検察と被害者

検察は，「被害者とともに泣く」ということが言われてもきた[15]が，検察官は被害者の代理人ではなく，社会全体の連帯や協力を維持し，平和を維持するという法の原理を踏まえて，その捜査・訴追権限を行使することを求められている．

だが，被害者への十分な配慮を欠く検察官の行使は，刑事司法全体の目的を阻害しかねないのであり，社会の重要な構成員である被害者の権利・利益に配慮した訴追活動や検察による法の運用が必要とされる．被害者からの意見の聴取とそれを踏まえた検察権の行使が既にされてきているところである．被害者への検察の判断結果の通知，民事訴訟のために必要な資料の開示，など，がそれである．

被害者の意向を刑事裁判に反映させるために，被害者の意見陳述権[16]などの制度が導入されてきているが，検察官による被害者からの意見の聴取とそれを踏まえた訴追裁量の行使は従来からなされてきているところであり，今後も続けられるべきであろう．

ただ，場合によっては，加害者と被害者の和解という当事者間だけの手続ではなく，リストーラティヴ・ジャスティスのコンセプトによる，カンファラン

---

15) 伊藤榮樹元検事総長がこのような言及をされていると伝えられている．
16) 刑事訴訟法292条の2．

ス形式での話合いというディヴァージョンに乗せる方策を導入する形での，被害者の社会復帰と加害者の社会への再統合[17]を考えた，検察による裁量権の行使も考えられてよいであろう．

## V　コミュニティと検察

　検察は，国家機関として活動している．検察の活動が，社会の安全と安心の確保を狙いとするものであるところからすれば，検察官は，自己の活動がコミュニティとの関係で，コミュニティの安全と安心感を提供する上で，住民のニーズに応える法の執行が求められている．

　この点で，参考になるのは，米国で行われているコミュニティ・プロセキューションである[18]．私が見聞したのは，ハワイ島のヒロにおけるコミュニティ・プロセキューションである．検察は，地域における犯罪の動向を踏まえた活動をし，その中で，積極的な情報提供活動とコミュニティとの対話を行うとともに，住民から，要望を聞く活動もしていた．

　私がハワイのヒロを訪ねてそこで見せていただいたコミュニティ・プロセキューションにかかわる活動は，農産物であるライチ（茘枝）の窃盗とその窃取したライチを農産物市場で売って不正な利益を得ている犯罪に関係してであった．検察官が農園を営む農家を朝早く訪ねて，農家の人達に，最近ライチの窃盗犯罪が起こっていること，それを防ぐために，農産物市場でのライチの販売に関して登録制を敷いて不正な売買が行われるのを阻止するつもりであるこ

---

17)　このような RJ について，例えば，ポール・マッコールド＆テッド・ワクテル「リストーラティヴ・ジャスティス理論の有効性のデータによる検証」比較法雑誌45 巻 4 号 23 頁．

18)　Community Prosecution については，例えば，Community Prosecution, http://www.hks.harvard.edu/programs/criminaljustice/research-publications/gangs,-guns,-urban-violence/community-prosecution；https://www.bja.gov/evaluation/program-adjudication/comm-prosecution1.htm；U. S. Department of Justice, Bureau of Justice Assistance, Community Prosecution Strategies, August 2003, 等を参照．https://www.ncjrs.gov/pdffiles1/bja/195062.pdf

検察の役割と望ましい姿　*227*

と，それに協力をして欲しいことを説明・要請するとともに，最近，お気づきの点はないかを伺う活動をしていた．

このハワイの例に示されるように，コミュニティ・プロセキューションが行われるところでは，多くが，検察官自体が地域の意向を背景に選挙で選ばれる，DA（District Attorney）を中心とするコミュニティ密着型であることが背景にあろうが，DA のような制度を採用していない場合でも，地域の犯罪状況と住民のニーズに対応する検察活動は重要である．犯罪は，全国的な対処を必要とする組織犯罪やテロなどもあるが，全ての犯罪がそうであるというわけではなく，地域の安全や安心感に関係する犯罪は，全国一律ではない．それぞれの地域で生ずる犯罪をどのように統御するのかが問われる課題である．それぞれの地方での安全と安心の確保の観点からは，それぞれの地域の犯罪の状況と特徴を踏まえた地域のニーズに応える法運用が必要とされる場合があることに留意すべき面があろう．国家機関としての検察，というあり方は，重要ではあろうが，地域社会での安全と安心を確保することを重視した検察活動もまた重要である．コミュニティとの対話も重要な検察の課題であろう．

## VI　犯罪の予防と検察と多機関連携

検察については，これまで，犯罪発生後の事後的対処に中心が置かれて，事後の対処ではあっても，これまで既にみたように，再犯の予防との関係での対処が必要であることが既に意識されてきていることに示されているように，関係多機関の連携した，先手を打った（先制的な）予防的な対処の重要性も意識されてきている[19]．

---

19)　犯罪対策閣僚会議「再犯防止に向けた総合対策」平成 24 年 7 月．ここでは，少年・若年者及び初入者に対する指導及び支援，高齢者又は障害者に対する指導及び支援，女性特有の問題に着目した指導及び支援，薬物依存の問題を抱える者に対する指導及び支援，性犯罪者に対する指導及び支援，暴力団関係者等再犯リスクの高い対象者に対する指導及び支援が掲げられ，対象者には，この特性に応じて，実証的研究及び根拠に基づいた，効果的な処遇を強化するとともに，刑務所等での処遇と社会内での処遇との有機的連携を確保することが考慮されている．

228　第3セッション　検察の在り方について

抑止という功利主義的観点に立つ刑罰による対処は，再犯の多さにもみられるように期待される効果を発揮しているとはいえない場合も多い.

　犯罪の主たる要因に対処する観点からの関係する多機関の連携を通した対処が必要である. 単に，訴追をして刑罰を科すことだけでは足りない. 例えば，薬物犯罪の場合，薬物犯罪がコアとなってそれ以外の犯罪を多く行うおそれが強いが，このような場合，刑罰を科すことをしてもそれだけでは犯罪の予防には至らない. 薬物依存状態の解消こそが重要である. その点で，薬物犯罪は起訴率が高いが，起訴猶予にする場合でも，薬物に関する治療処分を受けることを前提にするとか，また，制度的な改革が必要ではあるが，通常の刑罰を科すことを目的とする刑事裁判とは異なる，薬物裁判所（ドラッグコート）のような，一種のディヴァージョンを用いた，適切な監督の下に治療処分を含む監督と支援をして犯罪を減らす方向に向けた検察活動も米国などにおいて行われ[20]，相当の成果を挙げてきているようであり，このような活用も検討されてよいであろう. 裁判所，検察，麻薬取締機関，警察，保護司，医療機関，保健機関，ハローワーク（職安），住宅サービス機関など様々の機関がその特定の個人に関する情報を共有して連携して対処する多機関連携が重要性をもつ.

　わが国では，少年非行に関しては，家裁全件送致主義の考え方が採用され，家裁が中心的役割を果たすことが想定されているのであるが，実際には，要保護性なし[21]として，非行事実等がみられる場合でも，その後の有効な対処がされることなく放置されてしまうことが懸念される. こうした少年非行への犯罪予防や非行少年の立ち直り支援との関係では，現在，警察による少年サポート・チームやワンストップ・サービスなどによる対処がなされてきている[22].

---

20)　See e.g., U. S. Department of Justice, Drug Courts, May 2014, https://www.ncjrs.gov/pdffiles1/nij/238527.pdf#page=1&zoom=auto,-15,792 ; "What are Drug Courts?" http://www.nadcp.org/learn/what-are-drug-courts

21)　平成25年度犯罪白書24頁をみると，家裁終局処理人員 1,119,212 人中，審判不開始が 64,320 人（約54％），不処分が 23,001 人（約20％弱），と，全体の約74％を，審判不開始と不処分が占めている.

22)　四方光『社会安全政策のシステム論的展開』（成文堂，2007年）115-214頁，国

わが国と制度的な背景は異なるが，韓国において，今では，少年非行との関係で，少年の改善に資するようにするための「善導措置」を検察官の権限の行使の一環として行使できる制度が既に導入されている[23]．

少年非行への対処について，Parens Patrie（国親思想）に立つ，「保護」という考え方による少年法による点で，わが国での少年事件への検察の関与は逆送があった場合に限定されるが，再犯の予防を考える場合には，関係する青少年の問題状況を踏まえた，関連する多機関の連携による対処が必要となろう．

行刑に関しては，仮釈放の活用による再犯の予防が重要だが，この点で参考となるのは，イギリスにおいて行われているPPO（Plorific and Priority Offender Management（多発性優先処遇犯管理プログラム））[24]であろう．このプログラムは再犯の予防に関して，かなりの成果を挙げてきているとの報告がされてきているところである．わが国の場合，満期近くの仮釈放が中心だが，仮釈放者の再犯率は満期釈放者と比較すると，約2割程度低いとはいえ，4割を超える再犯率となっており，PPOのような実績のあるプログラムを参考とする多機関連携による対処が今後重要となってくるのではないかと思われる．法務省，刑務所，警察，裁判所，検察，学校，保護司，医療機関，保健機関，職安（ハローワーク），住宅サービス機関など様々の関係する組織の間で，関係する個々の犯罪者の問題状況に関する情報を共有し，かかる関係多機関の連携・協働によって犯罪者を監督・支援し，社会への再統合をはかる犯罪者管理

---

際犯罪学会第16回世界大会フォーラム，多機関連携による少年非行防止と日本の秩序（渥美東洋（Key Note Speech），中野目善則（Moderator），川出敏裕，盧明善，坂明，田村正博，佐藤哲各氏の報告）警察政策14巻198頁以下．特に，佐藤哲也氏は，北九州におけるワンストップ・サービスの実際を紹介している．

23)　盧明善「Correctional Alternative Schools in Korea and Counter Measures against Juvenile Crimes・韓国の青少年犯罪予防センターの運営状況とその反転の方向」警察政策14巻239頁．

24)　中野目善則「英国における犯罪の予防・減少のためのPPO戦略（Prolific and Other Priority Offender Strategy）―慢性多発性優先処遇犯対処戦略について」比較法雑誌43巻4号1頁．英国は犯罪の予防に中心を置く，犯罪の主要要因に対処する戦略を重視してきている．

230 第3セッション　検察の在り方について

のあり方が，再犯予防との関係で重要となるものと考えられ[25]，検察に期待するところ，大なるものがある．犯罪者の再犯予防及び犯罪の予防に関して，検察と関係多機関の連携が今後ますます重要性を帯びることになると思われる．

　以上，検察には，社会の安定に向けて，基本権を尊重した正義の実現と，社会の安定と人々の安心の確保を目指した，予防的側面を含む，裁量権の適切な行使が期待されていると思われる．

---

25)　渥美東洋教授は，特に少年非行との関係で，多機関連携による犯罪予防，再犯予防の重要性を説かれて，多くの論考を発表されてきた．例えば，渥美・前掲注6）「少年非行の予防：多機関連携による日本の平穏の維持」警察政策14巻198頁，渥美東洋編『犯罪予防の法理』（成文堂，2008年）．渥美東洋「少年非行の予防・多機関連携による日本の平穏の維持」警察学論集65巻12号，「犯罪・非行の予防と減少　多機関パートナーシップ—RJ（RJ型収容）からJR（犯罪予防・減少への資源再配分）（上）（中）（下）」警察学論集62巻11号112頁（上），62巻12号121頁（中），63巻1号131頁（下），「日本における犯罪予防の現状と傾向」警察学論集68巻8号34頁，渥美東洋「多機関連携アプローチの基本的考え方」警察学論集59巻11号1頁．James Howell, Preventing and Reducing Juvenile Delinquency : A Comprehensive Framework, Second Edition (Sage) (2008) ; U.S. Department of Justice, OJJDP, Guide for Implementing the Comprehensive Strategy for Serious, Violent, and Chronic Juvenile Offenders, 1995, https://www.ncjrs.gov/pdffiles/guide.pdf

# 検察の望ましい姿
## ——将来の展望——

### 朴 榮 琯

私は，検事として 26 年間勤務した．

その間，検察が何度かにわたって問題のある状況に置かれ，世論の批判を受けたこともあり，そのときそのとき，骨身を削って反省をするという誓いを新たにしてきた．

今年も，さまざまなスキャンダルで批判を受け，いまでは，これ以上削る骨が残っていないと自嘲する状況に至った．

このたびの発表は，そのテーマが検察の望ましい姿——その将来の展望であるが，アカデミックな内容というよりかは，実務的な側面で，いくつかの見解を明らかにしようと思う．

まず，制度的側面において念頭に置かなければならない部分がある．

韓国の刑事法体系は，世界で類をみないほど，東西の多様な制度が導入されており，具体的な法執行の過程においても，独特で興味深い慣行が多くある．

元来，大陸法系の土台の上に構築された法体系であったが，第二次世界大戦以降，英米法的理念ないし制度が大幅に導入されるにつれ，極めて複雑で難解に変わってしまった．

この点は，日本の場合も同じである．

捜査構造の問題，特に捜査段階における検事と判事の役割，令状制度，公判制度，証拠法上の問題，捜査における検察と司法警察との関係等が核心問題である．

232 第3セッション 検察の在り方について

しかし，検察をとりまく諸問題は，制度の問題というよりかは，制度を運用する人間の問題であると考えてきており，今でもその考えは確固としている．

この場では，3つの問題，
① 刑事司法における検事の役割
② 検察と法院との関係——捜査のピークということができる拘束捜査制度，すなわち捜査段階における令状制度を中心とする問題点
③ 捜査権の問題——すなわち検察と警察との関係について，話すことにする．

まず，検事の役割については，わが国とほぼ同じ制度を運用している日本の検察に対する見解を参考にしてみることとする．

日本の検察も，韓国の検察と同じように，最近，いくつかの不祥事があって体面を汚しはしたが．

アメリカやヨーロッパの法学者は，今まで韓国や日本の司法制度について特別な関心を寄せてこなかった．東洋の法制度が西側のそれを継受したため，興味深いものはないと考えたためである．

ところで，最近，オバマ大統領が時々，韓国の教育制度を褒め称え，ほかの研究者も，韓国と日本の治安が比較的良好な点に注目して，検察制度についても関心を寄せるようになってきた．

日本の検察制度についての David T. Johnson ハワイ大学教授の見解を挙げてみることとする．

彼が，1992 年から 1995 年までの間，33 カ月にわたって日本の現地において検察制度を体験，研究し，6 年にわたって著した本が，『The Japanese Way of Justice』である．

2002 年の American Society of Criminology において最優良図書（Best Book）

に選定され，2004 年 7 月，日本において『アメリカ人のみた日本の検察制度』として翻訳され出版された．

　同教授は，韓国において司法改革の問題でしばらく騒がしかったとき，韓国を訪れ，アメリカ式司法は正解ではないと話した人である．


　まず，彼は，日本の低い犯罪率，高い検挙率，低い起訴率（半分近くが不起訴？），一般市民ないし政治的圧力からの遮断，陪審制度がない点を優秀な点として列挙し，次のように話している．

―アメリカ人の大多数は，アメリカ式の司法制度が最も優秀であると信じているが，アメリカの刑事司法が日本のそれより劣っていることもありうるという点を考えなければならない．

―刑事司法の質を比較すれば，アメリカ人が不快に感じる程度に，日本の方が優秀である．日本の検事は全ての面で，アメリカの検事より優秀であり，素晴らしいとの評価を受けるに値する．

―いくつかの権限濫用の問題があるにしても，日本の司法は非常に公正である．


　これと比較するために，アメリカの検察制度に関してみてみることとする．

　まず，アメリカの刑事司法の現況である．

―アメリカの人口は 311,591,917 人（2011 年），日本（128,799,000 人）の 2 倍．

　　検察庁は，3,000 個以上，刑務所には，2006 年の統計では 2,258,983 人収容，未決囚等約 766,010 人，合計 3,024,993 人収容中．

―人口 10 万人当たり，501 人を収容．

　　日本は，収容者 5 万人台，アメリカの収容者は，日本の約 26 倍．

　　韓国は，2012 年，1 日平均収容者数 45,488 人．人口比でアメリカの 10 分の 1 水準．

　　この統計をみると，アメリカは実に恐ろしい国である．

234 第3セッション 検察の在り方について

アメリカの検事の業務を要約してみれば，次のとおりである．

—被告人を助けることは検事の業務ではない．

—検事は，公判前に被告人に会うことはほとんどない．

　警察が被疑者を逮捕すると，おおよそ48時間以内に起訴するかどうかを決定しなければならないので，被疑者に会って話を聞く余裕もない．

　したがって，被告人の態度，気性等を評価する機会がほとんどない．

—犯罪者に犯罪に相応する刑罰を科すことが検事の業務である．

　その者らの哀訴を聴いたり，同情したり，更生の機会を与えることなどは，検事の業務遂行の妨げになるだけであるというのが一般的な認識である．

　犯罪者個人の事情に耳を傾けることは司法の平等性を害し，その者らの更生のために働くことは一貫性を害するという認識が一般的である．

—警察が検挙した犯罪者は，証拠がある限り，起訴しなければならない．

　起訴をしない場合には，必ず司法省に報告しなければならない（p. 143〜145）．

　その者らの目標は，犯罪者に対する徹底した報復（retribution），抑制，無力化（incapacitation）であり，それ以外の要素は，冷淡に考慮しない．

—したがって，犯罪者の更生（rehabilitation），和解（reconciliation），原状回復は，全て放棄して久しい．

—検事らの能力と人気は，有名事件を担当して有罪判決を受けるかにかかっている．

　検事長級（chief prosecutor）は，選挙によって選出されるので，選挙を意識して有名事件の解決に関心を傾け，有罪判決の心理（conviction psychology）に駆られている．

　検事長は，選挙において自身を脅かしうる内部の敵（有能な部下の検事）に重要な事件を任せない．それゆえ，ときにして，重要な事件について無罪，冤罪の結果を招来しもする．

—アメリカの連邦検察（US Attorney's Office）の正式な方針は，「ただちに

立証される行為は，全て，犯罪者の更生可能性に対する効果の有無に関係なく，検事は起訴しなければならない」とされている（Humes, 1999. Taylor, 1996）．

日本の検察制度に対しては彼以外にも傾聴するに値する評価もある．
—日本が第二次大戦後に成し遂げた最も驚くべき業績は，犯罪の抑制，減少に成功したことである．刑事司法において検事が起訴前に被疑者を取り調べ，引き続き公判廷において検事が公判に関与して，刑事手続を支配したことが決定的な役割を果たしたものと判断される．

これに比べて，アメリカの刑事司法は，懲罰と剝奪を極端に強調した結果，失敗の連続であったが，いまでは，手をつけることができない状態になってしまった（John Owen Haley, 1992）
—日本が成し遂げた経済的業績に匹敵する偉大な業績は，犯罪の抑制，減少に成功したことである．どのような社会でも，犯罪に対処するためには，信頼するに値する制度と組織がなければならない．日本が成功したのは，検察官制度があったためである（William Clifford, 1976）．
—日本が犯罪の対処に成功したことは，第1に，検事が起訴した事件がほとんど有罪となる能力（精密な捜査と起訴），第2に，検事が決定的な役割を果たす刑事司法制度の効率性という二つの要因に基づく（Satyanshu Mukherjee, 1995）．
—西洋は，speed, finality（最終性），uniformity（一律性），そして厳罰主義を重視する犯罪抑制モデルを持っている．

しかし，日本の刑事制度は，温情主義（被疑者を緻密に取り調べ，情状を参酌した後，選別して起訴し，和解を重視することによって被害者を配慮し，犯罪者の社会復帰を捜査段階から考慮する）を実践している．これが成功の要因である（Daniel Foote, 1992）．
—日本の検事はアメリカの検事より公正である．

日本の検事は，まさに驚嘆する存在である．世界のどの国の検察官も，こ

236 第3セッション 検察の在り方について

の程度に高い評価を受けることはない（B. J. George, 1984）.

結局，制度よりは，人間が問題なのである.

同じ制度の下でも，検察が褒め称えられることもあるし，非難を受けることもある.

人間が問題なのである.

二番目に，検察と法院との関係，特に捜査段階における拘束令状審査の問題は，非常に深刻な問題を抱えている.

韓国と日本は，ほぼ同じ時期である1990年代に，本格的に司法改革の議論を始めた.

内容は，アメリカ式司法に対する憧憬ないしは期待であると要約することができる.

代表的な結果物が，ロースクール制度，陪審制度（国民参与裁判制度），公判中心主義，人身拘束の制限等である.

韓国において司法改革の核心となるテーマとして，法院が主張し，貫徹させたのは，令状実質審査制度である.

法院は，令状審査を令状裁判とも呼ぶ.

捜査段階における身柄の確保，すなわち拘束は，強制捜査の方法として理解しなければならず，裁判で決定する内容ではない.

したがって，強制捜査の決定権は，当然に捜査機関である検事にあるとみるのが合理的である．捜査段階における法院の役割は，令状の要件審査にとどまらなければならない.

現在，捜査機関である検察と警察が請求する令状の約3分の1が棄却処理されている．検察は，拘束を慎重に行うという理由で，警察が申請した令状の15%程度を棄却しており，法院も，令状棄却実績を意識して，再び検事が厳選

した令状の15%程度を棄却している．令状審査は，実質的に，第一審の裁判のように運用されており，したがって拘束事件の場合，刑事裁判は事実上四審制となっている．

最近，強行犯が増加し，街頭の治安が悪化したことは，犯罪に対応する拘束制度が弱化し，司法手続が緩くなったことも一つの要因であると考える．

犯罪発生件数をみると，1983年の786,553件から2012年の1,944,906件に，30年間で147.3%増加した．

人口比で計算しても，人口10万人当たり1,971件から3,871件に93.7%増加した（2013年犯罪白書参照）．

実際に市民が被害を受けている．

ソウルにある一戸建ての住宅の場合，強盗，窃盗の被害を受けない家がほとんどないという．人口1千万を超える都市のうち，ソウルと東京程度が，夜道を散歩することが可能な都市であるといわれたが，今のソウルの夜道が安全であると保障することができない．

実際の犯罪に対する不安体感度と刑事事件の統計数値には差がある．

犯罪の暗数が多いためである．

貧困な犯罪者である窃盗の場合，統計上，国民所得がはるかに高い日本が，韓国より多いと表れているが，これは日本においてはデパートの窃盗（万引き）まで全て通報して，統計に捉えられているのに比べ，韓国においては，些細な窃盗事件の場合は通報せずに済まされる場合が数多いためである．ただ，ついていないと片付けてしまう場合が多い．

正義の実現は正確に，そして迅速にしなければならない．

手続の遅延は正義に反する．

日本のロッキード事件は，1976年7月27日に田中角栄元首相が身柄を拘束された後，1993年に死亡するまで裁判が終らなかった．

238　第3セッション　検察の在り方について

彼の死亡によって公訴が棄却され，結局有罪・無罪の結論が出なかった．
このようなことから，「司法の怠慢」という批判があると聴いた．


現在の刑事司法手続は，認知，捜査，令状請求，令状審査，拘束後の捜査，
起訴，起訴後の第一審拘束期間6カ月等というように進行する．
犯罪は瞬間であるが，その後の司法手続は高い費用がかかり，退屈である．


人身拘束は慎重でなければならない．
しかし，現実的に拘束令状が棄却されれば，主要事件の場合，検事は補強捜
査をした後，再請求する場合があり，検事が再請求をすれば，当事者は再びや
きもきする緊張の中に陥る．補完捜査を通して余罪を追及したため犯罪事実が
増えて，令状請求書に拘束を必要とする事由を長々と説明しつつ，被疑者を必
要以上に非難する表現が捜査記録に残される．
令状問題が被疑者の人権保障，防御権保障と飾り立てられているが，心のう
ちは，法院と検察の影響力の拡大競争として表れている．
俗な表現で，「検事が強いか，判事が強いか」という争いがある．
実際に判事が「俺が誰々を拘束した」と話すこともある．


拘束前の令状審査制度の導入の議論の当時，私は駐日大使館の法務協力官を
しており，反対意見を提示したこともある．
その理由としては，
—日本の勾留審査制度は，刑訴法上の制度でなく，刑訴規則に規定されたも
　のであり，すでに形骸化した制度であるとみることができ，
—日本の実務慣行は，検察と法院が互いの業務領域を尊重し，捜査段階にお
　いて勾留するかどうかを決定するのは捜査機関であるという認識が一般的
　であるので，令状発付率がほぼ100%に達しているが，韓国の場合，検察，
　法院，警察が互いに力比べをする様相を呈しているので，このような制度
　を導入すると，将来の禍根となり（憂慮がそのまま現実化した），

—日本においては，判事の質問内容も形式的事項（人的事項，手続上の違法の有無等）にとどまり，実質的内容（被疑事実の弁解等）は，実務上質問しないことが慣例であるが，そのような基準なく導入すれば，強制捜査をするかどうかを判事が牛耳るという妙な状況を招来することになるという点を挙げた．

令状審査制度は，審査基準を明確にして，実質的裁判でなく，令状要件の審査，すなわち摘示した犯罪事実が構成要件該当性があるか，不法逮捕等の手続上の瑕疵がないか，人的事項は確実かなどを確認する線で，迅速に決定するよう改善しなければならない．

今のように，朝10時頃に審査して夜遅く結論が出る時まで，検事は捜査記録を全て法院に渡したまま，判事の決定を待たなければならないという異常な慣行は，是正されなければならない．

拘束以降の拘束捜査期間，すなわち強制捜査期間は，現行の最長20日から，合理的に縮小して調整する必要がある．

そして，拘束者に対する拘束起訴の慣行も変わらなければならない．

検察における拘束取消制度が積極的に活用されなければならない．

拘束後，犯行を認め，そして反省，被害弁償，充分な証拠確保，保証金や人的保証等の信頼するに値する保証等によって拘束の必要がなくなったとき，起訴前の検察段階において拘束取消制度を広く活用する必要がある．

法官と異なり，被疑者と多くの時間接触する検事に，起訴前の裁量権を付与して，血の通った法執行をするようにしなければならない．

第三に，捜査権をとりまく検察と警察との関係を考察してみることとする．

最近，街頭の治安が目に付いて悪化した．

240 第3セッション 検察の在り方について

捜査権の論争が激しくなるにつれて，捜査について検察との競争意識が広がっている．

有能な捜査の人材を知能犯捜査チームに配置して，広域捜査隊，知能犯罪捜査隊，捜査企画官を新設するなど，制度を設けて従来検察が捜査してきた公職の不正，金融，会計不正，脱税，政界の不正等に捜査の領域を積極的に拡大している．

そうなると，警察の主要業務である街頭の治安の安全が後回しになってしまった状況である．

一方，検察は，むしろ認知捜査の役割を縮小している．

大検察庁中央捜査部を廃止し，特捜部人員を縮小した．

検察の士気低下のためか，勤務環境悪化のためか，検察捜査期間の長期化現象が際立っている．

事件処理期間が6カ月，1年は普通であり，年を越す事件も相当数ある．

それによって，市民の捜査に対する不信，不満が高潮している．

警察捜査に対する統制は，ほとんど有名無実化の段階にあるのではないかと憂慮される．

一線においては，検事の捜査指揮に対して異議を提起したり，不満をあらわすことが多く，俗称「面従腹背」の現象が顕著である．

留置場監察においても，過去は警察署の責任者である署長が担当していた手続を，捜査，刑事課長級に，そして係長級，班長級に下落する趨勢がある．

警察は，対国民広報活動の一環として，捜査実績を発表して，事件の結論をあらかじめ公表しているが，なんらの制裁もない．

特別昇進等の褒賞制度によって，無理な捜査が行われる場合もある．

検察段階において，警察の捜査上の問題点が明らかになり，捜査の結果を修正したとしてもかえって捜査に対する市民の不信感は増大する．

むしろ検察の捜査結果に対して，縮小，歪曲といった非難まで出てきている．

事情がこうであっても，捜査指揮に対する実質的な担保の手段はない．

刑事司法が，文字そのまま，一線の「刑事（警察）」が刑事司法を左右する司法になっている．

検事は，事務室の机に座り，警察から送られた捜査記録を読み，警察が下した結論が正しいか，誤っているかを検討するのに時間を全て費やし，被疑者と会うこともなく，警察が作った書類だけを見て，決定する場合も多くある．

検事が真実の発見のために献身するというよりかは，判事のように有罪・無罪を判断する仕事をする傾向が顕著である．

当事者は，検事に哀訴する機会だけでもほしいと愁訴している．


犯罪に対する国家の対処機能が危機に瀕しているといっても過言ではない．

これは，司法警察に対する業務指揮権と人事権が分離されているため，必然的に発生した問題である．


この段階における解決策としては，司法警察の検察直属化問題を検討するに値する．

行政警察と司法警察を分離して，人事権と指揮権を一元化する必要がある．

このようにすることによって，司法警察の専門化の問題も，ある程度解決するのではないかと考える．


最後に，検察の政治的中立について提言する．


政治が司法を利用しようとすれば，正義は崩壊する．

検察を大統領の刀として認識し，政権が検察に対して何かを注文し，圧力を加え，検察人事を通した統制を試みた瞬間，信頼を失ってしまう．

検察の人事は公正でなければならない．出身地域，学閥，親疎関係による偏

242 第3セッション　検察の在り方について

頗的な人事は，結局，検察の土台を崩壊させる．

　敏感な事件に対する公訴権濫用の事例は，是正されなければならない．

　検察内部の硬直した意思決定構造も，柔軟なものに変わらなければならない．

　統治者から一般市民に至るまで，法の支配に対する信頼と共感が確立されなければならない．

　全てのことが結局，制度でなく人間が問題なのである．

# 司法制度改革と検察官
——法の支配の観点から——

堤　　和　　通

　柳川報告，小木曽報告，中野目報告はいずれも司法制度改革に関連する諸問題を論じる．そこで，各報告で取り上げられた制度改革のなかで検察官が果たす役割を，法の支配の観点から俯瞰してみたい．

## I　刑罰制度の機能と検察官

　中野目報告にあるように，検察官には，被害者の尊厳を害した犯行を非難する科刑と，犯行者が社会復帰をする再統合を図る，刑事司法制度のなかで重要な役割が期待されている．

　それに関連する近時の日本法の動向について2点取り上げたい．

　ひとつは，近時の司法制度改革の中でも注目された，被害者参加制度の導入である．被害者を置き去りにしないという視点からの制度改革は，被害者による意見陳述（2000年）に始まるが，被害者基本法の制定（2004年）を受けた，被害者参加制度は，被害者参加人に，公判期日への出席，証人尋問，被告人質問，意見陳述の機会を提供する．被害者参加制度の運用上，検察官は重要な役割を負う．中野目報告にあるように，「被害者とともに泣く」というのは，日本の検察の姿勢を表すものであり，職務の遂行を推し進める尊い職業意識であるといえる．他方で，刑事裁判は，「冷たい徳（cold virtue）」である正義を実現する刑罰制度の根幹を成しており，そのことの含意も同様に重要であろう[1]．被害者が失った尊い日常，被害者遺族が被った喪失に共感を覚える——

---

1)　John Lucas, On Justice, Oxford University Press (1980), p. 4.

244 第3セッション 検察の在り方について

「温かい徳（warm virtue)」がはたらく――かどうかとは別に，相互尊重の関係にたつ社会の構成員に相応しい遇し方に反する扱いを受けた，被害者の人間としての尊厳を象徴的に確認するものが，法の支配の理念の下にある刑罰であるとすると[2]，いわゆる被害者感情が，法の定める，意見陳述等の検察官の権限行使に及ぼす影響には自ずと限界があるように思われる[3]．犯罪被害者を置き去りにしないという視点を入れること，また，被害者とともに泣くという職業意識に裏打ちをされていることが，将来にわたって，日本の検察の望ましい姿であるのは間違いないにしても，検察活動は，一人の人間としての尊厳や社会構成員間の相互性という価値を確認するという，刑罰の基本的な性格に適ったものでなければならないであろう．

被害者参加制度の下で検察官が果たす役割は，「被害者参加人又はその委託を受けた弁護士」が証人尋問，被告人質問，意見陳述を申し出た場合に，「意見を付して」裁判所にこれを通知すること（316条の36，37，38各第二項）に加えて，「被害者参加人又はその弁護士」が「当該被告事件についてこの法律の規定による検察官の権限の行使」について意見を述べた場合に，権限の行使・不行使について「必要に応じ」「その理由を説明する」（316条の35）ことと定められている．刑訴法上，検察官が付すべき意見の性質がどのようなものか，同様に，自らの権限の行使・不行使について被害者参加人に説明すべき理

---

2) 渥美東洋『罪と罰を考える』（有斐閣，1993年）3編9-10章.

3) 「冷たい徳」の領域では「温かい徳」がはたらかないというのではない．「温かい徳」は情動として現れ，「冷たい徳」が論理的に説くところに血を通わせる．情動は認知の領域と断絶しているのではなく，問われるのは，情動を説明できる「冷たい徳」の理論構成が法の支配の理念に適っているか否か，である．被害者が崇高な理念に生きたという評価は，被害者が人種や宗教などのカテゴリー上劣っているという評価同様，法の領域で働く情動を説明するものとして不適切である．情と理の関係については，see, Anthony Kronman, *Leontius' Tale*, Peter Brooks and Paul Gewirtz, Law's Stories : Narrative and Rhetoric in The Law, Yale University Press (1996). 併せて，堤和通「刑罰制度での被害者への共感」日本比較法研究所編 Future of Comparative Study in Law : The 60th Anniversary of The Institute of Comparative Law in Japan, Chuo University（中央大学出版部，2011年）参照.

由の性質がどのようなものかを明示的に定める規定はないが，ここに挙げた，裁判所に対して付する検察官の意見や被害者参加人への権限行使・不行使に関する説明が，被害者参加人のみならず，被害者参加人の声に影響を受けると思われる社会が，刑事司法をどのように受け止めるのかに影響を及ぼし，それが，ひいては，刑事司法の将来を形成する要因になるように思われる．そのような検察活動の基本に，事実上踏みにじられた，被害者の尊厳の価値を確認し，あるいは，事実上踏みにじられた，社会連帯の基礎である相互性の確認を通した，社会成員間の協力関係の綻びを回復することに刑罰の根拠を求める考え方が据えられるべきではないかと思われる．その基本を維持しながら，被害者との意思疎通を図り，被害者の尊厳を確認するうえで法が被害者とともにあることを伝えるのが肝要であろう．

　中野目報告に関連して取り上げるもう一つのトピックは，犯行者の再統合に関連する．刑事司法のモデル論として，国が犯行者との距離を置いて，確実に科刑を実現すべき対象者としてみるモデルと，国が犯行者を社会への再統合を図るべき，社会の構成員として犯行者をみるモデルとを対比させたときに[4]，日本の刑事司法は，後者の，再統合型であるといわれてきた．その特徴は日本の検察活動に現れるが[5]，起訴猶予処分の際に，犯行者の社会への再統合をすすめる工夫が近時，試みられている．平成25年10月に始まった，起訴猶予処分者に対する，更生緊急保護を活用した多機関連携がそれである．更生緊急保護とは，「刑務所満期釈放者，起訴猶予者など，更生保護法85条1項各号に掲げられている者が，親族や公共の衛生福祉その他の機関から自立更生に必要な保護や援助が得られず，生活に窮迫しているなどして改善更生に支障を来している場合に，本人の保護の申出に基づき，保護観察の長がとる緊急の保護措

---

4) Karl Llewellyn, *The Anthropology of Criminal Guilt*, in Jurisprudence : Realism in Theory and Practice, The Lawbooks Exchange (2000) ; John Griffiths, *Ideology in Criminal Procedure or a Third "Model" of the Criminal Process*, 79 Yale Law Journal 359 (1970).

5) D. T. ジョンソン（大久保訳）『アメリカ人のみた日本の検察制度』（シュプリンガー・フェアラーク，2004年）．

246 第3セッション　検察の在り方について

置」である[6]．実施の手続は，刑事手続で身体の拘束が解かれる場合に，必要があると認められるときには，本人に対して制度と申出の手続について教示し，また，本人が希望するときを含めて，説明書と保護カードを交付することで始まるが，起訴猶予処分の場合に教示並びに説明書と保護カードの交付を行うのは検察官である．法務省は，起訴猶予者に対する更生緊急保護を活用した新たな社会復帰支援策を始めている．平成25年10月から，保護観察所7庁で，対応する地方検察庁の検察官からの依頼に基づいて，更生緊急保護が見込まれる勾留中の被疑者について，釈放後の福祉サービスの受給や住居の確保に向けた調整（事前調整）を実施し，起訴猶予処分になった場合に，被疑者からの申出を受けて，事前調整を踏まえた福祉サービスの受給等を支援し，その後も，本人の申出に基づき，更生緊急保護の期間中，継続的な相談対応と支援を実施する取組みを試行的に行っている[7]．先に述べた，刑罰による犯行者への非難は相当であると考えられるが，非難が相当であるということは，事実上，犯行者を社会から排除，疎外する，烙印押しがなされる可能性があることでもある．更生緊急保護の活用は，社会への再統合に高い優先順位をおく日本の刑事司法の特徴を増進させる点で望ましい．さらには，これが，再統合に資する方策，道具がどのようなものであるのかについて，量的調査，質的調査を重ねてきている犯罪学が示す知見をより豊かにするような，エビデンスに基づく犯罪予防につながることが期待される[8]．

　一人ひとりの尊厳と相互性を守り，その価値を事実上踏みにじる犯行があった場合に，犯行に対応する科刑で本来の真価を確認し，他方で，犯行者への排除，疎外が過度にはたらかないように，社会的包摂を及ぼして，犯行者に社会

---

6)　今福章二「更生緊急保護」松本勝編著『更生保護入門』（成文堂，2012年）．

7)　法務省「起訴猶予者に対する更生緊急保護を活用した新たな社会復帰支援策の拡充について」2014年5月23日報道発表資料（http://www.moj.go.jp/hogo1/soumu/hogo02_00050.html，2014年10月30日検索）．

8)　Brandon C. Welsh, Evidence-Based Crime Prevention : Scientific Basis, Trends, Results and Implications for Canada (Research Report : 2007-1), National Crime Prevention Centre.

構成員としての，現実味のあるシナリオを可能にすることで[9]，社会全体での自律領域の最大化に寄与する制度運用を図ることが，刑罰論から導かれる検察官の役割であろう[10]．

## II　起訴前の手続での検察官

自律領域の最大化に関連して，柳川報告のトピックについて1点述べておきたい．報告にあるように，現在，日本では「可視化」を制度化する方向に議論が進んでいる．従来，身柄拘束下の取調べにまつわる問題として論じられてきた，宣誓合戦，供述合戦の解消という視点，若干広い関心では，刑事法運用の裁量規制にまつわる問題として論じられてきた，可視性の向上という視点からみると，取調べの可視化は解決策の一つでありうるであろう．その際，犯罪の解明，真実に適った供述の入手にとって望ましいか否かが中心の問いになるのは理解できるが，柳川報告が指摘するように，先に挙げた，日本の刑事司法の

---

9)　犯罪学が教えるところによれば，犯行者は，新たに世帯を設け，あるいは職を得て役割行動を獲得し，その中で，愛着・愛情ある社会関係を築き，他者の温かい見守りやお節介に気を留め，日々の日常と将来についてこれまでにないシナリオを手に入れることが，社会への再統合につながる．See, John H. Laub and Robert J. Sampson, Shared Beginning and Divergent Lives : Delinquent Boys to Age 70, Harvard University Press (2003).

10)　自律領域（dominion）というのは，Braithwaite と Pettit がリパブリカニズム論のなかで，現に拘束がないという消極的自由ではなくて，自分の自律領域を他者ならびに法が承認していることを認識することで可能になる，自律的な生の展望を指す．Rawls が『正義論』のなかで，基本権保障を「原初状態」で選択される基本財であるとしているように，尊厳ある存在に相応しい対応を受けるのは自律境域の享受に必須であるように思われる．社会成員一人ひとりを尊厳ある存在として遇することを要求し，要求違反が認められる一つひとつの場合に是正措置を講じようとする義務論は，望ましい状態を社会全体で最大化しようとする目的論に完全に一致することはないであろうが，自律領域を中心に据えるリパブリカニズムは，この両者の関心をともに視野に入れるアプローチの候補になるであろう．See, John Braithwaite & Philip Pettit, Not Just Deserts : A Republican Theory of Criminal Justice, Oxford University Press (1990).

248 第3セッション 検察の在り方について

伝統的な特長である，公式の手続にのせない，犯行者の再統合という関心が従来の被疑者取調べではたらいてきたことをどのように評価するのか，という問いも忘れてはならないであろう．被疑者取調べで，取調官との信頼関係が重視されてきたのは，現在，欧米の心理学でいうラポールを確立するということに加えて，犯行者が犯行に悔悟心を抱くのが社会への再統合にとって重要であるという前提の下，犯行者の規範意識，別言すれば，犯行者が法の権威，自分の行動を律する規範の出所としての法の認識を覚醒，あるいは回復することを重視してきたからではないかと思われる[11]．H. L. A. Hart の法の概念からみると，刑事法のルールを自己の選択の理由とする，内部者の視点を犯行者が獲得，あるいは確認することが重視されてきたのではないかと思われる[12]．被疑者取調べがこのような機能を果たし，それによって，刑罰によらない，非公式のルートでの社会への再統合を図るのであれば，取調官は犯行者が自白をするときに，事実を表出するだけではなく，悔悟心を表す相手として，犯行者が受容できる，法の権威の体現者として受け止められるだけの信頼関係が求められるであろう．法というインパーソナルな権威，あるいはそれを体現する公的機関への関心が重要であることを示す犯罪学の知見は，知能が発達した人間一人ひとりが程々さ加減を知るうえで，自らを出所としない，自分とは別の源泉に由来する，規範の存在が欠かせない，とするデュルケムの教えを想起させる[13]．

## Ⅲ 公判における検察官

中野目報告に関連して，被害者の尊厳を確認し，あるいは犯行者の再統合を図る刑罰の理解を，また，柳川報告に関連して，後者の点の含意と思われると

---

11) 渥美東洋『捜査の原理』（有斐閣，1979 年）223-224 頁．

12) H. L. A. Hart, The Concept of Law, Oxford University Press (2nd edition, 1994), pp. 89-91.

13) エミール・デュルケム（宮島喬訳，『世界の名著 47』中央公論社（1968 年））『自殺論』第 2 編第 1 章「六」．インパーソナルな権威についての考察は，例えば，T. ハーシ（森田洋司＝清水新二監訳，文化書房博文社（1995 年））『非行の原因』11 章参照．

ころを述べたが，手続的観点から，小木曽報告に関連して付言しておきたい．小木曽報告にあるように，国民の司法参加という名目が公正な裁判の実現にどのように資するのか，その点の議論は多く残されているが，被告人の権利保障，あるいは，裁判所の役割という視点からみると，論争主義こそが検察官が貢献を求められる理念である．小木曽報告が指摘するとおりに，法曹の中だけで共有されている暗黙知を前提に，検察官，弁護人，裁判官の間で交わされる専門用語でやり取りがなされるならば，刑事公判の本来の意義は失われる．論争主義は刑事公判の意義を被告人からの挑戦の機会の提供に見出す[14]．これは，西洋社会に古くからある，正義論である．「他方の言い分を聴け」という要求に応えるものとして裁判過程を理解するものである[15]．刑罰はこれを犯行者への非難を表すものとして理解するにしても，将来の犯行をとめる威嚇として理解するにしても，生命，自由，財産の剥奪，縮減という大きな苦痛を課すものであり，それには，それだけの苦痛を課すことを止むを得ないものとするだけの十分な理由がなければならない．刑事公判は，その理由の有無をめぐる攻防として理解できる．裁判過程は，このような理由について争いのある相手方がその言い分を開陳することにその意義がある．そうだとすると，法曹間の暗黙知で公判が進むことには大きな疑義が生じる．裁判員裁判がこの点に変容をもたらし，被告人からの挑戦の場であることを被告人自身が了解できるとすれば，別言すれば，科刑の根拠があるとする検察官がその理由の共有を図る対話の過程であることを被告人が了解できることこそが論争主義の要求であるように思われる．

　先に触れた，被害者参加制度では，被害者（遺族）が心情を含む，自らの現在を公判で被告人に直接告げることができる．これも対話のひとつではあろうが，被害者（遺族）が被告人を責めることで被告人が惨めな立場に追い込まれるとすると，それは論争主義に適う対話とはいえないであろう．公開の法廷でのそのような非難は，実質的に，あるいは事実上の刑罰のはたらきをしている

---

14）　渥美東洋『レッスン刑事訴訟法（中）』（中央大学出版部，1986 年）30-36 頁．

15）　John Lucas, supra note 1, pp. 84-95.

*250* 第3セッション　検察の在り方について

といえるとすると，日本での被害者参加が，罪責の有無に関する事実認定と量刑の二段階を踏まない刑事公判の下で，有罪認定前になされることを加味すると，無罪仮定の原則になぜ抵触しないのかが問われる[16]．被害者の現在の声を知ることには，犯行者の悔悟心の醸成につながる面があるとはいえ[17]，具体的な被害者の身に起きたことが何であれ，法的には，犯罪成立要件の充足が科刑に根拠があると考える理由であるはずなので，刑事公判での論争は検察官を一方の当事者とするはずである．検察官が科刑の根拠があるとする理由を開陳して被告人とその共有を図り，被告人が検察官の主張・立証に挑戦をする構図が実現できたときに裁判の意義が認められる．

　要言すれば，犯罪を解明する捜査では憲法が保障する自由の制約を守り，刑事公判では，被告人との対話，被告人からの挑戦的防御という正義の要求を実現し，同時に，刑罰の意義である，犯行が否定した価値の確認と，犯行の予防による，自律領域の最大化に寄与する制度運用を担うのが，基本権保障，並びに自由と正義の原理を内包する法の支配に適った検察官の姿であろう．

---

16)　本稿の立場は，刑罰に代わる措置を警察段階や起訴猶予処分で講じることを否定するものではない．そのような措置は，本稿が理解する論争主義にも弾劾主義—無罪仮定—にも反しない．ちなみに，職権主義は，それを裁判所の権限を定める法規の遵守という意味での法治主義，法定主義として理解した場合には，ダイヴァージョンを否定するであろうが，他方，それを法規が体現する国の政策手段として裁判制度をみる「積極主義」「能動主義」として理解した場合には，ダイヴァージョンを直ちに否定することにはならないであろう．「積極主義」「能動主義」が極端に強調されると，有罪判決確定前から刑事司法上の国家政策の関心がはたらき，刑事司法が国家政策を担う行政部門の行政活動，法執行活動に変容することについては，see, Mirjan R. Damaska, The Faces if Justice and State Authority : A Comparative Approach to The Legal Process, Yale University Press (1986), pp. 198-201.

17)　ハートの第2次ルールとの関連が示唆される指摘として，小木曽綾「犯罪被害者と量刑—訴訟法学の立場から—」刑法雑誌52巻3号94頁参照．

## 編 者 紹 介
　　椎 橋 隆 幸　中央大学法科大学院教授

## 講演者・発表者紹介
　記念講演
　　椎 橋 隆 幸　中央大学法科大学院教授

　シンポジウム
　　金 甫炫（キム ボ ヒョン）　昌原地方検察庁検事
　　柳 川 重 規　中央大学法学部教授
　　魏 在 民（ウィ ジェ ミン）　法務法人同人弁護士（現韓国水力原子力株式会社常任監査委員）
　　田 中 優 企　駒澤大学法学部准教授
　　李 正 培（イ ジョン ベ）　ソウル中央地方検察庁検事
　　小 木 曽 綾　中央大学法科大学院教授
　　梁 炳 鐘（ヤン ビョン ジョン）　法務法人ユーアンドアイ弁護士
　　檀 上 弘 文　中京大学法科大学院教授
　　盧 明 善（ノ ミョン ソン）　成均館大学校法学専門大学院教授
　　中 野 目 善 則　中央大学法学部教授
　　朴 榮 琯（パク ヨン グァン）　法務法人同人弁護士
　　堤 和 通　中央大学総合政策学部教授

## 訳 者 紹 介
　　氏 家 仁　埼玉工業大学非常勤講師

---

日韓の刑事司法上の重要課題

日本比較法研究所研究叢書（100）

2015 年 3 月 20 日　初版第 1 刷発行

編 著 者　椎 橋 隆 幸

発 行 者　神 﨑 茂 治

発 行 所　中 央 大 学 出 版 部
〒 192-0393
東京都八王子市東中野 742 番地 1
電話 042-674-2351・FAX 042-674-2354
http://www2.chuo-u.ac.jp/up/

Ⓒ　2015　　　　ISBN978-4-8057-0599-5　　　　㈱千秋社

## 日本比較法研究所研究叢書

| | | | |
|---|---|---|---|
| 1 | 小島武司 著 | 法律扶助・弁護士保険の比較法的研究 | A5判 2800円 |
| 2 | 藤本哲也 著 | CRIME AND DELINQUENCY AMONG THE JAPANESE-AMERICANS | 菊判 1600円 |
| 3 | 塚本重頼 著 | アメリカ刑事法研究 | A5判 2800円 |
| 4 | 小島武司 外間寛 編 | オムブズマン制度の比較研究 | A5判 3500円 |
| 5 | 田村五郎 著 | 非嫡出子に対する親権の研究 | A5判 3200円 |
| 6 | 小島武司 編 | 各国法律扶助制度の比較研究 | A5判 4500円 |
| 7 | 小島武司 著 | 仲裁・苦情処理の比較法的研究 | A5判 3800円 |
| 8 | 塚本重頼 著 | 英米民事法の研究 | A5判 4800円 |
| 9 | 桑田三郎 著 | 国際私法の諸相 | A5判 5400円 |
| 10 | 山内惟介 編 | Beiträge zum japanischen und ausländischen Bank- und Finanzrecht | 菊判 3600円 |
| 11 | 木内宜彦 M・ルッター 編著 | 日独会社法の展開 | A5判 (品切) |
| 12 | 山内惟介 著 | 海事国際私法の研究 | A5判 2800円 |
| 13 | 渥美東洋 編 | 米国刑事判例の動向 I | A5判 (品切) |
| 14 | 小島武司 編著 | 調停と法 | A5判 (品切) |
| 15 | 塚本重頼 著 | 裁判制度の国際比較 | A5判 (品切) |
| 16 | 渥美東洋 編 | 米国刑事判例の動向 II | A5判 4800円 |
| 17 | 日本比較法研究所 編 | 比較法の方法と今日的課題 | A5判 3000円 |
| 18 | 小島武司 編 | Perspectives on Civil Justice and ADR : Japan and the U. S. A | 菊判 5000円 |
| 19 | 小島・渥美 清水・外間 編 | フランスの裁判法制 | A5判 (品切) |
| 20 | 小杉末吉 著 | ロシア革命と良心の自由 | A5判 4900円 |
| 21 | 小島・渥美 清水・外間 編 | アメリカの大司法システム(上) | A5判 2900円 |
| 22 | 小島・渥美 清水・外間 編 | Système juridique français | 菊判 4000円 |

## 日本比較法研究所研究叢書

|  |  |  |  |
|---|---|---|---|
| 23 | 小島・渥美・清水・外間 編 | アメリカの大司法システム㊦ | Ａ５判 1800円 |
| 24 | 小島武司・韓相範編 | 韓 国 法 の 現 在 ㊤ | Ａ５判 4400円 |
| 25 | 小島・渥美・川添・清水・外間 編 | ヨーロッパ裁判制度の源流 | Ａ５判 2600円 |
| 26 | 塚 本 重 頼 著 | 労使関係法制の比較法的研究 | Ａ５判 2200円 |
| 27 | 小島武司・韓相範編 | 韓 国 法 の 現 在 ㊦ | Ａ５判 5000円 |
| 28 | 渥 美 東 洋 編 | 米 国 刑 事 判 例 の 動 向 Ⅲ | Ａ５判 （品切） |
| 29 | 藤 本 哲 也 著 | Crime Problems in Japan | 菊 判 （品切） |
| 30 | 小島・渥美・清水・外間 編 | The Grand Design of America's Justice System | 菊 判 4500円 |
| 31 | 川 村 泰 啓 著 | 個 人 史 と し て の 民 法 学 | Ａ５判 4800円 |
| 32 | 白 羽 祐 三 著 | 民 法 起 草 者 穂 積 陳 重 論 | Ａ５判 3300円 |
| 33 | 日本比較法研究所 編 | 国際社会における法の普遍性と固有性 | Ａ５判 3200円 |
| 34 | 丸 山 秀 平 編著 | ド イ ツ 企 業 法 判 例 の 展 開 | Ａ５判 2800円 |
| 35 | 白 羽 祐 三 著 | プロパティと現代的契約自由 | Ａ５判 13000円 |
| 36 | 藤 本 哲 也 著 | 諸 外 国 の 刑 事 政 策 | Ａ５判 4000円 |
| 37 | 小 島 武 司 他 編 | Europe's Judicial Systems | 菊 判 （品切） |
| 38 | 伊 従 寛 著 | 独 占 禁 止 政 策 と 独 占 禁 止 法 | Ａ５判 9000円 |
| 39 | 白 羽 祐 三 著 | 「日 本 法 理 研 究 会」の 分 析 | Ａ５判 5700円 |
| 40 | 伊従・山内・ヘイリー編 | 競争法の国際的調整と貿易問題 | Ａ５判 2800円 |
| 41 | 渥 美・小 島 編 | 日 韓 に お け る 立 法 の 新 展 開 | Ａ５判 4300円 |
| 42 | 渥 美 東 洋 編 | 組 織・企 業 犯 罪 を 考 え る | Ａ５判 3800円 |
| 43 | 丸 山 秀 平 編著 | 続ドイツ企業法判例の展開 | Ａ５判 2300円 |
| 44 | 住 吉 博 著 | 学生はいかにして法律家となるか | Ａ５判 4200円 |

## 日本比較法研究所研究叢書

| 45 | 藤本哲也 著 | 刑事政策の諸問題 | A5判 4400円 |
| 46 | 小島武司 編著 | 訴訟法における法族の再検討 | A5判 7100円 |
| 47 | 桑田三郎 著 | 工業所有権法における国際的消耗論 | A5判 5700円 |
| 48 | 多喜 寛 著 | 国際私法の基本的課題 | A5判 5200円 |
| 49 | 多喜 寛 著 | 国際仲裁と国際取引法 | A5判 6400円 |
| 50 | 眞田・松村 編著 | イスラーム身分関係法 | A5判 7500円 |
| 51 | 川添・小島 編 | ドイツ法・ヨーロッパ法の展開と判例 | A5判 1900円 |
| 52 | 西海・山野目 編 | 今日の家族をめぐる日仏の法的諸問題 | A5判 2200円 |
| 53 | 加美和照 著 | 会社取締役法制度研究 | A5判 7000円 |
| 54 | 植野妙実子 編著 | 21世紀の女性政策 | A5判 (品切) |
| 55 | 山内惟介 著 | 国際公序法の研究 | A5判 4100円 |
| 56 | 山内惟介 著 | 国際私法・国際経済法論集 | A5判 5400円 |
| 57 | 大内・西海 編 | 国連の紛争予防・解決機能 | A5判 7000円 |
| 58 | 白羽祐三 著 | 日清・日露戦争と法律学 | A5判 4000円 |
| 59 | 伊従・山内 ヘイリー・ネルソン 編 | APEC諸国における競争政策と経済発展 | A5判 4000円 |
| 60 | 工藤達朗 編 | ドイツの憲法裁判 | A5判 (品切) |
| 61 | 白羽祐三 著 | 刑法学者牧野英一の民法論 | A5判 2100円 |
| 62 | 小島武司 編 | ADRの実際と理論 I | A5判 (品切) |
| 63 | 大内・西海 編 | United Nation's Contributions to the Prevention and Settlement of Conflicts | 菊判 4500円 |
| 64 | 山内惟介 著 | 国際会社法研究 第一巻 | A5判 4800円 |
| 65 | 小島武司 著 | CIVIL PROCEDURE and ADR in JAPAN | 菊判 (品切) |
| 66 | 小堀憲助 著 | 「知的(発達)障害者」福祉思想とその潮流 | A5判 2900円 |

# 日本比較法研究所研究叢書

| | | | |
|---|---|---|---|
| 67 | 藤本哲也 編著 | 諸外国の修復的司法 | A5判 6000円 |
| 68 | 小島武司 編 | ＡＤＲの実際と理論Ⅱ | A5判 5200円 |
| 69 | 吉田 豊 著 | 手付の研究 | A5判 7500円 |
| 70 | 渥美東洋 編著 | 日韓比較刑事法シンポジウム | A5判 3600円 |
| 71 | 藤本哲也 著 | 犯罪学研究 | A5判 4200円 |
| 72 | 多喜 寛 著 | 国家契約の法理論 | A5判 3400円 |
| 73 | 石川・エーラース グロスフェルト・山内 編著 | 共演 ドイツ法と日本法 | A5判 6500円 |
| 74 | 小島武司 編著 | 日本法制の改革：立法と実務の最前線 | A5判 10000円 |
| 75 | 藤本哲也 著 | 性犯罪研究 | A5判 3500円 |
| 76 | 奥田安弘 著 | 国際私法と隣接法分野の研究 | A5判 7600円 |
| 77 | 只木 誠 著 | 刑事法学における現代的課題 | A5判 2700円 |
| 78 | 藤本哲也 著 | 刑事政策研究 | A5判 4400円 |
| 79 | 山内惟介 著 | 比較法研究第一巻 | A5判 4000円 |
| 80 | 多喜 寛 編著 | 国際私法・国際取引法の諸問題 | A5判 2200円 |
| 81 | 日本比較法研究所 編 | Future of Comparative Study in Law | 菊判 11200円 |
| 82 | 植野妙実子 編著 | フランス憲法と統治構造 | A5判 4000円 |
| 83 | 山内惟介 著 | Japanisches Recht im Vergleich | 菊判 6700円 |
| 84 | 渥美東洋 編 | 米国刑事判例の動向Ⅳ | A5判 9000円 |
| 85 | 多喜 寛 著 | 慣習法と法的確信 | A5判 2800円 |
| 86 | 長尾一紘 著 | 基本権解釈と利益衡量の法理 | A5判 2500円 |
| 87 | 植野妙実子 著 | 法・制度・権利の今日的変容 | A5判 5900円 |
| 88 | 畑尻 剛 工藤達朗 編 | ドイツの憲法裁判第二版 | A5判 8000円 |

## 日本比較法研究所研究叢書

| 89 | 大村雅彦 著 | 比較民事司法研究 | A 5 判 3800円 |
| 90 | 中野目善則 編 | 国際刑事法 | A 5 判 6700円 |
| 91 | 藤本哲也 著 | 犯罪学・刑事政策の新しい動向 | A 5 判 4600円 |
| 92 | 山内惟介 編著<br>ヴェルナー・F・エプケ | 国際関係私法の挑戦 | A 5 判 5500円 |
| 93 | 森津勇司 編<br>米津孝司 | ドイツ弁護士法と労働法の現在 | A 5 判 3300円 |
| 94 | 多喜寛 著 | 国家（政府）承認と国際法 | A 5 判 3300円 |
| 95 | 長尾一紘 著 | 外国人の選挙権ドイツの経験・日本の課題 | A 5 判 2300円 |
| 96 | 只木誠 編<br>ハラルド・バウム | 債権法改正に関する比較法的検討 | A 5 判 5500円 |
| 97 | 鈴木博人 著 | 親子福祉法の比較法的研究Ⅰ | A 5 判 4500円 |
| 98 | 橋本基弘 著 | 表現の自由　理論と解釈 | A 5 判 4300円 |
| 99 | 植野妙実子 著 | フランスにおける憲法裁判 | A 5 判 4500円 |

＊価格は本体価格です。別途消費税が必要です。